EDITH STEIN GESAMTAUSGABE

5

EDITH STEIN GESAMTAUSGABE

Herausgegeben vom
Karmel „Maria vom Frieden“ zu Köln

Unter wissenschaftlicher Mitarbeit von
Hanna-Barbara Gerl-Falkovitz
Lehrstuhl für Religionsphilosophie und
vergleichende Religionswissenschaft der
Technischen Universität Dresden

5

Frühe Phänomenologie 1

Zum Problem der Einfühlung

Edith Stein

Zum Problem der Einfühlung

Eingeführt und bearbeitet
von
Maria Antonia Sondermann OCD

HERDER
FREIBURG · BASEL · WIEN

2. Auflage 2010

www.herder.de
Umschlaggestaltung: Finken & Bumiller, Stuttgart
Satz: SatzWeise, Föhren
Herstellung: Difo-Druck, Bamberg
Gedruckt auf umweltfreundlichem, chlorfrei gebleichtem Papier
Printed in Germany
ISBN 978-3-451-27375-9

Vorwort des Herausgebers

Mehr als neunzig Jahre nach dem Erscheinen von Edith Steins Dissertation mit dem Titel *Zum Problem der Einfühlung* kann nun erstmals eine kritische Ausgabe dieses Werkes mit Edith Steins eigenen Korrekturen veröffentlicht werden.

Allen, die das Entstehen dieser Edition begleitet und durch Anregungen und finanzielle Hilfe unterstützt haben, gilt unser herzlicher Dank. Namentlich sei an dieser Stelle besonders Herrn Dr. Jürgen Bauer und Herrn Thomas Erdle vom Kölner Gymnasial- und Stiftungsfonds und der Edith Stein-Stiftung gedankt, die lobenswerterweise die erforderlichen Druckkosten für das Erscheinen dieses Bandes der Edith Stein-Gesamtausgabe übernommen haben. Auch den Bibliothekaren der Kölner Dom- und Diözesanbibliothek und des Thomas-Instituts, Herrn Christoph Hutter und Herrn Wolfgang Klatt, sowie Frau Claudia Baumgärtel, die die Mühe des Korrekturlesens auf sich genommen hat, gilt unser herzlicher Dank.

Wir hoffen durch diese Edition, der Öffentlichkeit das phänomenologische Erstlingswerk Edith Steins zugänglich zu machen.

Köln, den 11. Oktober 2008,
am 10. Jahrestag der Heiligsprechung Edith Steins *Der Herausgeber*

Inhalt

Edith Stein
Zum Problem der Einfühlung

Einführung

von Maria Antonia Sondermann OCD

Bei kaum einem anderen Werk Edith Steins sind wir so gut über dessen Genese von der Verfasserin selbst unterrichtet, wie bei ihrer Dissertation. Denn die Entstehung dieser Qualifikationsarbeit, die nach der Staatsexamensarbeit Edith Steins ihr erstes selbständig erarbeitetes philosophisches Werk darstellt, nimmt einen breiten Raum in ihrer Autobiographie *Aus dem Leben einer jüdischen Familie* ein.

Durch die Lektüre der *Logischen Untersuchungen* Edmund Husserls angeregt hatte sich Edith Stein entschlossen, von der Breslauer Friedrich-Wilhelm-Universität an die Göttinger Georg-August-Universität zu wechseln, um bei dem Begründer der Phänomenologie Philosophie zu studieren. Im April 1913 kam sie nach Göttingen und konnte nicht nur Lehrveranstaltungen Edmund Husserls, sondern auch die von Max Scheler besuchen. Sie knüpfte rasch Kontakte zum Schülerkreis Edmund Husserls, besonders zu Adolf Reinach, der sich in Göttingen bei Edmund Husserl habilitiert hatte und nun als Privatdozent tätig war. Bereits gegen Ende ihres ersten Göttinger Semesters im Juli 1913 stand für Edith Stein fest, daß sie dort bleiben und bei Edmund Husserl in Philosophie promovieren wollte. Daher suchte sie diesen persönlich auf, um ihn um ein Thema für eine Doktorarbeit zu bitten.[1] Edmund Husserl war über dieses Ansuchen der jungen Studentin sehr überrascht und fragte sie, ob sie denn schon so weit sei. Dann verlangte er, sie möge erst ihr Staatsexamen ablegen. Als sich Edith Stein hierzu schweren Herzens bereit erklärte, kam ihr Husserl in der Themenfindung für die Staatsexamensarbeit soweit entgegen, daß er ihr vorschlug, das Thema so zu stellen, daß sie es später in einer Dissertation ausbauen könne. Als er sie daraufhin nach ihren thematischen Vorschlägen fragte, zeigte die Studentin keine Verlegenheit. Vielmehr hatte Edith Stein ganz klare Vorstellungen, mit welchem philosophischen Problem sie sich intensiver beschäftigen wollte:

„In seinem Kolleg über Natur und Geist hatte Husserl davon gesprochen, daß eine objektive Außenwelt nur intersubjektiv erfahren werden könne, d. h. durch eine Mehrheit erkennender Individuen, die in Wechselverständigung miteinander stünden. Demnach sei eine Erfahrung von anderen Individuen dafür vorausgesetzt. Husserl nannte diese Erfahrung im Anschluß an

[1] LJF, 218.

die Arbeiten von Theodor Lipps Einfühlung, aber er sprach sich nicht darüber aus, worin sie bestünde. Da war also eine Lücke, die es auszufüllen galt: Ich wollte untersuchen, was Einfühlung sei. Das gefiel dem Meister nicht übel.“[2]

Das Einverständnis Husserls zu diesem Thema war allerdings an die Bedingung geknüpft, sein Verständnis von Einfühlung müsse in Auseinandersetzung mit Theodor Lipps untersucht werden. Auf diese Weise sollte auch das Verhältnis der Phänomenologie zu den anderen philosophischen Strömungen der Zeit herausgestellt werden. Nachdem Edith Stein sich auch hierzu bereiterklärt hatte, mußte die zielstrebige und entschlußfreudige Studentin nach diesem folgenreichen Gespräch neue Zukunftspläne schmieden:

„Wenn ich das Staatsexamen vor dem Doktor machen sollte, dann wollte ich es mir so bald wie möglich vom Hals schaffen. Ich hatte jetzt fünf Semester hinter mir. Damit durfte ich mich noch nicht zur Prüfung melden. Die vorgeschriebene Mindestzahl war sechs. ... Mein Entschluß war gefaßt: Im kommenden Winter müßte der Entwurf der Einfühlungsarbeit fertig werden und ich müßte mit der Vorbereitung zur mündlichen Prüfung so weit kommen, daß ich mich am Ende des Semesters zur Prüfung melden könnte. Das war das Ergebnis meines ersten Sommers in Göttingen.“[3]

In den diesem Gespräch folgenden Monaten war Edith Stein mit der Lektüre der Werke von Theodor Lipps beschäftigt und fertigte umfangreiche Exzerpte an.[4] Vor allem aber führte sie die Auseinandersetzung mit der Einfühlungsproblematik zu tieferer Selbsterkenntnis und zur Entdeckung ihrer eigenen Arbeitsmethode. Diese innere intellektuelle Entwicklung war verbunden mit einem Prozeß des Ringens um Klarheit, mit der Konfrontation mit den eigenen intellektuellen Grenzen und führte sie in eine tiefe Krise der Verzweiflung bis hin zu Selbstmordgedanken.[5] In ihrer Autobiographie

---

[2] Ebd., 218 f.

[3] Ebd., 219.

[4] Vgl. ebd., 226. Dabei stellte sie rasch fest, daß Theodor Lipps einen völlig anderen Einfühlungsbegriff als Edmund Husserl hatte. Vgl. ebd., 226: „Was Husserl sich – nach seinen spärlichen Andeutungen – unter Einfühlung dachte und was Lipps so nannte, hatte offenbar wenig miteinander zu tun. Bei Lipps war es geradezu der Zentralbegriff seiner Philosophie, es beherrschte seine Aesthetik, Ethik und Sozialphilosophie, spielte aber auch in der Erkenntnistheorie, Logik und Metaphysik eine Rolle. ... und ich quälte mich damit ab, etwas Einheitliches und Festes in den Griff zu bekommen, um von da aus alle Abwandlungen verstehen und entwickeln zu können.“

[5] Vgl. ebd., 226 f.: „Zum erstenmal begegnete mir hier etwas, was ich bei jeder späteren Arbeit wieder erfahren habe: Bücher nützen mir nichts, solange ich mir die fragliche Sache nicht in eigener Arbeit zur Klarheit gebracht hatte. Dieses Ringen um Klarheit vollzog sich nun in mir unter großen Qualen und ließ mir Tag und Nacht keine Ruhe. Damals habe ich

schildert sie ihre Gefühle der Überforderung, der Verzagtheit und Mutlosigkeit, der intellektuellen Selbstzweifel sehr redlich. Diese grundsätzliche Unsicherheit änderte sich erst, als sie auf Rat von Georg Moskiewicz[6] Adolf Reinach aufsuchte und ihm ihre Unklarheiten eröffnete. Dieser ermutigte sie, endlich mit der Ausarbeitung ihrer Staatsexamensarbeit zu beginnen. Es war das erste mal, daß Edith Stein nun eigenständig ihre Gedanken zu Papier brachte. Die letzten drei Wochen des Wintersemesters 1914 verbrachte sie nun mit der Abfassung der Staatsexamensarbeit.[7]

„Es kostete eine so große geistige Anspannung wie noch nichts, was ich bisher gearbeitet hatte. Ich glaube, es kann sich davon kaum jemand eine Vorstellung machen, der nicht selbst schon schöpferisch-philosophisch gearbeitet hat. … Ich tastete wie im Nebel voran. Was ich niederschrieb, erschien mir selbst seltsam, und wenn jemand anderer alles für Unsinn erklärt hätte, so hätte ich ihm sofort geglaubt. Vor einer Schwierigkeit blieb ich bewahrt: Ich brauchte kaum je nach Worten zu suchen. Die Gedanken formten sich mir wie von selbst leicht und sicher zum sprachlichen Ausdruck und standen dann so fest und bestimmt auf dem Papier, daß der Leser von den Schmerzen dieser geistigen Geburt keine Spur mehr fand. Ich verbrachte jede Stunde, die ich dafür erübrigen konnte an meinem kleinen Schreibtisch.“[8]

Als sie zu Semesterende dreißig Seiten verfaßt hatte, ging sie damit beklommenen Herzens zu Adolf Reinach, um ihre Arbeit seinem Urteil zu unterziehen.[9] Da er ihr riet, nun konzentriert daran weiterzuarbeiten und sich sehr zufrieden über den Ansatz äußerte, blieb sie zu Beginn der Semesterferien in

---

das Schlafen verlernt, und es hat viele Jahre gedauert, bis mir wieder ruhige Nächte geschenkt wurden. Nach und nach arbeitete ich mich in eine richtige Verzweiflung hinein. Es war zum erstenmal in meinem Leben, daß ich vor etwas stand, was ich nicht mit meinem Willen erzwingen konnte. … Oft hatte ich mich damit gerühmt, daß mein Schädel härter sei als die dicksten Mauern, und nun rannte ich mir die Stirn wund, und die unerbittliche Wand wollte nicht nachgeben. Das brachte mich so weit, daß mir das Leben unerträglich schien. Ich sagte mir oft selbst, daß das ja ganz unsinnig sei. Wenn ich die Doktorarbeit nicht fertigbrächte – fürs Staatsexamen würde es // doch wohl reichen; und wenn ich keine große Philosophin werden könnte, dann doch vielleicht eine brauchbare Lehrerin. Aber Vernunftgründe halfen nichts. Ich konnte nicht mehr über die Straße gehen, ohne zu wünschen, daß ein Wagen über mich hinwegführe.“

6 Vgl. ebd., 229.

7 Vgl. ebd., 230.

8 Ebd., 230.

9 Vgl. ebd., 231: „Es war doch zu aufregend, dabei zu sitzen, während mein Richter sich den Urteilsspruch über mein Werk zu bilden suchte. Er las eifrig, nickte manchmal beifällig, ließ auch bisweilen einen Ausruf der Zustimmung hören. Erstaunlich schnell war er fertig. ‚Sehr schön, Fräulein Stein.‘, sagte er. … Ja, er hatte wirklich nichts auszusetzen und redete mir nur zu, die Arbeit nicht zu unterbrechen.“

Göttingen. Bereits nach einer weiteren Woche ging sie erneut zu Reinach: sie war fertig.[10] Aber ihre Frage, ob diese Arbeit wohl für das Staatsexamen reiche, zeigt, in welcher Unsicherheit sich Edith Stein noch befand.[11] Auch ihr Lehrer Edmund Husserl bereitete ihr eine unangenehme Überraschung: Er hielt sich nicht an die gemeinsame Absprache, sondern stellte das Thema für die Staatsexamensarbeit so, daß sie gezwungen war, auch noch die gesamte übrige Einfühlungsliteratur zu berücksichtigen. Dies kostete sie erneut viele Wochen intensivster Lektüre und Arbeit.[12] Im November 1914 war sie soweit, daß sie sich zum Staatsexamen im Januar 1915 anmelden konnte. Am 14./15. Januar wurde sie in den Fächern Deutsch, Geschichte und Philosophie geprüft. Allerdings zeigte sich Edmund Husserl verärgert darüber, daß Edith Stein ihn nicht direkt nach der Prüfung aufgesucht hatte.

„Ich hatte einen Fauxpas begangen, indem ich nicht sofort nach der Prüfung zu ihm ging. Nun erklärte er mir, er hätte mir viel zu meiner Arbeit sagen wollen, aber nun habe er es vergessen. Zur Doktorarbeit reiche sie noch nicht aus (das war mir ja auch nie in den Sinn gekommen).“[13]

Als er ihr daraufhin riet, in Geschichte oder Deutsch zu promovieren, war sie sichtlich gekränkt.

„‚Herr Professor‘, sagte ich ganz empört, ‚es kommt mir nicht darauf an, mir mit irgendeiner Doktorarbeit den Titel zu erwerben. Ich will die Probe machen, ob ich in Philosophie etwas Selbständiges leisten kann.‘ Das schien ihn zur Besinnung zu bringen. Sein Ärger war auf einmal verflogen; in ganz verändertem Ton sagte er: ‚Jetzt müssen Sie sich erst einmal richtig erholen, Fräulein Stein, Sie sehen ja ganz angegriffen aus.‘“[14]

Dieses Selbstzeugnis Edith Steins ist bedeutsam für die eigentliche Motivation, die sie zur Abfassung ihrer Dissertation bewegte: Sich erproben, ob sie in der Lage wäre, ein philosophisches Problem eigenständig zu lösen. Daher war das Urteil Edmund Husserls über ihre Doktorarbeit später für sie gleichbedeutend mit einer Lebensentscheidung.[15]

---

[10] Vgl. ebd., 231: „Nach einer Woche war ich fertig. Es war etwa acht Uhr abends, ein feiner Regen begann herabzurieseln. Aber ich konnte es nicht mehr im Zimmer aushalten, ich mußte hinausgehen und feststellen, wann Reinach zu erwarten sei. … Nun wußte ich genug. Ich machte auf dem Absatz kehrt und ging heim. Mit welcher Freude und Dankbarkeit, das vermag ich nicht zu sagen. Noch heute, nach mehr als zwanzig Jahren, spüre ich etwas von dem tiefen Aufatmen.“

[11] Vgl. ebd., 232: „Ich frage ihn, ob die Arbeit wohl fürs Staatsexamen ausreichen würde. O gewiß! Husserl werde sich sehr darüber freuen, er bekäme nicht oft solche Arbeiten. Ich könnte nun völlig unbesorgt in die Ferien fahren.“

[12] Vgl. ebd., 233.

[13] Ebd., 260.

[14] Ebd., 260.

[15] Vgl. ebd., 327: „Es war mir klar, daß ich ohne Zögern den Schuldienst aufgeben würde

Dennoch unterbrach Edith Stein die wissenschaftliche Tätigkeit nach ihrem Staatsexamen und meldete sich freiwillig beim Roten Kreuz, um sich als Krankenschwester der Pflege der im Ersten Weltkrieg verwundeten Soldaten zur Verfügung zu stellen. Im April 1915 wurde sie in das Seuchenlazarett nach Weißkirchen (Mähren) berufen. Dort blieb sie bis August 1915. In den wenigen freien Minuten lernte sie Griechisch, weil das Graecum in Göttingen eine Zulassungsvoraussetzung für die Promotion war. Ferner hatte sie ihren Bruder Arno gebeten, ihre Exzerpte und Notizen zum Problem der Einfühlung bei einem Pfingstbesuch mitzubringen.[16] Während ihrer pflegerischen Tätigkeit bekam sie zunehmend Zweifel daran, ob es klug wäre, ihre wissenschaftliche Arbeit so lange zu unterbrechen, und ob es egoistisch wäre, nach Hause zu fahren, um an ihrer Dissertation zu arbeiten.[17]

Als sie in Weißkirchen nicht mehr gebraucht wurde, fuhr sie nach Breslau und legte dort im Oktober 1915 ihre Graecumsprüfung ab.[18] Edith Stein schweigt darüber, was sie in den vielen Begegnungen mit den einzelnen Verwundeten erfahren hat – bis auf wenige Ausnahmen. Aber man darf wohl annehmen, daß diese Konfrontation mit den Leidenden für sie auch zu einer Schule der inneren Reifung und Entwicklung geworden ist. Sie konnte ihre Gedanken zur Einfühlung innerlich überdenken und im Alltag überprüfen. Vieles deutet darauf hin, daß sich in diesen fünf Monaten im Lazarett in ihr eine Wandlung vollzogen hat. Nach ihrer Rückkehr nach Breslau wollte sie die Dissertation ins Dasein fördern, die schon zwei Jahre lang wie eine schwere Last auf ihrer Seele lag.[19] Doch zu diesem Zweck wollte sie allein und unbeeinflußt von Anregungen und Korrekturen Husserls sein, um ihr Thema wirklich eigenständig zu bearbeiten.[20] Daher blieb sie in Breslau und konsultierte weder ihre Staatsexamensarbeit noch ihre Exzerpte, sondern fing ganz von vorne an:

„Jetzt legte ich entschlossen alles beiseite, was aus Büchern stammte, und fing ganz von vorn an: eine sachliche Untersuchung des Einfühlungsproblems nach phänomenologischer Methode. O wie anders ging es als damals! Freilich setzte ich mich jeden Morgen mit Zagen an meinen Schreibtisch. Ich war wie ein winzig kleiner Punkt im unendlichen Raum – würde aus dieser großen Weite etwas zu mir kommen, was ich fassen konnte? Ich legte mich in meinem Stuhl ganz weit hintenüber und richtete mit schmerzhafter An-

---

(obgleich er mir lieb war), wenn ich hoffen dürfte, wissenschaftlich etwas Tüchtiges zu leisten. Darum bedeutete Husserls Urteil über meine Dissertation für mich eine Entscheidung über meinen Lebensweg."

[16] Vgl. ebd., 285.

[17] Vgl. ebd., 299.

[18] Vgl. ebd., 303 f.

[19] Vgl. ebd., 310.

[20] Vgl. ebd., 304.

spannung den Geist auf das, was mir gerade die dringlichste Frage war. Nach einer Weile war es, als ob ein Licht aufginge. Ich konnte zum mindesten die Frage formulieren und fand Wege, ihr zu Leibe zu rücken. Und sobald mir eine Sache klar war, eröffneten sich neue Fragen, nach verschiedenen Seiten („neue Horizonte", pflegte Husserl zu sagen). Ich hatte immer neben den schönen Blättern, auf die der laufende Text kam, einen Zettel liegen, um all diese aufsteigenden Fragen zu notieren; sie mußten ja alle an ihrem Ort behandelt werden. Indessen füllte sich Seite um Seite, ich wurde rot und heiß vom Schreiben und ein ungekanntes Glücksgefühl durchströmte mich. Wenn ich zum Mittagessen gerufen wurde, kehrte ich wie aus einer andern Welt zurück. Erschöpft, aber voll Freude ging ich hinunter. Ich war ganz erstaunt, was ich nun alles wußte – Dinge, von denen ich vor ein paar Stunden noch nichts geahnt hatte; und froh über die vielen angesponnenen Fäden, die ich wieder aufgreifen konnte. Dennoch war es jeden Tag wie ein neues Geschenk, daß es weiterging. Und es ging immer weiter, etwa drei Monate lang in einem Zuge. Dann hatte sich etwas von mir abgelöst und wie zu einem eigenen Dasein gerundet."[21]

Bis Weihnachten 1915 war sie fast fertig und fuhr zum Geburtstag Adolf Reinachs nach Göttingen, natürlich auch, um Edmund Husserl ihre Ausarbeitung vorzustellen und Änderungswünsche des „Meisters" einzuarbeiten.[22] Reinachs waren sehr erstaunt, als Edith Stein von dem geduldigen und interessierten Zuhören Husserls bei ihren Unterredungen berichtete.[23] Dieses Mal war sie dankbar für seine Anregungen und arbeitete sie im Januar 1916 ein.[24] Danach wurde eine konzentrierte Arbeit an der Dissertation für sie unmöglich, weil sie im Februar 1916 gebeten wurde, aushilfsweise in der Viktoriaschule in Breslau Latein zu unterrichten. Diese Doppelbelastung war so kräftezehrend für sie, daß sie sehr stark abnahm und die Gewißheit erlangte, daß sich Schuldienst und wissenschaftliche Tätigkeit nicht miteinander vereinen ließen.[25] Die widrigen Umstände verdichteten sich, als Edmund Husserl gerade zu dem Zeitpunkt einen Ruf an die Albert-Ludwigs-Universität in Freiburg auf den Lehrstuhl von Heinrich Rickert erhielt, als

[21] Ebd., 310f.

[22] Vgl. ebd., 310: „Ich konnte noch nachprüfen, Einzelheiten berichtigen und ergänzen; vor allem mußte ich noch viel Literatur nachlesen und mit Hilfe dessen, was ich mir nun selbst erarbeitet hatte, kritisch erwägen."

[23] Vgl. ebd., 316: „Der Meister ließ sich große Stücke vorlesen, war recht befriedigt und gab mir Anregungen zu mancherlei kleinen Ergänzungen. Bei Reinachs mußte ich über diese Besuche genau berichten und erregte großes Erstaunen, da es sonst gar nicht Husserls Art war, jemandem lange zuzuhören. Jedesmal wurde ich gefragt: ‚Ist es immer noch schön bei Husserl?'"

[24] Vgl. ebd., 310: „Aber das alles war nur ein Nachfeilen an einem Gebilde, das als Ganzes fertig dastand. So weit war ich wohl Ende Januar 1916."

[25] Vgl. ebd., 326f.

Edith Stein ihre Dissertation fast beendet hatte. Denn da er diese Stelle bereits im Sommersemester 1916 antrat, konnte Edith Stein ihre Arbeit nicht mehr in der Georg-August-Universität in Göttingen einreichen.[26] Doch auch dadurch ließ sie sich nicht entmutigen und diktierte ihre Arbeit in den Osterferien 1916 zwei Schreibkräften. Das dicke Konvolut sollte ihrem Meister nach Freiburg folgen, damit dieser Gelegenheit erhalten sollte, es zu prüfen, bevor sie es in der Fakultät einreichen wollte.[27]

Sie selbst kündigte an, im Juli zum Rigorosum nach Freiburg kommen zu wollen und kaufte mit ihrer Mutter ein pflaumenrotes Seidenkleid für die Prüfung.[28] Doch zunächst sah alles danach aus, als ob Husserl nicht gewillt wäre, ihre Arbeit in seinem ersten Freiburger Semester anzunehmen. Bereits Hans Lipps hatte ihr berichtet, daß er ihr *opus* gelegentlich aus der Mappe nehme, um es dann aber ungelesen wieder darin zu verpacken.[29] Als Edith Stein in Freiburg angekommen war, sagte ihr der Meister auch unumwunden, daß er es nicht schaffen werde, diese umfangreiche Arbeit während des laufenden Semesters zu lesen.[30] Allein dem hartnäckigen Drängen seiner Ehefrau Malvine hat es Edith Stein zu verdanken, daß er ihre Doktorarbeit dennoch annahm, ohne sie vorher gesehen zu haben – ein Zeugnis, welche hohe Meinung Husserl von seiner Schülerin hegte.[31] Edith Stein erbat sich nach diesem Vorschlag Husserls von ihm das Exemplar ihrer Dissertation zurück, um es in der Fakultät einzureichen und lieh ihm ihr persönliches Durchschlagexemplar, bis ihm das Dekanat ihre Arbeit zukommen ließ.[32] Nachdem sie beim Dekan der Philosophischen Fakultät der Albert-Ludwigs-Universität ihre Arbeit offiziell eingereicht hatte, konnte sie nun alle Aufmerksamkeit darauf verwenden, sich auf das Rigorosum vorzubereiten.

„Die Arbeit konnte niemand anders als Husserl beurteilen. Er mußte also

---

[26] Vgl. ebd., 318.

[27] Vgl. ebd., 328.

[28] Vgl. ebd., 329.

[29] Vgl. ebd., 330.

[30] Vgl. ebd., 334: „Der Meister ließ sich nicht aus der Fassung bringen. ‚Fräulein Stein freut sich, Freiburg kennenzulernen und zu sehen, wie ich mich hier einrichte. Sie wird auch viel von meinem Kolleg haben. Den Doktor kann sie das nächste mal machen.‘ Ich war auch durchaus nicht fassungslos, dachte aber im stillen, daß dies wohl noch nicht das letzte Wort in der Angelegenheit sei. Es war klar, daß ich dies Kolleg hören mußte. Viermal in der Woche von 5–6 h nachmittags, nur Mittwoch und Samstag frei.“

[31] Vgl. ebd., 334 f.: „Als ich eines Tages von der Lorettostraße nach Günterstal hinausging, begleiteten mich Husserl und seine Frau. Unterwegs sagte er: ‚Fräulein Stein, meine Frau läßt mir keine Ruhe. Ich muß mir Zeit nehmen, ihre Arbeit // zu lesen. Ich habe noch nie eine Arbeit angenommen, ohne sie zu kennen. Aber diesmal will ich es tun. Gehen Sie zum Dekan und sehen Sie, daß sie einen möglichst späten Termin für das Rigorosum bekommen, damit ich mich bis dahin hindurcharbeiten kann.‘ Natürlich unternahm ich sofort alles Nötige.“

[32] Vgl. ebd., 335.

Referent werden. Als Nebenfächer gab ich neuere Geschichte und neuere Literatur an. Dafür kamen Professor Rachfahl und Professor Witkop als Examinatoren in Betracht. Ich erbat mir den 3. August 1916 als Examenstermin. ... Nun besuchte ich die beiden Herren und stellte mich ihnen vor. Es war ja etwas Ungewöhnliches, bei ganz Unbekannten die Prüfung zu machen, und ich mußte ein wenig // feststellen, wes Geistes Kind sie waren. ... Ich ging noch einigemal zu ihnen in die Vorlesung, um mich auf ihre Denkweise einzustellen. ... Ich ging jetzt gewöhnlich frühmorgens mit meinen Büchern von Günterstal aus auf einen der umliegenden Berge, legte mich auf eine Wiese und arbeitete da für die Prüfung."[33]

In dieser Zeit der Prüfungsvorbereitung hatte sie einige bedeutsame Gespräche mit Edmund Husserl. Zunächst versuchte der Meister ihren Übermut zu dämpfen, in dem er sie darauf hinwies, wie hoch die Anforderungen für eine gute Bewertung ihrer Arbeit in der Fakultät seien.[34] Dann bat er sie einmal zu sich in sein Studierzimmer, ließ sich einige Sachverhalte erklären und lobte ihre „Selbständigkeit".[35] Sie sei doch ein sehr begabtes kleines Mädchen.[36] Als er überlegte, ob diese Arbeit neben den *Ideen* im Jahrbuch (JPPF) veröffentlicht werden könnte, wagte Edith Stein einen Vorstoß und bot ihm ihre Dienste als Assistentin an.[37]

---

[33] Ebd. 335 f. Felix Rachfahl (geb. 9. April 1867 in Schönberg, † 15. März 1925 in Freiburg) war Historiker und habilitierte sich 1893 in Kiel in dieser Disziplin. 1898 erhielt er einen Ruf nach Halle und kam über Königsberg und Gießen 1914 an die Universität zu Freiburg. Philipp Witkop (17. April 1880 in Kleinenberg, † 17. Dezember 1942 in Freiburg) war Literaturhistoriker und habilitierte sich 1909 in Heidelberg. Bis zu seinem Tod wirkte er als Professor für Literaturgeschichte in Freiburg.

[34] Vgl. ebd., 338: „Es war ihm viel daran gelegen, daß ich die Prüfung gut bestand. Es hatte ja noch niemand aus seinem Schülerkreis in Freiburg promoviert, ich als erste sollte nun einen guten Eindruck machen. Er hatte schon bei mehreren Prüfungen mitgewirkt, da Philosophie öfters als Nebenfach gewählt wurde. Als wir einmal abends bei im eingeladen waren, erzählte er von seinen Erfahrungen. Die Anforderungen seien sehr hoch. ‚*Cum laude*' sei schon ein sehr gutes Prädikat; ‚*magna cum laude*' werde selten gegeben, ‚*summa cum laude*' nur für Habilitationskandidaten. ‚Dann will ich mich mal auf ‚*cum laude*' einstellen, sagte ich scherzend.' ‚Seien sie froh, wenn Sie überhaupt durchkommen', war die Antwort. Das war ein kleiner Dämpfer für meinen Übermut."

[35] Vgl. ebd., 338 f.: „Mich rief er zu sich in sein Studierzimmer; ich sollte ihm etwas erklären, was er nicht ganz verstanden hatte. Dabei sprachen wir etwas über das Ganze. ‚Es ist ja nur eine Schülerarbeit', sagte ich. ‚Nein, durchaus nicht', antwortete er entschieden, // ‚ich finde sie sogar sehr selbständig.' Es war das erste Urteil, das ich zu hören bekam, und klang sehr verheißungsvoll."

[36] Vgl. ebd., 340.

[37] Vgl. ebd., 340 f.: „‚Ich habe nur Bedenken, ob diese Arbeit neben den *Ideen* im Jahrbuch möglich sein wird. Ich habe den Eindruck, daß sie manches aus dem II. Teil der *Ideen* vorweggenommen haben.' Es gab mir innerlich einen Ruck. Da war ja ein Punkt, wo ich mit meiner Frage einhaken konnte. Nun schnell die Gelegenheit beim Schopf packen. ‚Wenn das wirklich so ist, Herr Professor, – ich habe sowieso noch etwas fragen wollen.

Die Freude an der zukünftigen wissenschaftlichen Tätigkeit relativierte für sie die Bedeutung des Rigorosums. Auch Edmund Husserl schlug scherzend vor, sie könnten sogar von Einfühlung sprechen, dürften das Wort nur nicht erwähnen, weil es Gegenstand ihrer Dissertation gewesen war. So verwundert es nicht, wenn sie unmittelbar vor dieser wichtigen Prüfung sogar noch Eiskaffee und Torte verzehrten konnte[38] und das Examen *summa cum laude* bestand. „Husserl strahlte vor Freude: Der Dekan selbst hatte das Prädikat *summa cum laude* vorgeschlagen."[39]

Aufbau und philosophischer Grundgedanke von Edith Steins Doktorarbeit

Es gibt nur zwei historische Zeugnisse, die es erlauben, den vollständigen Umfang und den Aufbau der Dissertation Edith Steins in angemessener Weise zu rekonstruieren. Zum einen handelt es sich hierbei um das Gutachten Edmund Husserls vom 29. Juli 1916 über die Doktorarbeit seiner Schülerin, in dem er ihre Zulassung zur mündlichen Prüfung bei der Philosophischen Fakultät der Universität Freiburg beantragt.

Zum anderen gibt Edith Stein in ihrer Autobiographie eine kurze Schilderung der inhaltlichen Gesamtkonzeption ihrer Erstlingsarbeit.

So entnehmen wir Edmund Husserls Gutachten:

„In ihrer Dissertation über *Das Problem der Einfühlung in seiner geschichtlichen Entwicklung und in phänomenologischer Betrachtung* verfolgt Fräulein E. Stein zunächst (Theil 1 I) in lehrreicher Weise die Geschichte des Einfühlungsproblems von Herders bahnbrechenden Ausführungen ab bis zur Gegenwart. Das Schwergewicht der Arbeit liegt aber in den systematischen Versuchen des II.-V. Theils zu einer Phänomenologie der Einfühlung und den Anwendungen derselben auf die Klarlegung des phänomenologischen Ursprungs der Ideen Leib, Seele, Individuum, geistige Persönlichkeit, sociale Gemeinschaft und Gemeinschaftsgebilde. In den beiden abschließenden Theilen wird die Bedeutung der Einfühlung in der ethischen und aesthetischen Sphäre untersucht und in letzterer Hinsicht einer phänomenologischen Analyse der aesthetischen Einfühlung unterworfen.

Abgesehen von den historischen und kritischen Ausführungen ist die Ver-

---

Fräulein Gothe sagte mir, Sie müßten einen Assistenten haben. Meinen Sie, daß ich Ihnen helfen könnte?' Wir waren gerade im Begriff über die Dreisam zu gehen. Der Meister blieb mitten auf der Friedrichsbrücke stehen und rief in freudigster Überraschung: ,Wollen Sie zu mir kommen? Ja, mit Ihnen möchte ich arbeiten!' Ich weiß nicht, wer von uns beiden glücklicher war. // Die Prüfung stand jetzt gar nicht mehr im Vordergrunde."

[38] Vgl. LJF, 341.

[39] Vgl. ebd., 342.

fasserin – in den leitenden Grundgedanken ihrer Theorien – von meinen Göttinger Vorlesungen und persönlichen Anregungen bestimmt. Der große Stil aber, in dem sie diese Anregungen verarbeitet, und die wissenschaftliche Gründlichkeit sowie Scharfsinn, den sie dabei erwiesen hat, verdienen die größte Anerkennung. Ich beantrage daher die Zulassung der Verfasserin zur mündlichen Prüfung. Freiburg, den 29. Juli 1916
E. Husserl."[40]

Hiermit deckt sich Edith Steins Schilderung:

„Es war eine große Arbeit, denn die Dissertation war zu einem unheimlichen Umfang angeschwollen. Ich hatte in einem ersten Teil, noch in Anlehnung an einige Andeutungen in Husserls Vorlesungen, den Akt der „Einfühlung" als einer besonderen Art der Erkenntnis untersucht. Von da aber war ich weitergegangen zu etwas, was mir persönlich besonders am Herzen lag und mich in allen späteren Arbeiten immer wieder neu beschäftigte: zum Aufbau der menschlichen Person. Im Zusammenhang jener Erstlingsarbeit war diese Untersuchung notwendig, um begreiflich zu machen, wie sich das Verstehen geistiger Zusammenhänge vom einfachen Wahrnehmen seelischer Zustände unterscheidet. Für diese Fragen waren mir Max Schelers Vorlesungen und Schriften sowie die Werke von Wilhelm Dilthey von großer Bedeutung.[41] Im Anschluß an die umfangreiche Einfühlungsliteratur, die ich durchgearbeitet hatte, fügte ich noch einige Kapitel über Einfühlung auf sozialem, ethischem und ästhetischem Gebiet an. Diese Teile habe ich später nicht mit drucken lassen."[42]

Demnach bestand Edith Steins Dissertation, die in der Philosophischen Fakultät der Albert-Ludwigs-Universität in Freiburg eingereicht wurde, aus folgenden Teilen:

I. Geschichte des Einfühlungsproblems von Johann Gottlieb Herder bis zum Beginn des 20. Jahrhunderts

---

[40] SBB I, 1(19). Das Original befindet sich in der Promotionsakte Edith Steins mit der aktuellen Signatur des Universitätsarchivs Freiburg: B 42/1832.

[41] Max Scheler bezichtigte Edith Stein nach Erhalt ihrer Arbeit des Plagiates. Als Edith Stein davon erfuhr, wehrte sie sich mit deutlicher Sprache dagegen. Vgl. SBB I 7(27): „Es ist mir kürzlich zu Ohren gekommen, daß Sie mir vorwerfen, ich hätte Ergebnisse aus Ihren Vorlesungen veröffentlicht, ohne Sie zu zitieren. Daß ich Ihrer Anregung sehr viel verdanke, darüber bin ich mir immer klar gewesen. Wo ich in einem bestimmten Punkte mir einer Anregung bewußt war, da habe ich Ihren Namen genannt. Im übrigen kann von einer Herübernahme von Ergebnissen keine Rede sein, sondern nur von einem Einfluß auf die Methode, die Sachen anzugreifen, die dann freilich zu einer Übereinstimmung in den Ergebnissen geführt haben mag, von der mir selbst nichts bekannt war. Beweisen kann ich Ihnen das natürlich nicht." Vgl. Bayerische Staatsbibliothek, Nachlaß Scheler, Sig. Ana 315.

[42] LJF, 328.

II. Das Wesen der Einfühlungsakte
III. Die Konstitution des psychophysischen Individuums
IV. Einfühlung als Verstehen geistiger Personen
V. Die Phänomenologie der Einfühlung und deren Anwendung im Bezug auf die soziale Gemeinschaft und das Gemeinschaftsgebilde.[43]
VI. Einfühlung in der ethischen Sphäre
VII. Einfühlung in der ästhetischen Sphäre

Die Teile I. V–VII blieben ungedruckt und gelten als verschollen.

Die Auswahl des gedruckten Teiles ist von systematischen Gesichtspunkten bestimmt und bildet insgesamt eine geschlossene Einheit, auch wenn die Kenntnis der geschichtlichen Darstellung der Einfühlungsproblematik und die methodologische Anwendung des von ihr erarbeiteten Einfühlungsbegriffs im Bezug auf die soziale Gemeinschaft, die Ethik und die Ästhetik von großem Interesse wären.

Ausgehend von der phänomenologischen Methode, die Edith Stein in der Schule von Edmund Husserl erlernt hatte, versuchte sie die Erfahrung von fremden Subjekten und ihrem Erleben in einer Wesenanalyse zu bestimmen. Das fremde Subjekt und das Erleben des fremden Subjekts würden stillschweigend vorausgesetzt. Durch die phänomenologische Reduktion wollte sie daher die Existenz der gesamten umgebenden Welt methodisch ausschalten, um die fremden Subjekte so, wie sie jene erlebte und diese ihrem Bewußtsein erschienen, zum Gegenstand des Nachdenkens zu machen. Das Erleben der fremden Subjekte samt ihrem Korrelat stellt für sie einen unbezweifelbaren, sicheren methodischen Ausgangspunkt für ihre Überlegungen dar.

Das Absehen von allem Empirischen, um das Wesen der fremden Subjekte und ihr Erleben rein zum Vorschein treten zu lassen, beinhaltet für Edith Stein eine Untersuchung der Bedingungen, unter denen das fremde Subjekt dem eigenen Bewußtsein überhaupt erscheinen kann.

Das Weltphänomen samt dem erlebenden Ich wird und kann in der Anwendung dieser Methode nicht ausgeschaltet werden, vielmehr dienen das Erleben des fremden Subjekts und das Phänomen des fremden Subjekts als exemplarische Unterlage einer Wesensbetrachtung, die Edith Stein in ideierender Abstraktion[44] vollzieht. Dabei hatte Edith Stein erwogen zu untersuchen, wie sich bewußtseinsmäßig konstituiert, was ihr über die bloß in äußerer Wahrnehmung gegebenen Körper hinaus erschien.

---

[43] Diesen Aspekt hat Edith Stein später noch einmal ausführlicher in der *Untersuchung über den Staat* vertieft. Vgl. US.

[44] Unter ideierender Abstraktion versteht die Phänomenologie die Bildung von Ideen und Begriffen durch sinnhaltige Anschauung.

Doch sie entschied sich dafür, ihren ursprünglichen unverstellten Blick und ihr Unterscheidungsvermögen in einer radikaleren Betrachtung auf die Grundart von Akten zu richten, in denen fremdes Erleben erfaßt wird und auf die alle Gegebenheiten von fremdem Erleben zurückweisen. Diese Grundart von Akten, in denen fremdes Erleben erfaßt wird, definierte Edith Stein unter Außerachtlassung aller historischen Traditionen als Einfühlung.

In einem ersten Schritt wollte sie in ihrer Arbeit diese einfühlenden Akte durch Konfrontation mit anderen Akten des reinen Bewußtseins in größerer Wesensallgemeinheit erfassen und beschreiben.

Einfühlung hat für Edith Stein nicht den Charakter äußerer Wahrnehmung, sie hat aber mit ihr gemeinsam, daß ihr Objekt gegenwärtig gegeben ist. Ferner ist zwischen dem originär gegenwärtig einfühlenden Akt und dem Gehalt zu unterscheiden, in den man sich einfühlt und der einem nicht originär gegeben ist, weil man ihn nicht als seinen eigenen vollziehen kann. Es gibt zwar eine weitgehende Analogie der Einfühlungsakte mit den Akten, in denen Selbsterlebtes nicht-originär gegeben ist (Erinnerung, Erwartung und Phantasie), doch die Einfühlung ist als ein Akt zu charakterisieren, der als gegenwärtiges Erlebnis originär, seinem Gehalt nach aber nicht-originär ist.

Die Struktur des Einfühlungsaktes vollzieht sich nach Edith Stein in einem Prozeß aus drei Phasen.

1. Zunächst wird das fremde Erleben, wenn es auftaucht, als eigenes Objekt erlebt.

2. Indem man den im Objekt implizierten Tendenzen nachgeht, ist es nicht mehr Objekt, sondern man wird in es hineingezogen und damit hört das „Objekt" auf, einem als Objekt gegenüberzustehen. Man ist jetzt nicht mehr dem Erleben selbst, sondern in ihm dem es auslösenden Gegenstand zugewendet, so daß man beim erlebenden Träger oder an dessen Stelle steht.

3. Nach dieser im Vollzug erfolgten Klärung erfolgt seine erneute Objektivation.

Das Subjekt des eingefühlten Erlebnisses ist nicht dasselbe, das die Einfühlung vollzieht, beide sind getrennt. Jenes andere Subjekt hat Originarität, obwohl man sie nicht als originäre erlebt. Doch im nicht-originären Erleben fühlt das Ich (eigenes Subjekt) sich von einem originären Erleben geleitet, das zwar nicht von ihm erlebt, aber doch da ist und sich im eigenen nicht-originären bekundet. So ist die Einfühlung eine Art erfahrender Akt *sui generis* vom fremden Bewußtsein überhaupt. Dieser Akt bedeutet ein Hineingezogenwerden in das zunächst objektive Erlebnis. Jedoch nur das nicht-originäre Erlebnis, das ein originäres bekundet, ist Einfühlung, nicht das originäre und das angenommene. Die eigentliche Einfühlung wird als emotionale erfahren und das emotionale im Erkennen fundiert.

Diese Klarheit des Einfühlungsbegriffes und das Verständnis des Einfühlungsaktes gewinnt Edith Stein in Auseinandersetzung mit anderen zeitgenössischen Beschreibungen der Einfühlung, und den genetischen Theorien des Erfassens vom fremden Bewußtsein. In diesem Zusammenhang nimmt sie auch eine eindeutige Verhältnisbestimmung von Phänomenologie und Psychologie vor. Den Schwerpunkt ihres wissenschaftlichen Disputes bilden die Nachahmungstheorie von Theodor Lipps, die Assoziationstheorie von Johannes Volkelt und Paul Stern, die Analogieschlußtheorie von S. J. Mill und die philosophischen Ansätze von Max Scheler und Hugo Münsterberg.

Die Klärung des Wesens der Einfühlung führt Edith Stein zum Konstitutionsproblem, da das fremde Seelenleben dem eigenen Bewußtsein nur in seinen leiblichen Äußerungen entgegentritt.

Aus diesem Grund analysiert sie im dritten Teil ihrer Arbeit, wie sich die Objektivitäten bewußtseinsmäßig aufbauen, von denen die Einfühlungstheorien reden; sie möchte aufweisen, welche Wege zur Erlangung des Ziels eingeschlagen werden müssen.

Ansatzpunkt ihrer Betrachtung ist die differenzierte Schilderung der Phänomene des eigenen Subjekts: des reinen Ichs[45], des Bewußtseinsstroms, der Seele und des Leibes. Nachdem diese Konstitutionsprobleme unter Ausklammerung der psychophysischen Beziehungen erörtert sind, vollzieht Edith Stein den Schritt vom Psychischen zum Psychophysischen.

Wie konstituiert sich mir mein Leib bewußtseinsmäßig? Denn das Ich entfaltet sich im Strom der eigenen Erlebnisse, die ein qualitatives Gepräge aufweisen, das von der eigenen Seele bestimmt ist und sich im eigenen Leib ausdrückt. Diesen erfährt man als eigenen, indem man ihn nicht nur von außen wahrnimmt, sondern von innen empfindet. Diese Gebundenheit und Zugehörigkeit zum eigenen Selbst kann sich in äußerer Wahrnehmung nie konstituieren. Deswegen nimmt sie eine Untersuchung der psychophysischen Kausalität, des Verhältnisses von Leib und Gefühlen, Leib und Willen sowie des leiblichen Ausdrucksphänomens vor.

Edith Stein verweist darauf, daß es den Rahmen ihrer Arbeit sprengen würden, wenn sie alle Arten von Empfindungen auf ihre Bedeutung für die Leibwahrnehmung untersuchen würde, aber durch diesen Hinweis eröffnet sie Perspektiven für eine Phänomenologie der Sinne und der Sinneswahrnehmung. Sie bescheidet sich mit dem Nachweis, daß sich mit den Empfindungen die Einheit von Leib und Ich konstituiert – wenn auch nicht im vollen Umfang der wechselseitigen Beziehungen.

Ein wesentliches Charakteristikum des Seelischen ist die Abhängigkeit der

---

[45] Unter reinem Ich versteht Edith Stein die Selbstheit, das Fundament alles dessen, was mein ist, es ist phänomenologisch gesprochen zum einen ein unbeschreibliches qualitätsloses Subjekt des Erlebens und zum anderen die Einheit des Bewußtseinsstromes. Alle Erlebnisse des Stromes sind an das gegenwärtig lebende Ich gebunden.

Erlebnisse von Einflüssen des Leibes, so daß man sagen kann, daß alles Psychische leibgebundenes Bewußtseins ist. Die Seele, unter der Edith Stein die in den einzelnen psychischen Erlebnissen substantielle Einheit versteht, ist auf den Leib fundiert und bildet mit ihm das psychophysische Individuum. Für die Konstitution der psychophysischen Einheit haben die Willenserlebnisse eine größere Bedeutung als der leibliche Ausdruck, der sich der psychophysischen Kausalität bedient, um sich an einem psychophysischen Individuum zu realisieren. Der Leib bedient sich des psychophysischen Mechanismus, um das Gewollte zu realisieren und setzt damit einen schöpferischen Akt in einer Handlung. Diese ist Verständnis- und Sinneinheit, weil die sie konstituierenden Teilerlebnisse in einem erlebbaren Zusammenhang stehen. Aber auch durch das Ausdrucksphänomen wird man in den Sinnzusammenhang des Psychischen hineingeführt und gewinnt ein wichtiges Mittel zur Korrektur der Einfühlungsakte. Die Einfühlung wird ständig von der äußeren Wahrnehmung geleitet, weil die Konstitution des fremden Individuums auf der Konstitution des Körpers gründet. Die Gegebenheit des Körpers von bestimmter Beschaffenheit wird von Edith Stein als Voraussetzung für die Gegebenheit eines psychophysischen Individuums angesehen. Man gelangt ihrer Ansicht nach nicht durch äußere Wahrnehmung über den physischen Körper hinaus, sondern das Individuum als solches konstituiert sich ganz und gar in Einfühlungsakten.

Nachdem Edith Stein *in extenso* die Konstitution des psychophysischen Individuums untersucht hat, analysiert sie in einem weiteren Schritt, wie sich das fremde Individuum aufbaut und was die Erfassung des fremden Leibes als Leib ermöglicht. Sie bezeichnet in diesem Zusammenhang die Art der Gegebenheit des fremden Leibes als Konoriginarität, während die eigenen Empfindungsfelder originär in den Leibwahrnehmungen gegeben sind. Der fremde Leib wird von Edith Stein als Träger von Empfindungsfeldern, als Orientierungszentrum der räumlichen Welt und als *constituens* seiner freien Bewegung verstanden. Die Empfindungsfelder des fremden Leibes vermag sich das eigene Individuum konoriginär durch einfühlende Vergegenwärtigung (Mitsehen, Miterfassen) zur Gegebenheit zu bringen, nicht durch den Charakter der Wahrnehmung. Mit der Konstitution der Empfindungsschicht des fremden Körpers ist für Edith Stein wegen der Ichzugehörigkeit der Empfindungen bereits ein fremdes Ich gegeben. Die Möglichkeit der Empfindungseinfühlung ist durch die Auffassung des eigenen Leibes als Körpers und des eigenen Körpers als Leibes gewährleistet. Auch das Weltbild kann sich mit der Orientierung des Ich verändern und mit der aufgefaßten Beschaffenheit des Leibes variieren. Das Erfassen fremder Erlebnisse ist eine einheitliche, typische Bewußtseinsmodifikation und bedarf eines einheitlichen Namens. Ein besonderes Augenmerk wirft sie auf die Lebensphänomene des fremden Individuums, weil sie in besonderer Weise am Aufbau des Individuums beteiligt sind, indem sie am Leib in Erscheinung treten und dennoch seelische Erlebnisse sind. Man erfaßt das fremde Individuum in seinen Vollzügen in Analogie zum eigenen selbst um so besser, desto mehr es mit dem Typ des eigenen Individuums übereinstimmt. Der fremde Leib ist auch Träger von Ausdrucksphänomenen, die sich in Zeichen, Symbolen, Signalen und Worten zeigen und mit deren Hilfe sich Seelisches ausdrücken kann.

Durch die Analyse des psychophysischen Individuums und des Übergangs zum fremden Individuum wird Edith Steins Blick auf das Phänomen des Geistes gelenkt. Ansatzpunkt hierfür ist das Bewußtsein, das sich nicht nur als kausalbedingtes Geschehen, sondern zugleich als objekt-konstituierend zeigt. Denn hiermit tritt es aus dem Zusammenhang der Natur heraus und ihr gegenüber.

Der Geist ist das Korrelat des Bewußtseins. Als Träger des Geistes wird von ihr im vierten Teil ihrer Arbeit der Personbegriff eingeführt. Mit jedem Einfühlungsakt dringt man in das Reich des Geistes ein.

Indem Edith Stein den fremden Leib als Orientierungszentrum der räumlichen Welt auffaßt, hat sie das zugehörige Ich als ein geistiges Subjekt verstanden und ihm objektkonstituierendes Bewußtsein zugeschrieben. Ferner vollzieht sich ihrer Ansicht nach alle äußere Wahrnehmung in geistigen Akten. Ein Charakteristikum der geistigen Subjekte besteht darin, daß nicht jedes Subjekt die Welt im gleichen Ablauf von Erscheinungen gegeben hat, sondern eine eigene Weltanschauung hat. Die geistigen Akte stehen auch nicht beziehungslos nebeneinander, sondern bilden einen Sinnzusammenhang. Der Erlebniszusammenhang des geistigen Subjekts ist ein erlebtes Sinnganzes und untersteht als solches der Gesetzlichkeit des geistigen Lebens, die Edith Stein als Motivation bezeichnet.

Die Person konstituiert sich als Sinneinheit für unser Erfassen im fühlenden Erleben, das sich aus theoretischen Akten aufbaut. Wie sich in den Wahrnehmungsakten die physische Natur konstituiert, so im Fühlen die Welt der Werte. Daher ist eine Lehre von der Person nicht ohne eine Wertlehre möglich. Edith Stein versucht daher aufzuweisen, wie sich die Konstitution der fremden Person von der eigenen Person abhebt und sich diese vom psychophysischen Individuum unterscheidet.

Edith Stein stellt heraus: So wie sich die eigene Person in eigenen originären geistigen Akten konstituiert, so die fremde Person in den einfühlend erlebten Akten.

Streben und Wollen sind dabei für das Erfassen der Person von konstitutiver Bedeutung. Denn jede Handlung eines anderen erlebt man als aus reinem Wollen hervorgehend, das wiederum dem Fühlen entspringt. Damit sind eine Schicht und ein Bereich prinzipiell erfahrbarer Werte von fremden

Personen gegeben, die die Erwartung künftiger möglicher Willensakte und Handlungen sinnvoll motivieren.

In Auseinandersetzung mit dem Ansatz von Wilhelm Dilthey betont Edith Stein, daß man einfühlend Werte erleben und korrelative Schichten der eigenen Person entdecken kann, für deren Enthüllung das eigene originäre Erleben noch keine Gelegenheit bot.

In einem weiteren Analyseschritt betrachtet Edith Stein, welche Bedeutung die Erkenntnis fremder Persönlichkeit für die eigene Selbsterkenntnis hat. Diese lehrt nicht nur, die eigene Person zum Objekt zu machen, sondern bringt als Einfühlung in verwandte Naturen zur Entfaltung, was in der eigenen Person schlummert. Durch die Einfühlung in anders geartete Personalstrukturen wird offenkundig, was man selbst im Vergleich mit anderen Personen ist. Damit ist die Einfühlung neben der Selbsterkenntnis ein wichtiges Hilfsmittel für die Selbstbewertung. Denn da das Wertnehmen für den Eigenwert fundierend ist, eröffnet sich für Edith Stein mit den Werten, die in der Einfühlung gewonnen werden, der Blick auf unbekannte Werte der eigenen Person. Jedes Erfassen andersartiger Personen kann zum Fundament eines Wertvergleichs werden.

Offen bleibt für Edith Stein die Frage der Einfühlung des Geistes in einen Geist ohne Vermittlung der Leiblichkeit. Dieses der Religionsphänomenologie zugeordnete Phänomen wird der weiteren Forschung anheim gestellt.

Bibliographie

1. Bibliographie der von Edith Stein konsultierten Literatur (rekonstruiert) und heutige kritische Ausgaben

Henri Bergson, *Evolution créatrice*, Paris 1913.
– ders., *Die schöpferische Entwicklung*, Jena 1912.

Ernst Bernheim, *Einleitung in die Geschichtswissenschaft*, Leipzig 1909.
– ders., *Geschichtsforschung und Geschichtsphilosophie*, Göttingen 1880.
– ders., *Lehrbuch der Historischen Methode und der Geschichtsphilosophie*. Mit Nachweis der wichtigsten Quellen und Hilfsmittel zum Studium der Geschichte, München u. a. 1914.

Alfred Biese, *Das Associationsprincip und der Anthropomorphismus in der Aesthetik*. Ein Beitrag zur Aesthetik des Naturschönen, Kiel 1890, 1–34.

Jacob Burckhardt, *Weltgeschichtliche Betrachtungen*, Stuttgart 1905.
– ders., *Griechische Kulturgeschichte*, 4 Bde., Berlin 1898–1902.
– ders., *Werke*. Kritische Gesamtausgabe, unter Leitung v. Andreas Cesana, München 2000 ff. [Kurztitel = JBW].

Jonas Cohn, *Allgemeine Ästhetik*, Leipzig 1901.

Theodor Conrad, *Über Wahrnehmung und Vorstellung*, in: MPhA (1911) 51–76.

Charles Darwin, *Der Ausdruck der Gemüthsbewegungen bei dem Menschen und den Thieren*, übers. v. J. Victor Carus, Stuttgart 1872.

Max Dessoir, *Beiträge zur Aesthetik I*, in: ASPh 4 (1898) 78 ff.
– ders., *Beiträge zur Aesthetik II*, in: ASPh 5 (1899) 69 ff.
– ders., *Beiträge zur Aesthetik III*, in: ASPh 5 (1899) 454 ff.
– ders., *Beiträge zur Aesthetik IV. Die Seelenkenntnis des Dichters*, in: ASPh 6 (1900) 470–501.

Wilhelm Dilthey, *Beiträge zum Studium der Individualität*, in: Sitzungsberichte der Königlich Preussischen Akademie der Wissenschaften zu Berlin. Sitzung der philosophisch-historischen Classe vom 5. März – Mittheilung vom 25. April 1895, Berlin XIII (1896) 294–335.

– ders., *Philosophische Aufsätze, X, Die Einbildungskraft des Dichters.* Bausteine für eine Poetik, Leipzig 1887, 303- 482.
– ders., *Einleitung in die Geisteswissenschaften, Versuch einer Grundlegung für das Studium der Gesellschaft und der Geschichte I,* Leipzig 1883, in: Wilhelm Dilthey, Gesammelte Schriften I, Stuttgart/Göttingen [6]1966 [Kurztitel = GS].
– ders., *Die geistige Welt. Einleitung in die Philosophie des Lebens.* 1. Hälfte. *Abhandlungen zur Grundlegung der Geisteswissenschaften.* Beiträge zur Studium der Individualität, in: GS V, 241–316, Stuttgart/Göttingen [6]1966.
– ders., *Ideen über eine beschreibende und zergliedernde Psychologie,* in: GS V, 139–240, Stuttgart/Göttingen [6]1966.

Wolfgang Dohrn, *Die künstlerische Darstellung als Problem der Ästhetik,* Hamburg und Leipzig 1907.

Hermann Ebbinghaus, *Abriß der Psychologie,* Leipzig 1908.

Gustav Theodor Fechner, *Die Tagesansicht gegenüber der Nachtansicht,* Leipzig 1879.
– ders., *Über die Seelenfrage. Ein Gang durch die sichtbare Welt, um die unsichtbare zu finden,* Leipzig 1861, 2. unv. Aufl., Hamburg/Leipzig 1907.
– ders., *Vorschule der Ästhetik,* Leipzig 1876.

Aloys Fischer, *Ästhetik und Kunstwissenschaft,* in: MPhA (1911) 100–124.

Emil Klemens Franz Freiherr von Gebsattel, *Zur Psychologie der Gefühlsirradiation,* München 1907.

Moritz Geiger, *Das Bewußtsein von Gefühlen,* in: MPhA (1911) 125–162.
– ders., *Phänomenologie des ästhetischen Genusses,* in: JPPF I-II (1913) 567–684.
– ders., *Über das Wesen und die Bedeutung der Einfühlung,* in: Bericht über den IV. Kongreß für experimentelle Psychologie in Innsbruck vom 19. bis 22. April 1910 v. Prof. Dr. F. Schuhmann, Leipzig 1911, 29–73.

Bernhard Groethysen, *Das Mitgefühl,* in: ZPPS 34 (1904) 161–270.

Eduard von Hartmann, *Ästhetik,* 2 Bde., Berlin 1886/1887.
– ders., *Die Philosophie des Unbewußten.* Versuch einer Weltanschauung, Berlin 1869.
– ders., *Phänomenologie des sittlichen Bewusstseins,* Berlin 1878, 2. Aufl., Berlin 1886.

Heinrich Heine, *Buch der Lieder 1*, Historisch-kritische Gesamtausgabe der Werke I, hg. v. Manfred Windfuhr, Text bearb. v. Pierre Grappin, Hamburg 1975.

Johann Gottfried Herder, *Vom Erkennen und Empfinden der menschlichen Seele: Bemerkungen und Träume*, Riga 1778.

Edmund Husserl, *Bernauer Manuskripte über das Zeitbewußtsein (1917/18)*, hg. v. Rudolf Bernet u. Dieter Lohmar, Den Haag 2001, kritische Ausgabe: Husserliana [Kurztitel = Hua] XXXIII.
– ders., *Ideen zu einer reinen Phänomenologie und phänomenologischen Philosophie. Allgemeine Einführung in die reine Phänomenologie*, in: JPPF I (1913), kritische Ausgabe: Hua III- V, ed. v. Marly Biemel, Walter Biemel, Karl Schuhmann, Den Haag 1950ff.
– ders. *Logische Untersuchungen II*, Teil 1, Halle 1901, kritische Ausgabe: Hua XIX/1, 372ff., hg. v. Ursula Panzer, Den Haag 1984.

William James, *Psychologie*, übers. v. Marie Dürr, Leipzig 1909, Kapitel XII *Das Selbst*, 174–195.
– ders., *The works of William James*, ed. v. Frederick H. Burkhardt, Cambridge, Massachusetts, London 1984, Capter XII *The self*, 159–191.

Karl Jaspers, *Über kausale und verständliche Zusammenhänge zwischen Schicksal und Psychose bei der Dementia praecox* (Schizophrenie), in: ZgNPs 14 (1913) 158–263.
– ders., *Allgemeine Psychopathologie*, Berlin 1913.

Ludwig Klages, *Die Ausdrucksbewegung und ihre diagnostische Verwertung*, in: ZPthPs (1914) 261–348.
– ders., *Sämtliche Werke* VI, 57–137, hg. v. Ernst Frauchiger, Gerhard Funke, Karl J. Groffmann, Robert Heiss u. Hans Eggert Schröder, 2. Aufl., Bonn 2000 [Kurztitel = SW VI].

Konrad Lange, *Das Wesen der Kunst. Grundzüge einer realistischen Kunstlehre I*, Berlin 1901, insbesondere 138–149.

Theodor Lipps, *Ästhetik, Psychologie des Schönen und der Kunst I: Grundlegung der Ästhetik*, Hamburg/Leipzig 1903 [Kurztitel = *Ästhetik I*].
– ders., *Ästhetik, Psychologie des Schönen und der Kunst II: Die ästhetische Betrachtung und die bildende Kunst*, Hamburg/Leipzig 1906 [Kurztitel = *Ästhetik II*].
– ders., *Ästhetische Einfühlung*, in: ZPPS 22 (1900) 414–450.
– ders., *Das Selbstbewußtsein, Empfindung und Gefühl*, Wiesbaden 1901.
– ders., *Einheiten und Relationen. Eine psychologische Skizze*, Leipzig 1902.

– ders., *Einfühlung, innere Nachahmung und Organempfindungen*, in: AGPs I (1903) 185–204.
– ders., *Weiteres zur Einfühlung*, in: AGPs IV (1905) 465–519.
– ders., *Leitfaden der Psychologie*, dritte, teilweise umgearbeitete Aufl., Leipzig 1909.
– ders., *Psychologische Untersuchungen I, Die Erscheinungen*, 4. Heft, Leipzig 1907.
– ders., *Psychologische Untersuchungen II, Die Einfühlung*, Leipzig 1913, 112–491.
– ders., *Die ethischen Grundfragen*. Zehn Vorträge. Teilweise gehalten im Volkshochschulverein zu München, Hamburg/Leipzig 1899, zweite Aufl., Hamburg/Leipzig 1905.

Alexius Meinong, *Über Annahmen*, Leipzig 1902.
– ders., *Gesamtausgabe*, verbesserter und durch Zusätze aus dem bisher veröffentlichten Nachlaß vermehrter Nachdruck der Veröffentlichungen Meinongs, 7 Bde., hg. v. R. Haller u. R. Kindinger, Graz 1968 ff.

Theodor Alexander Meyer, *Das Stilgesetz der Poesie*, Leipzig 1901, unv. reprographischer Nachdruck Stuttgart 1968.

John Stuart Mill, *An Examination of Sir William Hamilton's Philosophy*, London 1889 Chapter XII.
– ders., *Eine Prüfung der Philosophie Sir William Hamiltons*, Halle 1908.
– ders., *Gesammelte Werke*, autorisierte Übers. unter Red. v. Theodor Gomperz, Neudruck der letzten deutschen Aufl., Aalen 1968. Bde. II-IV System der deduktiven und induktiven Logik, Aalen 1872.
– ders., *Principles of political economy*: with some of their applications to social philosophy, London 1902.
– ders., *Utilitarianism, liberty and representative government*, London 1910.
– ders., *Über die Freiheit*, Frankfurt 1860. Neuauflage hg. v. Horst D. Brandt, übers. v. Else Wentscher, Hamburg 2007.

Hugo Münsterberg, *Die Association successiver Vorstellungen*, in: ZPPs 1 (1890) 99–107.
– ders., *Beiträge zur experimentellen Psychologie I*, Freiburg1889.
– ders., *Frühe Schriften zur Psychologie*, Berlin/Heidelberg 1990.
– ders., *Grundzüge der Psychologie*, Leipzig 1900.
– ders., *Philosophie der Werte*, Leipzig 1908.
– ders., *Die Willenshandlung. Ein Beitrag zur physiologischen Psychologie*. Freiburg 1888.

Paul Natorp, *Allgemeine Psychologie* in Leitsätzen zu akademischen Vorlesungen, Marburg 1904, 2. Aufl., Marburg 1910 mit einer Seite Textverschiebung.

Traugott Konstantin Oesterreich, *Die Phänomenologie des Ich in ihren Grundproblemen I, Das Ich und das Selbstbewußtsein. Die Scheinbare Spaltung des Ich*, Leipzig 1910.

Alexander Pfänder, *Das Bewusstsein des Wollens*, in: ZPPS 17 (1898) 521–567.
– ders., *Einführung in die Psychologie*, Leipzig 1904.
– ders., *Motive und Motivation*, in: MPhA (1911) 163–195.
– ders., *Phänomenologie des Wollens*, Leipzig 1900. Gesammelte Schriften I, München 1963.

Antonin Prandtl, *Die Einfühlung*, Leipzig 1910.

Leopold von Ranke, *Aus Werk und Nachlaß*, 4 Bde., hg. v. Walther Peter Fuchs u. Theodor Schieder, München/Wien 1964/ 1971/ 1973/ 1975.
– ders., *Weltgeschichte*, 4 Bde., dritte, unveränderte Aufl., Leipzig 1910.

Adolf Reinach, *Zur Theorie des negativen Urteils*, in: MPhA (1911) 196–254.
– ders., *Gesammelte Schriften*, hg. v. seinen Schülern, Halle 1921.
– ders., *Sämtliche Werke*, 2 Bde., hg. v. Karl Schuhmann, München/Wien 1989.

Hubert Roetteken, *Poetik*. Allgemeine Analyse der psychischen Vorgänge beim Genuß einer Dichtung, München 1902.

Josiah Royce, *Self-consciousness, social consciousness and nature*, in: PhRev 4 Nr. 5 (1895) 465–485.
– ders., *Self-consciousness, social consciousness and nature*, in: PhRev 4 Nr. 6 (1895) 577–602.

Max Scheler, *Abhandlungen und Aufsätze*, 2 Bde., Leipzig 1915.
– ders., *Das Ressentiment im Aufbau der Moralen*, in: Abhandlungen und Aufsätze I, Leipzig 1915, 39–274, Gesammelte Werke [Kurztitel = SGW] III, 33–148.
– ders., *Die Idole der Selbsterkenntnis*, in: Abhandlungen und Aufsätze II, Leipzig 1915, 3–168, SGW III, 213–292.
– ders., *Versuche einer Philosophie des Lebens*, in: Abhandlungen und Aufsätze II, Leipzig 1915, 169–228, SGW III, 311–339.
– ders., *Die Psychologie der sogenannten Rentenhysterie und der rechte Kampf gegen das Übel*, in: Abhandlungen und Aufsätze II, Leipzig 1915, 229–262, SGW III, 293–310.

– ders., *Vom Umsturz der Werte.* SGW III, hg. v. Maria Scheler, 6. Aufl., Bonn 2007 (= Nachdruck der 4. Aufl.1955/5. Aufl. 1972).
– ders., *Der Formalismus in der Ethik und die materiale Wertethik.* Neuer Versuch der Grundlegung eines ethischen Personalismus. SGW II, hg. v. Manfred Frings, 7. durchgesehene und verbesserte Aufl., Bonn 2005.
– ders., *Der Formalismus in der Ethik und die materiale Wertethik II,* JPPF II (1916) 21–478.
– ders., *Wesen und Formen der Sympathie.* SGW VII, hg. v. Manfred Frings, 6. durchgesehene Aufl. v. *Phänomenologie und Theorie der Sympathiegefühle*, Bonn 1973.
– ders., *Zur Phänomenologie und Theorie der Sympathiegefühle und von Liebe und Haß: mit einem Anhang über den Grund zur Annahme der Existenz des fremden Ich*, Halle 1913.

Hermann Siebeck, *Die ästhetische Illusion und ihre psychologische Begründung,* in: ZVPS 10/1 (1877) 1–26.

Georg Simmel, *Georg Simmel Gesamtausgabe*, hg. v. Otthein Rammstedt, Frankfurt am Main 1989 ff. [Kurztitel = GSG].
– ders., *Die Probleme der Geschichtsphilosophie*, 2. völlig veränderte Aufl., Leipzig 1905.
– ders., *Kant, die Probleme der Geschichtsphilosophie*, hg. v. Guy Oakes, Frankfurt 1997, [GSG IX].

Adam Smith, *Theorie der sittlichen Gefühle*, übers. v. Ludwig Gotthard Kosegarten, Leipzig 1792, Neuaufl. Hamburg 2004.

Paul Stern, *Einfühlung und Assoziation in der neueren Ästhetik*, Ein Beitrag zur psychologischen Analyse der aesthetischen Anschauung, Hamburg 1898.
– ders., *Grundprobleme der Philosophie*, Berlin 1903.
– ders., *Das Problem der Gegebenheit*, Berlin 1903.

Carl Stumpf, *Psychologie und Erkenntnistheorie*, München 1891.
– ders., *Der Entwicklungsgedanke in der gegenwärtigen Philosophie*, Berlin 1900.
– ders., *Erscheinungen und psychische Funktionen*, In: Abhandlungen der Königlich Preußischen Akademie der Wissenschaften. Philosophisch-historische Abhandlungen IV (1906) 1–40.
– ders., *Über Gefühlsempfindungen*, in: ZPPs (1907) 1–49.

Hippolyte Taine, *Der Verstand*, autorisierte deutsche Ausgabe nach der 3. franz. Aufl., Bonn 1880.
– ders., *Derniers essais de critique et d'histoire*, o. A. 1894.
– ders., *Essais de critique et d'histoire*, o. A. 1858 u. 1882.

– ders., *L'Introduction à l'étude de l'Histoire expérimental*, o. A. 1866.
– ders., *Nouveaux essais de critique et d'histoire: Balzac*, Hachette 1865.

Friedrich Theodor Vischer, *Das Schöne und die Kunst*, Stuttgart 1898.
– ders., *Ästhetik oder Wissenschaft des Schönen*, München 1846/47. 2. Nachdruck hg. v. Robert Vischer, Stuttgart 1996.

Johannes Volkelt, *Der Symbolbegriff in der neuesten Ästhetik*, 1876.
– ders., *System der Ästhetik*, 3 Bde. München 1905–1914.
– ders., *Die Bedeutung der niederen Empfindungen für die ästhetische Einfühlung*, in: ZPPS 32 (1903) 1–37.

Stephan Witasek, *Zur psychologischen Analyse der ästhetischen Einfühlung*, in: ZPPS 25 (1901) 1–49.

2. Sekundärliteratur

Michael F. Andrews, *Contributions to the phenomenology of empathy*: Edmund Husserl, Edith Stein and Emmanuel Levinas, Villanova 2002.

Ann W. Astell, *Saintly Mimesis, contagion and empathy in the thought of René Girard, Edith Stein and Simone Weil*, in: Shofar: An Interdisciplinary Journal of Jewish Studies, 22 no. 2 (2004) 116–131.

Brian G. Barnes, *Versions of empathy: comparing the intersubjektivities of Edith Stein and Jean-Paul Sartre*, Louisville 1997.

A. Ales Bello, *From Empathy to Solidarity: Intersubjective Connections according to Edith Stein*, in: AHus 48 (1996) 367–376.

Laura Boella/Annarosa Buttarelli, *Per amore di altro: l'empatia a partire da Edith Stein*, Milano 2000.

Magdalena Börsig-Hover, *Der Wahrheitsbegriff Edith Steins in Auseinandersetzung mit Aristoteles, Thomas von Aquin und Edmund Husserl*, Frankfurt 2006.

Antonio Calcagno, *The Philosophy of Edith Stein*, Pittsburgh 2007.

Fidalgo Antonio Carreto, *Der Übergang zur objektiven Welt. Eine kritische Erörterung zum Problem der Einfühlung bei Edith Stein*, Würzburg 1985.

Renza Cerri Musso, *La padagogia dell'Einfühlung: saggio su Edith Stein*, Brescia 1995.

Margaretha Hackermeier, *Einfühlung und Intersubjektivität bei Edith Stein*, in: Die unbekannte Edith Stein: Phänomenologie und Sozialphilosophie, Frankfurt/Wien 2006.

Irene Heise, *Einfühlung bei Edith Stein*, Wien 2005.

Rosalind M. Legget, *Edith Stein, her life and times, with special reference to empathy in women*, Dominguez Hills 2004.

Carol Jean Maher, *Empathy and ethics*, De Paul 1992.

Reiner Matzker, *Einfühlung: Edith Stein und die Phänomenologie*, Bern 1991.

C. M. Painter, *Appropriating the Philosophies of Edmund Husserl and Edith Stein: Animal Psyche, Empathy and Moral Subjectivity*, in: CTPH 56 (2007) 97–116.

Josef Pieper, *Autobiographische Schriften*, hg. v. Berthold Wald, Hamburg 2003.

Rudolf Schmitz-Perrin, *Phänomenologie und Scientia Crucis im Denken von Edith Stein, von der Einfühlung zur Mit-fühlung*, in: FZPhTh 42 (1995) 346–366.

Abkürzungen

1. Abkürzungen des textkritischen Apparates

ad	*ad* (lat.) – hin, zu
add.	*addit, additum* (lat.) – fügt hinzu, hinzugefügt
ant.	*anterior, antecedens* (lat.) – vorher, vorausgehend
corr.	*correxit, correctum* (lat.) – verbesserte, verbessert
del.	*delevit, deletum* (lat.) – tilgte aus, ausgetilgt
gl.	*glossa* (lat.) – Anmerkung
marg.	*margo, in margine, ad marginem* (lat.) – am Rand
mut.	*mutatur* (lat.) – *verändert*
subl.	*sublineatio* (lat.) – Unterstreichung
lin.	*lineatio* (lat.) – Anstreichung
//	Seitenumbruch

2. Allgemein gebräuchliche Abkürzungen

a.a.O.	am angegebenen Ort
Anm.	Anmerkung
Aufl.	Auflage
bearb.	bearbeitet
Bd.	Band
Bde.	Bände
bzw.	beziehungsweise
ca.	circa
cf.	*confer* (lat.) – vergleiche
dgl.	dergleichen
d.h.	das heißt
d.i.	das ist
dems.	demselben
ders.	derselbe
ebd.	ebenda
ed.	ediert
ev.	eventuell
ESAK	Edith Stein-Archiv Köln
ESGA	Edith Stein-Gesamtausgabe

ESW	Edith Stein-Werke
etc.	*et cetera* (lat.) – und das übrige
f.	folgend
ff.	folgende
franz.	französisch
geb.	geboren
hg. v.	herausgegeben von
Jh.	Jahrhundert
m. E.	meines Erachtens
Red.	Redaktion
sc.	*scilicet* (lat.) – nämlich
SS	Sommersemester
u.	und
u. a.	und andere
unv.	unverändert(e)
usw.	und so weiter
übers.	übersetzt/ Übersetzung
vgl.	vergleiche
v.	von
WS	Wintersemester
z. B.	zum Beispiel
†	gestorben

3. Siglen

a) Siglen allgemein

AGPs	Archiv für die gesamte Psychologie
AHus	Analecta Husserliana
ASPh	Archiv für systematische Philosophie, hg. v. Paul Natorp, Berlin 1898 ff.
CTPH	Contributions to Phenomenology
FZPhTh	Freiburger Zeitschrift für Philosophie und Theologie
GS	Wilhelm Dilthey, Gesammelte Schriften
GSG	Georg Simmel Gesamtausgabe
Hua	Husserliana, Gesammelte Schriften Edmund Husserls
JBW	Jacob Burckhardt Werke
JPPF	Jahrbuch für Philosophie und phänomenologische Forschung, hg. v. Edmund Husserl u. a. (Halle 1913–1930)
MPhA	Münchner Philosophische Abhandlungen. Theodor Lipps zu seinem sechzigsten Geburtstag gewidmet v. früheren Schülern, hg. v. Alexander Pfänder, Leipzig 1911.

PhRev	The philosophical review, Durham, NC
SW	Ludwig Klages, Sämtliche Werke
SGW	Max Scheler, Gesammelte Werke
TFil	Tijdschrift voor Filosofie
ZgNPs	Zeitschrift für Neurologie und Psychiatrie
ZPPS	Zeitschrift für Psychologie und Physiologie der Sinnesorgane
ZPthPs	Zeitschrift für Pathopsychologie
ZVPS	Zeitschrift für Völkerpsychologie und Sprachwissenschaft, hg. v. M. Lazarus und H. Steinthal, Berlin

b) Siglen der Werke Edith Steins

AMP	*Der Aufbau der menschlichen Person*, ESGA 14, Freiburg 2004
BEI	*Bildung und Entfaltung der Individualität*, ESGA 16, Freiburg 2004
DS	Alexandre Koyré, *Descartes und die Scholastik*, ESGA 25, Freiburg 2005
EE	Thomas von Aquin, *De ente et essentia*, ESGA 26 (in Vorbereitung)
EES	*Endliches und ewiges Sein*, ESGA 11/12, Freiburg 2006
EPh	*Einführung in die Philosophie*, ESGA 8, Freiburg 2004
F	*Die Frau. Fragestellungen und Reflexionen*, ESGA 13, Freiburg 2000
GT I	*Geistliche Texte I*, ESGA 19 (in Vorbereitung)
GT II	*Geistliche Texte II*, ESGA 20, Freiburg 2007
HT	*Husserls Phänomenologie und die Philosophie des hl. Thomas von Aquino. Versuch einer Gegenüberstellung*
IG	*Individuum und Gemeinschaft*, ESGA 6 (in Vorbereitung)
IU	*Idee der Universität*, ESGA 21 u. 22, Freiburg 2004/2002
KW	*Kreuzeswissenschaft*, ESGA 18, Freiburg 2003
LJF	*Aus dem Leben einer jüdischen Familie*, ESGA 1, Freiburg 2002
NFG	*Natur, Freiheit und Gnade*, ESGA 9 (in Vorbereitung)
PA	*Potenz und Akt*, ESGA 10, Freiburg 2005
PE	*Zum Problem der Einfühlung*, ESGA 5, Freiburg 2008
PK	*Psychische Kausalität*, ESGA 6 (in Vorbereitung)
QDV	*Quaestiones disputatae de veritate – Des Hl. Thomas von Aquino Untersuchungen über die Wahrheit*, ESGA 23 u. 24, Freiburg 2008
SBB I	*Selbstbildnis in Briefen*, ESGA 2, Freiburg 2000
SBB II	*Selbstbildnis in Briefen*, ESGA 3, Freiburg 2000
SBB III	*Selbstbildnis in Briefen*, ESGA 4, Freiburg 2001
US	*Eine Untersuchung über den Staat*, ESGA 7, Freiburg 2006

WG	*Wege der Gotteserkenntnis*, ESGA 17, Freiburg 2003
WIM	*Was ist der Mensch?* Vorlesungen zur theologischen Anthropologie, ESGA 15, Freiburg 2005
WP	*Was ist Philosophie? Ein Gespräch zwischen Edmund Husserl und Thomas von Aquino*

Editorische Hinweise

Da es sich bei Edith Steins Dissertation um eine Qualifikationsarbeit handelt, wurden ihre persönlichen Änderungen, Korrekturen und Marginalien in einem textkritischen Apparat mit alphabetischer Zählung (a, b, c, ...) dokumentiert, der an erster Stelle über den Fußnoten Edith Steins und denen der Editorin steht.

Die Anmerkungen Edith Steins in der ersten Veröffentlichung ihrer Dissertation 1917 in Halle wurden in einem numerischern Apparat wiedergegeben (1, 2, 3, ...). Ergänzungen der Editorin innerhalb dieses Apparates und innerhalb des Textes wurden in eckige Klammern gesetzt [ ]. Die Fußnoten des Apparates mit numerischer Zählung in ⟨ ⟩ Klammern stammen von der Editorin und dienen dem Leserverständnis durch Ergänzung fehlender Belegstellen und erläuternder Angaben.

Ziffern werden als Zahlworte, Monatsangaben durch Worte wiedergegeben. Alle Unterstreichungen innerhalb des Textes stammen von Edith Stein und heben den Bedeutungsgehalt des Abschnitts hervor. Inhaltliche Akzentuierungen wurden von Edith Stein innerhalb des Textes durch den erweiterten Zeichenabstand einzelner Worte vorgenommen.

Lateinische Ausdrücke und die Titelangaben der zitierten Literatur wurden kursiv gekennzeichnet. Auch die Titelangaben Edith Steins wurden einheitlich kursiv gedruckt, da sie nur vereinzelt Titel in Anführungszeichen gesetzt hat. Um das Verständnis des Textes zu erleichtern, wurden Absätze nach Sinnabschnitten in den Text eingefügt, auf die Edith Stein wegen der damaligen Druckkosten verzichten mußte.

Die Originalpaginierung der Erstveröffentlichung wurde als Marginalie übernommen, um den Umgang mit älterer Forschungsliteratur zu erleichtern. Die Seitenangaben des Inhaltsverzeichnisses der Originalausgabe wurden an die kritische Ausgabe angepaßt. Für die Zitation relevant ist in Zukunft die kritische Ausgabe.

Edith Steins Handexemplar

Leider ist uns von Edith Steins Doktorarbeit weder ein Autograph noch eine maschinenschriftliche Abschrift des Originals erhalten.

Als Grundlage dieser textkritischen Edition dient das im Edith Stein-Archiv Köln (ESAK) aufbewahrte Handexemplar der Druckausgabe von Edith Steins Doktorarbeit mit handschriftlichen Korrekturen und Marginalien Edith Steins (Signatur A02–17). Es handelt sich hierbei um Edith Steins persönliches Handexemplar mit dem Format 227,5 mm × 155 mm, das sie nach eigenen Vorstellungen binden ließ, um darin Anmerkungen einfügen zu können. Denn nach jeder Druckseite wurde ein leeres Blatt mit eingebunden, das ihr für persönliche handschriftliche Notizen und *corrigenda* dienen sollte. Die Eintragungen Edith Steins wurden mit Bleistift und Kopierstift vorgenommen. Auf einigen Seiten ist am Rand der Vermerk „Ing." notiert, was darauf hinweist, daß Edith Stein mit Roman Ingarden über die bezeichnete Problematik sprechen wollte oder diesbezüglich von ihm Anregungen erhielt. Aber inhaltliche Bemerkungen Roman Ingardens zu Edith Steins Dissertation existieren in diesem Exemplar nicht.

Die erste Druckausgabe von Edith Steins Dissertation, die unter dem Titel *Zum Problem der Einfühlung* 1917 in Halle erschien, umfaßt den zweiten bis vierten Teil der Doktorarbeit. Denn wegen der herrschenden Papierknappheit und den erheblichen Druckkosten hatte Edith Stein ein Gesuch bei der Philosophischen Fakultät der Universität Freiburg eingereicht und um eine Teildruckgenehmigung gebeten.[1] Selbst nachdem Husserl dieses Vorgehen begrüßt[2] und die Fakultät ihre Genehmigung erteilt hatte, betrugen die Druckkosten noch 546 Mark, wie dem Postskriptum des Briefes vom 28. Ja-

[1] Vgl. SBB I, 5 (24): „Hierdurch ersuche ich ergebenst um Erlaubnis, von meiner Dissertation, auf Grund deren ich am 3. August 1916 zum *examen rigorosum* zugelassen wurde, nur einen Teil im Druck erscheinen lassen zu dürfen, da die ganze Arbeit sehr umfangreich und die Druckkosten gegenwärtig ungewöhnlich hoch sind. Ich habe die Abhandlung unter dem Titel *Das Einfühlungsproblem in seiner historischen Entwicklung und in phänomenologischer Betrachtung* eingereicht und möchte nun Teil II/IV unter dem Titel *Zum Problem der Einfühlung* drucken lassen." Das Original befindet sich in der Promotionsakte Edith Steins mit der aktuellen Signatur des Universitätsarchivs Freiburg: B 42/1832.

[2] Ebd. I, 5 (24): „Ich befürworte dieses Gesuch aufs wärmste. Die Theile II–IV geben noch eine stattliche, ja recht große und inhaltlich wertvolle Dissertation. Die Druckkosten werden auch dafür ungewöhnlich hoch sein."

nuar 1917 an Roman Ingarden zu entnehmen ist.[3] So wurde nur der systematische Teil ihrer Dissertation gedruckt. Die Druckauswahl hat Roman Ingarden wohl maßgeblich mit beeinflußt, wie man Edith Steins Brief an ihn vom 9. Oktober 1920 entnehmen kann, indem sie es bedauert, daß ihre Arbeit nicht im Buchhandel erschienen ist.[4] Schon Forschergenerationen haben sich bemüht, das vollständige Exemplar ihrer Dissertation ausfindig zu machen und den Inhalt der gesamten Arbeit zu rekonstruieren. Edith Stein gibt von dem Manuskript, das sie im Dekanat der philosophischen Fakultät der Freiburger Universität einreichte, und von dem ihrer Auskunft nach Durchschläge existierten[5], eine genaue Beschreibung:

„Das Manuskript, auf starkem weißem Aktenpapier getippt, war so umfangreich, daß ich es nicht in einem Band binden lassen konnte. Es hätte einen Folianten ergeben, der für den guten Meister allzu unhandlich gewesen wäre. So ließ ich drei Hefte mit biegsamem blauem Pappeinband herstellen, dazu eine feste Mappe, in die alle drei hingelegt wurden."[6]

Die Suche nach dieser Mappe mit den drei Heften in blauem Pappeinband scheint bis heute erfolglos zu sein: Vergeblich sucht man in der Freiburger Universitätsbibliothek im Magazin unter dem Bestand der Doktorarbeiten das von Edith Stein eingereichte Exemplar. Dies mag zum einen an einem Magazinbrand während des Zweiten Weltkrieges, zum anderen an der systematischen Vernichtung von Literatur jüdischer Autoren unter dem Rektorat von Martin Heidegger gelegen haben. Im Nachlaß Edmund Husserls vermißt man ebenfalls ein vollständiges Manuskript der Dissertation seiner Schülerin. Auch im Nachlaß Roman Ingardens, der das Entstehen dieses *opus* mit wachem Interesse verfolgte, findet sich nur die Druckausgabe von 1917, die als Grundlage der polnischen Übersetzung fungierte. Edith Stein scheint die Manuskriptfassung ihres Erstlingswerkes auch nicht bei ihrem Eintritt in den Kölner Karmel dorthin mitgebracht zu haben. Wahrscheinlich hat sie ein Exemplar aus Dankbarkeit ihrer Mutter als Geschenk überlassen, worauf die Widmung an ihre Mutter in der Druckausgabe schließen läßt. Da die Bibliothek der Familie Stein bei der Konfiskation ihres Elternhauses in Breslau zerstreut wurde, muß man davon ausgehen, daß das vollständige Manuskript ihrer Dissertation verschollen ist.

---

[3] Ebd. III, 3 (37).

[4] Vgl. ebd. III, 71 (133): „Ich bin so neugierig, was sie zu meiner Arbeit im Jahrbuch sagen werden. Ob sie Ihnen besser gefallen wird als die Dissertation? Nach der ist übrigens große Nachfrage, und ich habe schon oft bedauert, daß sie nicht im Buchhandel erschienen ist. Was bin ich doch damals für ein kleines Schaf gewesen! Wenn Sie nicht ein bißchen für mich gedacht hätten, wäre ja die entscheidenden Teile überhaupt ungedruckt geblieben."

[5] Vgl. LJF, 335: „Ich konnte ihm einen Durchschlag zur Verfügung stellen, damit keine Zeit verlorenging, bis ihm das andere Exemplar wieder zugestellt wurde."

[6] Ebd., 328.

Edith Stein
Zum Problem der Einfühlung 1

(Teil II–IV der unter dem Titel: *Das Einfühlungsproblem in seiner historischen Entwicklung und in phänomenologischer Betrachtung* vorgelegten Dissertation)

Inaugural-Dissertation
zur
Erlangung der Doktorwürde
der
Hohen Philosophischen Fakultät
der Großherzoglichen Badischen
Albert-Ludwigs-Universität zu Freiburg i. Br.

vorgelegt und mit ihrer Genehmigung veröffentlicht von
Edith Stein
aus Breslau

Halle
Buchdruckerei des Waisenhauses
1917

III Referent: Herr Professor Dr. Husserl

Das *examen rigorosum* fand am 3. August 1916 statt.

IV Meiner Mutter[1]

---

[1] Auguste Stein, geborene Courant (geb. 4. Oktober 1849 in Lublinitz/Oberschlesien, † 14. September 1936 in Breslau) war eine überzeugte und praktizierende Jüdin. Edith Stein beschreibt ihr Verhältnis zu ihrer Mutter sehr ausführlich im *Leben einer jüdischen Familie* [LJF]. Auguste Stein konnte Edith Steins Konversion zum Christentum und ihre Aufnahme in die Katholische Kirche, vor allem aber ihren späteren Eintritt in den Kölner Karmel nicht verstehen.

Vorwort V

Die vollständige Arbeit, der die folgenden Ausführungen entnommen sind, begann mit einer rein historischen Darlegung der Probleme, die in der vorliegenden Einfühlungsliteratur nacheinander aufgetaucht sind: der ästhetischen Einfühlung, der Einfühlung als Erkenntnisquelle für fremdes Erleben, der ethischen Einfühlung usw. Ich fand diese Probleme, die ich in meiner Darstellung schied, in der Behandlung miteinander vermengt und außerdem ungetrennt voneinander die erkenntnistheoretische, die rein deskriptive und die genetisch-psychologische Seite der genannten Probleme. In dieser Vermengung sah ich den Grund, der einer befriedigenden Lösung bisher im Wege gestanden hat. Es schien mir notwendig, zunächst das Grundproblem herauszulösen, von dem aus sich alle andern verstehen lassen, und es einer gründlichen Untersuchung zu unterziehen. Diese positive Arbeit schien mir zugleich erforderlich als Fundament einer kritischen Stellungnahme zu den bisherigen Ergebnissen. Als dieses Grundproblem erkannte ich die Frage der Einfühlung als Erfahrung von fremden Subjekten und ihrem Erleben. Diese Frage wird in den nachstehenden Ausführungen behandelt. Ich bin mir dabei sehr wohl bewußt, daß die positiven Resultate, die ich bringe, nur einen kleinen Beitrag zu dem darstellen, was hier zu leisten ist. Zudem haben besondere Umstände mich verhindert, die Arbeit vor der Veröffentlichung
noch einmal gründlich zu überarbeiten. Seit ich sie der Fakultät einreichte, VI
habe ich nämlich, in meinen Funktionen als Privatassistentin meines verehrten Lehrers, Herrn Professor Husserl[2], Einblick in die Manuskripte

[2] Edmund Husserl (geb. 8. April 1859 in Proßnitz (Mähren), † 27. April 1938 in Freiburg) studierte nach dem Abitur ab 1876 zunächst in Leipzig, später in Berlin Mathematik, Astronomie, Physik und Philosophie. 1882 promovierte er bei Leo Königsberger in Wien. Nach Studien bei Franz Brentano und Carl Stumpf habilitierte er sich 1887 in Halle. Im selben Jahr heiratete er Malvine Steinschneider und ließ sich evangelisch taufen. Vierzehn Jahre wirkte er in Halle als Privatdozent, bis die in Auseinandersetzung mit der Psychologismuskritik des Logikers Gottlob Frege entstandenen *Logischen Untersuchungen* ihn so bekannt machten, daß er 1901 einen Ruf an die Universität von Göttingen erhielt. Mit seinem neuen philosophischen Ansatz, die Dinge vorurteilsfrei so zu betrachten, wie sie dem Bewußtsein unmittelbar erschienen, wollte Husserl Philosophie als strenge Wissenschaft betreiben und wurde auf diese Weise zum Begründer der Phänomenologie. Die Wesensschau des Gegebenen sollte die voraussetzungslose Grundlage alles Wissens sein. In den fünfzehn Jahren seines akademischen Wirkens in Göttingen konnte Husserl zahlrei-

zum II. Teil seiner „Ideen[1]" erhalten, die zum Teil dieselben Fragen behandeln, und würde natürlich bei einer neuen Beschäftigung mit meinem Thema nicht umhin können, die empfangenen neuen Anregungen zu verwerten. Freilich sind Problemstellung und Methode meiner Arbeit ganz aus Anregungen hervorgewachsen, die ich von Herrn Professor Husserl empfing, so daß es ohnehin höchst fraglich ist, was ich von den folgenden Ausführungen als mein „geistiges Eigentum" in Anspruch nehmen darf. Indessen kann ich sagen, daß die Ergebnisse, die ich jetzt vorlege, in eigener Arbeit gewonnen sind, und das könnte ich nicht mehr behaupten, wenn ich jetzt Änderungen vornähme.

---

che Schüler um sich sammeln. Als Husserl 1913 mit seinem Werk *Ideen zu einer reinen Phänomenologie und phänomenologischen Philosophie* eine transzendentale Wende vollzog, wurde er von einigen Schülern nicht verstanden. 1916 nahm Husserl den Ruf nach Freiburg an. Dort war Edith Stein seine erste Doktorandin und Privatassistentin. Als Husserl seine Lehrtätigkeit 1928 beendete, unternahm er zahlreiche Vortragsreisen in Europa. Wegen seiner jüdischen Herkunft wurde er am 6. April 1933 von den Nationalsozialisten beurlaubt. Kurz vor seinem Tod mußte er noch erleben, daß man ihm die Lehrbefugnis entzog. Edmund Husserl gilt als einer der bedeutendsten Philosophen des 20. Jh.s.

---

[1] [Edmund Husserl,] *Ideen zu einer reinen Phänomenologie und phänomenologischen Philosophie* [*Allgemeine Einführung in die reine Phänomenologie*, in: JFFP I (1913). Diese Ausgabe wird von Edith Stein mit dem Kurztitel *Ideen* zitiert. Kritische Ausgabe: Hua III–V, ed. v. Marly Biemel, Walter Biemel, Karl Schuhmann, Den Haag 1950 ff.]

II. Das Wesen der Einfühlungsakte 1

§ 1. Die Methode der Untersuchung

Allem Streit über die Einfühlung liegt die stillschweigende Voraussetzung zugrunde: es sind uns fremde Subjekte und ihr Erleben gegeben. Über den Hergang des Zustandekommens, über die Wirkungen, über das Recht dieser Gegebenheit wird gehandelt. Die nächste Aufgabe aber ist, sie selbst in sich zu betrachten und ihr Wesen zu erforschen. Die Einstellung, in der wir dies tun, ist die der „phänomenologischen Reduktion". Ziel der Phänomenologie ist Klärung und damit letzte Begründung aller Erkenntnis. Um zu diesem Ziel zu gelangen, schaltet sie aus ihren Betrachtungen alles aus, was irgendwie „bezweifelbar" ist, was sich irgend beseitigen läßt. Sie macht zunächst keinen Gebrauch von irgendwelchen Resultaten irgendeiner Wissenschaft: Das ist selbstverständlich, da eine Wissenschaft, die letzte Klärung aller wissenschaftlichen Erkenntnis sein will, sich nicht wiederum auf eine schon bestehende Wissenschaft stützen darf, sondern sich in sich selbst begründen muß. Stützt sie sich dann auf die natürliche Erfahrung? Keineswegs, denn diese selbst ebenso wie ihre Fortsetzung, die naturwissenschaftliche Forschung, unterliegt mannigfacher Interpretation (in der materialistischen oder idealistischen Philosophie z. B.) und erweist sich dadurch als klärungsbedürftig. So verfällt denn der Ausschaltung oder Reduktion die gesamte uns umgebende Welt, die physische wie die psychophysische, die Körper wie die Menschen- und Tierseelen (einschließlich der psychophysischen Person des Forschers selbst). Was kann noch übrig bleiben, wenn alles gestrichen ist, die ganze Welt und das sie erlebende Subjekt selbst? In Wahrheit
bleibt noch ein unendliches Feld reiner Forschung übrig; denn überlegen wir 2
wohl, was jene Ausschaltung besagt: ich kann bezweifeln, ob das Ding, das ich vor mir sehe, existiert, es besteht die Möglichkeit einer Täuschung, darum muß ich die Existenzsetzung ausschalten, darf von ihr keinen Gebrauch machen; aber was ich nicht ausschalten kann, was keinem Zweifel unterliegt, ist mein Erleben des Dinges (das wahrnehmende, erinnernde oder sonstwie geartete Erfassen) samt seinem Korrelat, dem vollen „Dingphänomen" (dem in mannigfachen Wahrnehmungs- oder Erinnerungsreihen sich als dasselbe gebenden Objekt), das in seinem ganzen Charakter erhalten bleibt und zum Objekt der Betrachtung gemacht werden kann.

(Es bereitet Schwierigkeiten einzusehen, wie es möglich ist, daß die Existenzsetzung aufgehoben sein und doch der volle Wahrnehmungscharakter erhalten bleiben soll. Man veranschauliche sich diese Möglichkeit am Fall der Halluzination: es leide jemand an Halluzinationen und habe Einsicht in sein Leiden; er befindet sich z. B. mit einem Gesunden in einem Zimmer, glaubt in der Wand eine Tür zu bemerken und will durch sie hindurchgehen; von dem anderen aufmerksam gemacht, erkennt er, daß er wieder halluziniert, er glaubt jetzt nicht mehr, daß die Tür vorhanden ist, vermag sich aber weiter in die „durchgestrichene" Wahrnehmung zu versetzen und könnte gut daran das Wesen der Wahrnehmung studieren, einschließlich der Existenzsetzung, obgleich er diese nun nicht mehr mitmacht.) So bleibt das ganze „Weltphänomen" nach Aufhebung der Weltsetzung.

Und diese „Phänomene" sind das Objekt der Phänomenologie.[a] Es gilt nun aber nicht nur sie als einzelne zu erfassen und alles in ihnen Implizierte, den in dem einfachen Haben des Phänomens beschlossenen Tendenzen nachgehend, zu explizieren, sondern zu ihrem Wesen vorzudringen. Jedes Phänomen ist exemplarische Unterlage einer Wesensbetrachtung. Die Phänomenologie der Wahrnehmung begnügt sich nicht, die einzelne Wahrnehmung zu beschreiben, sondern sie will ergründen, was „Wahrnehmung überhaupt", ihrem Wesen nach ist, und sie gewinnt diese Erkenntnis am Einzelfall in ideierender Abstraktion.[2]

3 Es ist noch zu zeigen, was es heißt: m e i n Erleben ist nicht auszuschalten. Daß Ich, dieses empirische Ich, des Namens und Standes, ausgestattet mit den und den Eigenschaften, existiere, ist nicht unbezweifelbar. Meine ganze Vergangenheit könnte geträumt, könnte Erinnerungstäuschung sein, unterliegt somit der Ausschaltung und bleibt nur als Phänomen Gegenstand der Betrachtung, aber „ich", das erlebende Subjekt, das die Welt und die eigene Person als Phänomen betrachtet, „ich" bin im Erleben und nur in ihm und ebenso unbezweifelbar und unstreichbar wie es selbst. Es gilt nun diese Betrachtungsweise auf unseren Fall anzuwenden.

Die Welt, in der ich lebe, ist nicht nur eine Welt physischer Körper, es gibt darin auch außer mir erlebende Subjekte, und ich weiß von diesem Erleben. Dieses Wissen ist kein unbezweifelbares, wir unterliegen gerade hier so mannigfachen Täuschungen, daß wir mitunter geneigt sind, an der Möglichkeit einer Erkenntnis auf diesem Gebiet überhaupt zu verzweifeln – aber das

[a] *gl.* Verweis auf die Entwicklung des Phänomenbegriffs in der Antrittsvorlesung. Die Möglichkeit einer Wissenschaft vom Bewußtsein muß aufgewiesen werden.

[2] Ich kann nicht hoffen, in ein paar kurzen Worten jemandem, der nicht damit vertraut ist, Ziel und Methode der Phänomenologie restlos klar zu machen, sondern muß für alle sich erhebenden Fragen auf Husserls grundlegendes Werk die *Ideen* verweisen [Vgl. Anm. 1].

Phänomen des fremden Seelenlebens ist da und unbezweifelbar, und dieses wollen wir uns nun etwas näher betrachten. Die Untersuchungsrichtung ist uns hiermit noch nicht eindeutig vorgeschrieben.

Wir könnten ausgehen von dem vollen konkreten Phänomen, das wir in unserer Erfahrungswelt vor uns haben, dem Phänomen eines psychophysischen Individuums, das deutlich unterschieden ist von einem physischen Ding: es gibt sich nicht als physischer Körper, sondern als empfindender Leib, dem ein Ich zugehört, ein Ich, das empfindet, denkt, fühlt, will, dessen Leib nicht nur eingereiht ist in meine phänomenale Welt, sondern das selbst Orientierungszentrum einer solchen phänomenalen Welt ist, ihr gegenübersteht und mit mir in Wechselverkehr tritt.

Und wir könnten untersuchen, wie sich all das bewußtseinsmäßig konstituiert, was uns über den bloßen in äußerer Wahrnehmung gegebenen physischen Körper hinaus erscheint.

Wir könnten ferner die einzelnen konkreten Erlebnisse dieser Individuen betrachten, wir würden dann sehen, daß hier verschiedene Gegebenheitsweisen auftreten und könnten diesen weiter nachgehen: es würde sich zeigen, daß es andere als die von *Lipps* ⟨3⟩ herausgearbeitete Gegebenheit „in 4
symbolischer Relation“ gibt: ich weiß nicht nur, was in Mienen und Gebärden ausgedrückt, sondern auch von dem, was dahinter verborgen ist; ich sehe etwa, daß jemand eine traurige Miene macht, aber nicht in Wahrheit trauert.

Ferner: ich höre, daß jemand eine unbedachte Bemerkung macht und sehe, daß er darauf errötet, dann verstehe ich nicht nur die Bemerkung und sehe im Erröten die Scham, sondern ich erkenne, daß er die Bemerkung als unbedacht erkennt und daß er sich schämt, *weil* er sie gemacht hat.

Weder diese Motivation noch das Urteil über seine Bemerkung sind durch irgendeine „sinnliche Erscheinung“ ausgedrückt. Es wären diese verschiedenen Gegebenheitsweisen zu untersuchen und eventuell vorliegende Fundierungsbeziehungen herauszustellen.

Es ist aber noch eine andere, radikalere Betrachtung möglich. Alle diese Gegebenheiten von fremdem Erleben weisen zurück auf eine Grundart von

---

⟨3⟩ Theodor Lipps (geb. 28. Juli 1851 in Wallhalben, † 17. Oktober 1914 in München) war der Hauptvertreter des Psychologismus in Deutschland und verband ihn mit dem kantischen Kritizismus und einem objektiven Idealismus. Seit 1894 war er Ordinarius in München. Unter Philosophie versteht Theodor Lipps die Wissenschaft der inneren Erfahrung. Die Logik sei eine psychologische Disziplin, die sich mit den Gesetzen des überindividuellen Denkens und den Vernunftgesetzen beschäftige. Die Objektivität der Gegenstände ergebe sich in Forderungen seitens derselben an unsere Apperzeption, unser Urteilen und Werten. Unter Apperzeption versteht Theodor Lipps die Aneignung von Inhalten, indem man sie zum eigenen Selbstgefühl in Beziehung bringt und in das System des eigenen Selbstbewußtseins einordnet. Vgl. Theodor Lipps, *Ästhetik I,* 140. Ders., *Leitfaden der Psychologie*, dritte, teilweise umgearbeitete Aufl., Leipzig 1909, 14 ff.

Akten, in denen fremdes Erleben erfaßt wird und die wir nun unter Absehung von allen historischen Traditionen, die an dem Worte hängen, als Einfühlung bezeichnen wollen. Diese Akte in größter Wesensallgemeinheit zu erfassen und zu beschreiben, soll unsere erste Aufgabe sein.

§ 2. Deskription der Einfühlung im Vergleich zu anderen Akten

Sie werden sich uns am besten in ihrer Eigenart herausstellen, wenn wir sie mit anderen Akten des reinen Bewußtseins (des Feldes unserer Betrachtungen nach dem beschriebenen Vollzug der Reduktion) konfrontieren.

Wir nehmen ein Exempel, um uns das Wesen des Einfühlungsaktes zu veranschaulichen.

Ein Freund tritt zu mir herein und erzählt mir, daß er seinen Bruder verloren hat, und ich gewahre seinen Schmerz. Was ist das für ein Gewahren? Worauf es sich gründet, woraus ich den Schmerz entnehme, darauf möchte ich hier nicht eingehen. Vielleicht ist sein Gesicht blaß und verstört, seine Stimme klanglos und gepreßt, vielleicht gibt er auch in Worten seinem Schmerz Ausdruck: all das sind natürlich Themata für Untersuchungen, aber darauf kommt es mir hier nicht an.

5 Nicht auf welchen Wegen ich dazu gelange, sondern was es selbst, das Gewahren, ist, das möchte ich wissen.

a) Äußere Wahrnehmung und Einfühlung

Daß ich keine äußere Wahrnehmung von dem Schmerz habe, braucht kaum gesagt zu werden, äußere Wahrnehmung ist ein Titel für die Akte, in denen raum-zeitliches, dingliches Sein und Geschehen mir zu leibhafter Gegebenheit kommt, vor mir steht als hier und jetzt selbst daseiend, mir diese oder jene Seite zukehrend, wobei diese mir zugekehrte Seite im spezifischen Sinne leibhaft oder originär da ist, im Vergleich zu den mitwahrgenommenen abgewandten Seiten.

Der Schmerz ist kein Ding und mir nicht in dieser Weise gegeben, auch dann nicht, wenn ich ihn „in“ der schmerzlichen Miene gewahre, die ich äußerlich wahrnehme und mit der er „ineins“ gegeben ist. Der Vergleich mit den abgewandten Seiten des gesehenen Dinges liegt nahe. Aber er ist doch nur sehr vag, denn in fortschreitender Wahrnehmung kann ich mir immer neue Seiten des Dinges zu originärer Gegebenheit bringen, prinzipiell kann jede diese bevorzugte Gegebenheitsweise annehmen; die schmerzlich bewegte Miene – richtiger gesagt: die Veränderung des Gesichts, die ich einfühlend als schmerzlich bewegte Miene auffasse – kann ich betrachten von soviel Seiten ich will, prinzipiell kann ich niemals zu einer „Orientierung" kommen, in der statt ihrer der Schmerz selbst originär gegeben ist.[b]

Die Einfühlung als Erfassung des Erlebnisses selbst hat also nicht den Charakter äusserer Wahrnehmung. Dagegen wird man den komplexen Akt, der mit dem leiblichen Ausdruck das ausgedrückte Seelische miterfasst, wohl als äussere Wahrnehmung bezeichnen müssen. Der originär gegebene Ausdruck „appräsentiert" – wie Husserl zu sagen pflegt – das Seelische, das als „Mitgegebenes" selbst als jetzt seiende Wirklichkeit dasteht. (Zur Frage, ob anderes als der Leib appräsentierend fungieren kann, vgl. die Notizen über Notwendigkeit eines Leibes für die Einfühlung).[c] Ist die Einfühlung nicht äußere Wahrnehmung, so ist damit noch nicht gesagt, daß ihr dieser Charakter des „Originären" abgeht.

b) Originarität und Nichtoriginarität

Noch anderes als die Außenwelt ist uns originär gegeben. Originär gebend ist auch die Ideation, in der wir Wesensverhalte intuitiv erfassen, originär gebend z.B. die Einsicht in ein geometrisches Axiom, originär gebend das Wertnehmen, schließlich und vor allem haben den Charakter der Originarität unsere eigenen Erlebnisse, wie sie ursprünglich erlebt werden und[d] in 6
der Reflexion zur Gegebenheit kommen. Daß die Einfühlung keine Ideation ist, ist trivial – handelt es sich doch um Erfassen von *hic et nunc* Seiendem. (Ob sie Unterlage für die Ideation, die Gewinnung einer Wesenserkenntnis von Erlebnissen sein kann, ist eine andere Frage.)

Bleibt noch die Frage: besitzt die Einfühlung die Originarität eigenen Erlebens? Bevor wir an die Beantwortung dieser Frage gehen können, ist es nötig, den Sinn von Originarität noch weiter zu differenzieren.

Originär sind alle eigenen gegenwärtigen Erlebnisse als solche – was könnte originärer sein als das Erleben selbst?[3] Aber nicht alle Erlebnisse sind originär *gebend*, sind ihrem Gehalt nach originär: die Erinnerung, die

---

[b] Die Einfühlung – für die Einfühlung *add.* A02–17.

[c] Die Einfühlung hat also nicht den Charakter äußerer Wahrnehmung, aber sie hat doch mit ihr etwas gemein: dies, daß ihr Objekt jetzt und hier selbst da ist. Wir haben die äußere Wahrnehmung als originär gebenden Akt kennen gelernt. *del.* A02–17.

[d] ursprünglich erlebt werden und *add.* A02–17.

---

[3] Der Gebrauch des *terminus* „originär" für die Aktseite des Erlebens mag auffällig sein. Ich verwende ihn, weil ich glaube, daß tatsächlich hier derselbe Charakter vorliegt, den man am Korrelat so bezeichnet. Den Ausdruck „aktuelles Erlebnis", der mir dafür geläufig ist, unterdrücke ich absichtlich, weil ich ihn für ein anderes Phänomen brauche (für den „Akt" im spezifischen Sinne, das Erlebnis in der Form des *cogito*, des „Gerichtetseinsauf") und die Äquivokation vermeiden möchte.

Erwartung, die Phantasie haben ihr Objekt nicht als leibhaft gegenwärtig vor sich, sondern vergegenwärtigen es nur; und der Vergegenwärtigungscharakter ist ein immanentes Wesensmoment dieser Akte, keine von den Objekten her gewonnene Bestimmung. Als jetzt sich erzeugende Welten im Erlebnisstrom sind diese Erlebnisse originär; aber das, was sie konstituieren, ist nicht ursprünglich Erzeugtes, sondern Wiedererzeugtes, Vergegenwärtigtes, also nicht-originär.[4] [e]

Schließlich kommt noch die Gegebenheit der eigenen Erlebnisse selbst in Frage: für jedes Erlebnis besteht die Möglichkeit der originären Gegebenheit, d. h. die Möglichkeit für den reflektierenden Blick des in ihm lebenden Ich leibhaft und selbst da zu sein. Es besteht außerdem die Möglichkeit einer nichtoriginären Gegebenheitsweise eigener Erlebnisse: in Erinnerung, Erwartung, Phantasie. Jetzt können wir die Frage wieder aufnehmen: kommt der Einfühlung Originarität zu und in welchem Sinne?

c) Erinnerung, Erwartung, Phantasie und Einfühlung

Wir erkennen eine weitgehende Analogie der Einfühlungsakte mit den Akten, in denen Selbsterlebtes nicht-originär gegeben ist.

Die Erinnerung an eine Freude ist originär als jetzt sich vollziehender Akt
7 des Vergegenwärtigens, aber ihr Gehalt – die Freude – ist nicht-originär; sie hat ganz den Charakter der Freude, so daß ich ihn an ihr studieren könnte, aber sie ist nicht originär und leibhaft da, sondern als einmal lebendig gewesen (wobei dieses „einmal“, der Zeitpunkt des vergangenen Erlebnisses, bestimmt oder nicht bestimmt sein kann). Die Nichtoriginarität von jetzt weist zurück auf die Originarität von damals, das Damals hat den Charakter eines einstigen „jetzt“, die Erinnerung hat somit Setzungscharakter, das Erinnerte Seinscharakter. Es besteht ferner eine doppelte Möglichkeit: das Ich, das Subjekt des Erinnerungsaktes, kann in diesem Akt der Vergegenwärtigung zurückblicken auf die vergangene Freude, es hat sie dann als intentionales Objekt und mit und in ihr ihr Subjekt, das Ich der Vergangenheit; das Ich von jetzt und das Ich von damals stehen sich dann als Subjekt und Objekt gegenüber, es tritt keine Deckung beider ein, obwohl das Bewußtsein der Selbigkeit vorhanden ist. Aber dies Bewußtsein der Selbigkeit ist keine ausdrückliche Identifikation, und es besteht außerdem der Unterschied zwischen dem originären erinnernden und dem nichtoriginären erinnerten Ich.

---

[e] Als – nicht-originär *add.* A02–17. Anmerkung 4 *add.* ebd.

---

[4] Vgl. [Edmund] Husserls Ausführungen über Vergegenwärtigungen in der Analyse des Zeitbewußtseins. [Vgl. Hua XXXIII].

Die Erinnerung kann dann andere Vollzugsmodalitäten annehmen. Der einheitliche Akt der Vergegenwärtigung, in dem das Erinnerte als Ganzes vor mir auftaucht, impliziert Tendenzen, die – zur Entfaltung gebracht – die in ihm beschlossenen „Züge“ enthüllen, in ihrem zeitlichen Verlauf, so wie sich das erinnerte Erlebnisganze einst originär konstituierte.[5] Dieser Entfaltungsprozeß, kann passiv „in mir“ vor sich gehen oder ich kann ihn aktiv Schritt für Schritt vollziehen.

Und es ist ferner möglich, daß ich den passiven wie den aktiven Erinnerungsablauf ganz unreflektiert vollziehe, ohne das Gegenwarts-Ich, das Subjekt des Erinnerungsaktes irgendwie im Blick zu haben; oder aber daß ich mich ausdrücklich zurückversetze an jenen Zeitpunkt im kontinuierlichen Erlebnisstrom und die Erlebnisabfolge von damals wieder wach werden lasse, in dem erinnerten Erlebnis lebend statt ihm als Objekt zugewendet: immer bleibt doch die Erinnerung Vergegenwärtigung, ihr Subjekt nicht- 8
originär, im Gegensatz zu dem die Erinnerung vollziehenden. Der re-produzierende Vollzug des einstigen Erlebnisses ist die erfüllende Klärung des zunächst vag Intendierten.

Am Ende des Prozesses steht eine neue Objektivation: das vergangene Erleben, das erst als Ganzes vor mir auftauchte, das ich dann, mich hineinversetzend, auseinanderlegte, fasse ich am Schlusse wiederum in einem „apperzeptiven Griff“ zusammen.

Die Erinnerung (in den verschiedenen Vollzugsformen) kann mannigfache Lücken aufweisen. So ist es möglich, daß ich mir eine vergangene Situation erinnernd vergegenwärtige, ohne mich meines inneren Verhaltens dieser Situation gegenüber erinnern zu können; indem ich mich nun in jene Situation zurückversetze, stellt sich ein Surrogat für die mangelnde Erinnerung ein, ein Bild des vergangenen Verhaltens, das aber nicht als Vergegenwärtigung von Vergangenem auftritt, sondern als durch den Sinn des Ganzen geforderte Vervollständigung des Erinnerungsbildes; sie kann Zweifels-, Vermutungs-, Wahrscheinlichkeitscharakter, niemals aber Seinscharakter haben.[f]

Der Fall der Erwartung ist so parallel, daß es kaum nötig ist, besonders darauf einzugehen.

Dagegen wäre über die freie Phantasie noch einiges zu sagen. Auch hier finden sich die verschiedenen Vollzugsmöglichkeiten:

Das Auftauchen eines Phantasieerlebnisses als Ganzes und die schrittweise Erfüllung der darin implizierten Tendenzen.

---

[f] *gl.* Verweis auf die Analyse der Erwartung im „Zeitbewußtsein“.

---

[5] Das Durchlaufen der vergangenen Erlebnisse stellt freilich zumeist ein „Abrégé“ des ursprünglichen Erlebnisverlaufs dar (in wenigen Minuten vermögen wir die Ereignisse von Jahren zu rekapitulieren) – ein Phänomen, das eine eigene Untersuchung verdiente.

Im Phantasieerlebnis lebend, finde ich keine durch eine Erlebniskontinuität ausgefüllte zeitliche Distanz zwischen dem phantasierenden und dem phantasierten Ich (wenn es sich nicht gerade um phantasierte Erinnerung oder Erwartung handelt). Doch auch hier ist eine Scheidung zu machen: Das Ich, das die Phantasiewelt schafft, ist originär, das Ich, das in ihr lebt, nicht-originär.

Und die phantasierten Erlebnisse sind gegenüber den erinnerten charakterisiert dadurch, daß sie sich nicht als Vergegenwärtigung wirklicher Erlebnisse geben, sondern als nicht-originäre Form gegenwärtiger Erlebnisse, wobei „gegenwärtig" nicht auf ein Jetzt der objektiven Zeit hindeutet, sondern auf das erlebte Jetzt, das sich in diesem Fall nur in einem „neutralen"[6] Jetzt
9 der Phantasiezeit objektivieren kann. Dieser neutralisierten (d. h. nicht-setzenden) Form der Gegenwartserinnerung (der Vergegenwärtigung eines jetzt Wirklichen, aber nicht leibhaft Gegebenen) steht gegenüber eine neutralisierte Rück- und Vorerinnerung, d. h. eine Vergangenheits- und Zukunftsphantasie, eine Vergegenwärtigung nichtwirklicher vergangener und künftiger Erlebnisse.

Es ist auch möglich, daß ich in das Phantasiereich hineinblickend (wie auch in Erinnerung und Erwartung) mich selbst darin vorfinde, d. h. ein Ich, das ich als mich anerkenne, obgleich keine verbindende Erlebniskontinuität die Einheit konstituiert, gleichsam mein Spiegelbild (man denke z. B. an das Erlebnis, das Goethe[⟨4⟩] in *Dichtung und Wahrheit* erzählt; wie er nach dem Abschied von Friederike von Sesenheim[⟨5⟩] kommend sich selbst unterwegs begegnet in seiner zukünftigen Gestalt). Dieser Fall erscheint mir aber nicht als echte Phantasie eigener Erlebnisse, sondern als ein Analogon der Einfühlung und nur von dieser aus zu verstehen.

Nun also zur Einfühlung selbst. Auch hier handelt es sich um einen Akt,

---

⟨4⟩ Johann Wolfgang von Goethe (geb. 28 August 1749 in Frankfurt am Main, † 22. März 1832 in Weimar) studierte ab 1765 in Leipzig Jurisprudenz und wurde in diesem Fach 1770 in Straßburg promoviert. Nach kurzer juristischer Tätigkeit in Wetzlar und Frankfurt trat er 1775 in den Dienst des Herzogs Karl August von Weimar und wurde 1882 geadelt. Mit Herzog Karl August unternahm er Reisen in die Schweiz und nach Italien. Goethe gilt als Universalgenie; er wirkte gleichermaßen als Dichter, Theaterleiter, Naturwissenschaftler, Kunsttheoretiker und Staatsmann. Seine Dichtungen und literarischen Werke zählen zur Weltliteratur. Vgl. Johann Wolfgang von Goethe, *Aus meinem Leben. Dichtung und Wahrheit*. Sämtliche Werke XVI, hg. v. Peter Strengel, München 1985, 474 f.

⟨5⟩ Friederike Elisabeth Brion von Sesenheim (geb. 19. April 1752 in Niederrödern, † 3. April 1813 in Meissenheim bei Lahr) lernte Johann Wolfgang von Goethe 1770 kennen, als er in Straßburg studierte. Es entstand zwischen beiden eine leidenschaftliche Beziehung, bis Goethe 1871 Straßburg und die Geliebte seiner Jugend ohne Abschied verließ. Er schuf ihr aber in seinem Spätwerk *Dichtung und Wahrheit* ein bleibendes Denkmal.

---

[6] Zum Begriff der Neutralisierung vgl. [Edmund] Husserls *Ideen* [I] S. 222 ff. [Hua III, 264–266].

der originär ist als gegenwärtiges Erlebnis, aber nicht-originär seinem Gehalt nach, wenn wir ihn rein für sich nehmen und nicht als „Mitgegebenheit" mit einem originär Gegebenen.[7][g] Und dieser Gehalt ist ein Erlebnis, das wiederum in verschiedenen Vollzugsformen auftreten kann, wie Erinnerung, Erwartung, Phantasie. Indem es mit einem Schlage vor mir auftaucht, steht es mir als Objekt gegenüber (z.B. die Trauer, die ich dem anderen „vom Gesicht ablese"); indem ich aber den implizierten Tendenzen nachgehe (mir die Stimmung, in der sich der andere befindet, zu klarer Gegebenheit zu bringen versuche), ist es nicht mehr im eigentlichen Sinne Objekt, sondern hat mich in sich hineingezogen, ich bin ihm jetzt nicht mehr zugewendet, sondern in ihm seinem Objekt zugewendet, bin bei seinem Subjekt, an dessen Stelle; und erst nach der im Vollzug erfolgten Klärung tritt es mir wieder als Objekt gegenüber.[8]

Wir haben also in allen betrachteten Fällen der Vergegenwärtigung von Erlebnissen drei Vollzugsstufen bzw. Vollzugsmodalitäten, da man im konkreten Falle nicht immer alle Stufen durchläuft,[i] sondern sich häufig mit einer der niederen begnügt:

1. Das Auftauchen des Erlebnisses,
2. die erfüllende Explikation,
3. die zusammenfassende Vergegenständlichung des explizierten Erlebnisses.

---

g) wenn – Gegebenen *add.* A02–17. Anmerkung 7 *add.* ebd.
h) „Objektivation" *ante corr.* „Objektivitation".
i) da – durchläuft *add. subl.* A02–17.

---

7 Vgl. S. 5.
8 Daß die „Objektivation"[h] des eingefühlten Erlebens, das sich im Kontrast zu meinem eigenen Erleben abhebt, zur Auffassung des fremden Erlebens gehört, ist mehrfach betont worden, z.B. von [Max] Dessoir (Beiträge [*zur Ästhetik IV*, in: ASPh VI (1900),] S. 477). [Max Dessoir (* 8. Februar 1867 in Berlin, † 19. Juli 1947 in Königstein im Taunus) promovierte 1889 in Berlin zum Dr. phil. und 1892 in Würzburg zum Dr. med. 1897 erhielt er einen Lehrstuhl für Psychologie in Berlin. Der deutsche Kunsthistoriker und Psychologe gilt als der Urheber des Begriffs der Parapsychologie]. Wenn andererseits [Konrad] Lange ([*Das*] *Wesen der Kunst* [*Grundzüge einer realistischen Kunstlehre*, 2 Bde., Berlin 1901, I,] S. 139 ff.). einen Unterschied macht zwischen der „subjektiven Bewegungsillusion", der Bewegung, die wir angesichts eines Objekts auszuführen meinen, und der „objektiven", der Bewegung, die wir dem Objekt zuschreiben (etwa einen dargestellten Reiter), so sind das nicht zwei Betrachtungsweisen, die gar nichts miteinander zu tun haben und auf die man ganz entgegengesetzte Theorien (Einfühlungs- und Illusionsästhetik) aufbauen könnte, sondern die beiden beschriebenen Stadien bzw. Vollzugsformen der Einfühlung. [Konrad Lange (geb. 15. März 1855 in Göttingen, † 1921) war ein bedeutender Kunsthistoriker. Er studierte Architektur, Kunstgeschichte und Archäologie in Berlin, Leipzig und München. Von 1885–1892 wirkte er als Professor in Göttingen, bis er einen Ruf nach Königsberg und von dort nach Tübingen annahm, wo er die erste Professur für Kunstgeschichte übernahm.]

Auf der ersten und dritten Stufe stellt die Vergegenwärtigung die nicht-originäre Parallele zur Wahrnehmung (bei der Einfühlung tritt hier im Falle der „Mitgegebenheit" mit dem leiblichen Ausdruck Wahrnehmung selbst ein)[j], auf der zweiten Stufe zum Vollzug des Erlebnisses dar. Das Subjekt des eingefühlten Erlebnisses aber – und das ist das fundamental Neue gegenüber der Erinnerung, Erwartung, Phantasie eigener Erlebnisse – ist nicht dasselbe, das die Einfühlung vollzieht, sondern ein anderes, beide sind getrennt, nicht wie dort durch ein Bewußtsein der Selbigkeit, eine Erlebniskontinuität verbunden.

Und indem ich in jener Freude des andern lebe, fühle ich keine originäre Freude, sie entquillt nicht lebendig meinem Ich, sie trägt auch nicht den Charakter des Einst-Lebendiggewesenseins wie die erinnerte Freude, noch viel weniger aber ist sie bloß phantasierte ohne wirkliches Leben, sondern jenes andere Subjekt hat Originarität, obwohl ich diese Originarität nicht erlebe, seine ihm entquellende Freude ist originäre Freude, obwohl ich sie nicht als originäre erlebe.

In meinem nicht-originären Erleben fühle ich mich gleichsam geleitet von einem originären, das nicht von mir erlebt und doch da ist, sich in meinem nicht-originären bekundet. So haben wir in der Einfühlung eine Art erfahrender Akte *sui generis*. Sie in ihrer Eigenheit herauszustellen, war die Aufgabe, die zu lösen war, bevor irgendeine andere Frage (ob solche Erfahrung rechtskräftig sei, auf welchem Wege sie zustande komme) in Angriff genommen werden konnte. Und wir haben diese Untersuchung in reinster Allgemeinheit geführt: die Einfühlung, die wir betrachteten und zu beschreiben suchten, ist Erfahrung von fremdem Bewußtsein überhaupt, ganz gleich, welcher Art das erfahrende Subjekt ist, welcher Art das Subjekt dessen Bewußtsein erfahren wird. Nur vom reinen Ich, vom Subjekt des Erlebens war die Rede – auf Subjekts- wie auf Objektsseite; nichts anderes wurde in die Untersuchung hineingezogen. So sieht die Erfahrung aus, die ein Ich
11 überhaupt von einem andern Ich überhaupt hat.

So erfaßt der Mensch das Seelenleben seines Mitmenschen, so erfaßt er aber auch als Gläubiger die Liebe, den Zorn, das Gebot seines Gottes, und nicht anders vermag Gott sein Leben zu erfassen. Gott als im Besitze vollkommener Erkenntnis wird sich über die Erlebnisse der Menschen nicht täuschen, wie sich die Menschen untereinander über ihre Erlebnisse täuschen. Aber auch für ihn werden ihre Erlebnisse nicht zu eigenen und nehmen nicht dieselbe Art der Gegebenheit an.

---

j) (bei – ein) *add.* A02–17.

§ 3. Auseinandersetzung mit anderen Deskriptionen der Einfühlung – besonders der von Lipps – und Fortsetzung der Analyse

Mit dieser allgemeinen Herausstellung des Wesens „Einfühlung überhaupt“ ist natürlich wenig geleistet, es muß vielmehr jetzt untersucht werden, wie es sich differenziert als Erfahrung von psychophysischen Individuen und ihrem Erleben, von Persönlichkeit usw. Doch schon von den gewonnenen Resultaten aus läßt sich Kritik üben an einigen historischen Theorien über die Erfahrung von fremdem Bewußtsein und an Hand dieser Kritik ist die ausgeführte Analyse noch nach manchen Richtungen zu vervollständigen. Die Beschreibung, die Lipps von dem Einfühlungserlebnis gibt (von der kausal-genetischen Hypothese über den Hergang der Einfühlung – der Theorie der inneren Nachahmung –, die bei ihm fast überall mit der reinen Beschreibung verquickt ist, sehen wir ab), stimmt in vielen Punkten mit der unsern überein.[6] Er führt seine Untersuchung allerdings nicht in reiner Allgemeinheit, sondern hält sich an das Beispiel des psychophysischen Individuums und den Fall der „Symbolgegebenheit“, aber die Resultate, die er dabei erzielt, sind doch zum Teil zu verallgemeinern.

a) Übereinstimmende Punkte

Er schildert die Einfühlung als ein „inneres Mitmachen“ der fremden Erlebnisse, was wohl der von uns geschilderten höheren Vollzugsstufe der Einfühlung – wo wir „bei“ dem fremden Subjekt und mit ihm seinem Objekt zugewendet sind – gleichkommt.[7] Er betont die Objektivität oder den „Forderungs“charakter der Einfühlung und drückt dasselbe damit aus wie wir, 12
wenn wir sie als eine Art erfahrender Akte bezeichnen. Er weist ferner auf die Verwandtschaft der Einfühlung mit Erinnerung und Erwartung hin. Dabei kommen wir aber gleich an einen Punkt, wo sich unsere Wege scheiden.

b) Die Tendenz zum vollen Erleben

Er spricht davon, daß jedes Erlebnis, von dem ich weiß – das erinnerte und erwartete wie das eingefühlte –, dazu „tendiert“, ein voll erlebtes zu werden, und es auch wird, wenn sich ihm in mir nichts widersetzt, womit zugleich das Ich, das bisher Objekt war, sei es das vergangene oder künftige eigene oder das fremde Ich, zum erlebten wird. Und dieses volle Erleben des frem-

[6] Vgl. Theodor Lipps, *Ästhetik I*, 120–140.
[7] Vgl. ebd., 106. 111.

den Erlebnisses nennt er ebenfalls Einfühlung, ja er sieht darin erst die volle Einfühlung, wozu jene andere die unvollkommene Vorstufe ist. Es ist nun zunächst zu erwägen, was unter dieser „Tendenz" zu verstehen ist.

Nach Prof. Geiger hat Lipps hier einen kausalpsychologischen Faktor im Auge, vermöge dessen jede „Vorstellung" zur „Wahrnehmung" (in unserer Terminologie können wir dafür wohl sagen: jedes nicht-originäre zum originären Erleben) wird und so auch jede Einfühlung zu originärem Erleben.⟨8⟩

Über kausalpsychologische Hypothesen wollen wir hier nicht diskutieren, sondern nur auf das eingehen, was an aufweisbarem Gehalt darin steckt. So finden wir im Auftauchen einer Erinnerung, Erwartung oder Einfühlung die –erlebte- Tendenz zum Vollzug dieses Erlebnisses, in dem sein Subjekt nicht mehr im eigentlichen Sinne Objekt ist, in dem wir „bei" ihm sind, ohne doch restlos „eins" mit ihm zu sein. Dieses[k)] Hineingezogenwerden in das zunächst objektiv gegebene Erlebnis und das Erfüllen der implizierten Tendenzen darf[l)] mit dem Übergang von nicht-originärem zu originärem Erleben nicht verwechselt werden.[m)]

Eine Erinnerung ist voll erfüllt und ausgewiesen, wenn man allen Explikationstendenzen nachgegangen ist und die Erlebniskontinuität bis zur Gegenwart hergestellt hat. Damit ist aber nicht das erinnerte zu einem originären Erlebnis geworden.[n)]

Es kann ferner von einer „Tendenz zum vollen Erleben" nicht in einem zweiten Sinne die Rede sein.⟨9⟩ Jede Stellungnahme, die ich einmal vollzogen habe, „tendiert" dazu, sich unverändert zu erhalten, falls die Motivationsgrundlagen sich nicht geändert haben. Wenn wir ein Objekt wahrgenommen haben, so behalten wir den Glauben an die Existenz bei, auch wenn die Wahrnehmung vorüber ist, und erinnern wir uns seiner, so „nehmen" wir den Glauben „wieder auf".

Und ebenso pflegen // wir in der Einfühlung – wenn keine Gegenmotive

---

k) Es – Dieses *add.* A02–17. Mit unserer Auffassung stimmt überein, daß in jener zweiten Form der Erinnerung, Erwartung, Einfühlung das Subjekt des erinnerten, erwarteten, eingefühlten Erlebnisses nicht im eigentlichen Sinne Objekt ist, aber wir bestreiten, daß volle Deckung mit dem erinnernden, erwartenden, einfühlenden Ich eintritt, daß beide eins werden. Lipps verwechselt das *del.* ebd.

l) darf *add.* A02–17.

m) nicht – werden. *add.* A02–17.

n) Von der erinnerten Stellungnahme ist die gegenwärtige Stellungnahme zu dem erinnerten Tatbestande völlig unabhängig. *del.* A02–17.

⟨8⟩ Vgl. Moritz Geiger, *Über das Wesen und die Bedeutung der Einfühlung*, in: Bericht über den IV. Kongreß für experimentelle Psychologie in Innsbruck vom 19. bis 22. April 1910 v. Prof. Dr. F. Schuhmann, Leipzig 1911, 35f.

⟨9⟩ Vgl. Theodor Lipps, *Weiteres zur Einfühlung*, in: AGPs IV (1905) 481, 505f.

bestehen – die Stellungnahmen anderer zu „übernehmen“, in dem wir z.B. ihren Wahrnehmungen Glauben schenken. Aber mit der Übernahme des „belief“, der der Wahrnehmung innewohnenden Setzung, wird die erinnerte oder eingefühlte nicht zur originären Wahrnehmung, sie bleibt Vergegenwärtigung. Und die Übernahme des „Glaubens“ gehört nicht notwendig zur Vergegenwärtigung als solcher, sie entfällt, sobald Gegenmotive eingetreten sind.[o]

Ich kann mich einer Wahrnehmung erinnern und jetzt überzeugt sein, daß ich damals einer Täuschung unterlag. Ich kann mich meines Unbehagens in einer peinlichen Situation erinnern und mich jetzt köstlich über diese Situation amüsieren. Die Erinnerung ist in diesem Falle nicht unvollkommener, als wenn ich wieder dieselbe Stellungnahme vollziehe wie damals.

Wir geben zu, daß ein Umspringen vom erinnerten, erwarteten, eingefühlten zum eigenen originären Erlebnis möglich ist – aber wir bestreiten, 13
daß nach der Erfüllung jener Tendenz noch Erinnerung, Erwartung, Einfühlung vorliegt. Betrachten wir den Fall näher.

Ich vergegenwärtige mir lebhaft eine vergangene Freude, z.B. über ein bestandenes Examen, ich versetze mich in sie hinein, d.h. ich wende mich in ihr dem erfreulichen Ereignis zu, male es mir in all seiner Erfreulichkeit aus – und plötzlich bemerke ich, daß ich, das originäre sich erinnernde Ich voller Freude bin; ich erinnere mich an das freudige Ereignis und habe an dem erinnerten Ereignis originäre Freude – aber die erinnerte Freude und das erinnerte Ich sind verschwunden oder bestehen höchstens neben der originären Freude und dem originären Ich fort. Diese originäre Freude an vergangenen Ereignissen ist natürlich auch direkt durch bloße Vergegenwärtigung des Ereignisses möglich, ohne daß ich mich der damaligen Freude erinnere und ohne daß erst der Übergang vom erinnerten zum originären Erlebnis statthat. Es besteht schließlich die Möglichkeit, daß ich an der vergangenen originäre Freude habe, wobei gerade der Unterschied beider besonders deutlich hervortritt.

Nun das parallele Einfühlungserlebnis: Mein Freund tritt freudestrahlend zu mir herein und erzählt mir, daß er sein Examen bestanden hat. Einfühlend erfasse ich seine Freude und indem ich mich in sie hineinversetze, erfasse ich die Erfreulichkeit des Ereignisses und habe nun selbst originäre Freude daran. Auch diese Freude ist möglich, ohne daß ich erst die Freude des andern erfasse: tritt der Examenskandidat in den gespannt harrenden Familienkreis und teilt das erfreuliche Resultat mit, so wird man sich zunächst originär an diesem Ergebnis freuen und erst, wenn man sich selbst „genug gefreut“ hat, wird man sich seiner Freude zuwenden[p] und eventuell

[o] Es kann – sind. *add.* A02–17.

[p] zuwenden *add.* A02–17.

– die dritte Möglichkeit – an seiner Freude freuen[9], wodurch uns aber seine Freude gegeben ist, das ist weder die originäre Freude an dem Ereignis, noch die originäre Freude an seiner Freude, sondern jener nicht-originäre Akt,
14 den wir früher als Einfühlung bezeichneten und näher beschrieben haben.

Setzen wir uns dagegen in der früher bei der Erinnerung beschriebenen Weise an die Stelle des fremden Ich, indem wir es verdrängen und uns mit seiner Situation umgeben, so gelangen wir zu einem dieser Situation „entsprechenden“ Erlebnis und indem wir dann dem fremden Ich seine Stelle wieder einräumen und ihm jenes Erlebnis zuschreiben, zu einem Wissen um sein Erleben. (Nach Adam Smith ⟨10⟩ ist dies die Art der Gegebenheit von fremdem Erleben.) Dies Verfahren kann ergänzend eintreten, wenn die Einfühlung versagt, ist aber nicht selbst Erfahrung. Dieses Surrogat der Einfühlung könnte man wohl den „Annahmen“ zurechnen, nicht aber – wie Meinong ⟨11⟩ will[10] – die Einfühlung selbst.

Und soll Einfühlung den von uns streng definierten Sinn: Erfahrung von fremdem Bewußtsein haben, dann ist nur das nicht-originäre Erlebnis, das

---

⟨10⟩ Adam Smith (geb. 1723 (?) in Kirkcaldy, Scotland, † 17. Juli 1790 in Edinburgh) war ein schottischer Moralphilosoph und gilt als der Begründer der klassischen Volkswirtschaftslehre. Sein Geburtsdatum ist unbekannt, aber das Taufdatum ist überliefert: 5. Juni 1723. Adam Smith wuchs als Halbwaise auf und studierte von 1737–1740 in Glasgow bei Francis Hutchson. Aufgrund seines guten Abschlusses bekam er ein Stipendium, das ihm das Weiterstudium der Philosophie in Oxford ermöglichte. Ab 1748 gab er Vorlesungen in Edinburgh. 1752 erhielt er einen Ruf als Professor für Logik an die Universität von Glasgow und nahm später eine Professur für Moralphilosophie an. Vgl. Adam Smith, *Theorie der sittlichen Gefühle*, übers. v. Ludwig Gotthard Kosegarten, Leipzig 1792, Neuaufl. Hamburg 2004.

⟨11⟩ Alexius Meinong (geb. 17. Juli 1853 in Lemberg, † 27. November 1920 in Graz) promovierte in Geschichte, bevor er sich der Philosophie Franz Brentanos zuwandte. Er ist der Begründer des ersten psychologischen Instituts in Österreich und war von 1878 bis 1920 Professor für Philosophie in Graz. Alexius Meinong wurde vor allem bekannt durch seine Gegenstandstheorie: diese Theorie dessen, was aus der Natur eines Gegenstandes *a priori* in betreff dieses Gegenstandes erkannt werden kann, besagt, daß jeder Wahrnehmungsakt

---

[9] Solche Gefühle, die sich auf Gefühle anderer beziehen, hat Groethysen als „Mitgefühl“ bezeichnet. ([Bernhard Groethysen,] *Das Mitgefühl*, [in: ZPPS 34 (1904) 161–270.] S. 233). Davon ist unser „Mitfühlen“, das nicht auf die fremden Gefühle, sondern auf ihr Korrelat gerichtet ist, streng zu scheiden; mitfühlend freue ich mich nicht über die Freude des andern, sondern über das, worüber er sich freut. [Bernhard Groethysen (geb. 1880 in Berlin, † 1946 in Luxenburg) war als Psychologe, Philosoph, Historiker und Literaturwissenschaftler ein intellektueller Grenzgänger zwischen Frankreich und Deutschland und hatte in Berlin die Professur für Philosophie und Kunstgeschichte inne. Seine intellektuellen Interessen verlagerten sich immer mehr von der Psychologie weg und wandten sich den Gedanken Wilhelm Diltheys, Georg Simmels und Henrí Bergsons sowie der modernen Mentalitätsgeschichte zu. Bereits nach dem 1. Weltkrieg trat eine Entfremdung zu Deutschland ein, das er wegen der Ablehnung des Nationalsozialismus verließ.]

[10] [Alexius Meinong,] *Über Annahmen*, [Leipzig 1902] S. 233 ff.

ein originäres bekundet, Einfühlung, das originäre aber wie das „angenommene“ nicht.

c) Einfühlung und Mitfühlen

Besteht neben der originären Freude an dem freudigen Ereignis die Einfühlung – d. h. das Erfassen der Freude des anderen – fort und ist ferner das Ereignis als eigentlich für ihn erfreulich bewußt (eventuell kann es auch für mich erfreulich sein, z. B. wenn jenes bestandene Examen Vorbedingung für eine gemeinsame Reise ist und ich mich an ihm als Mittelwert freue), so können wir den betreffenden originären Akt als Mitfreude oder allgemeiner Mitfühlen bezeichnen.[11]

Mitgefühlte und eingefühlte Freude brauchen keineswegs dem Gehalt nach dieselbe zu sein (der Qualität nach sind sie es ja nicht, da die eine originäres, die andere nicht-originäres Erlebnis ist): die Freude des Nächstbeteiligten wird im allgemeinen intensiver sein als die Mitfreude der andern, meist auch andauernder; es ist aber auch möglich, daß die Mitfreude der anderen intensiver ist – sei es, daß sie ihrer Natur nach intensiverer Gefühle fähig sind als er, sei es, daß sie „Altruisten“ sind, denen „Werte für andere“ *eo ipso* mehr bedeuten als „Werte für sie selbst“, sei es schließlich, daß jenes Ereignis durch den andern unbekannte Umstände an Wert verloren hat. Die Einfühlungsfreude dagegen ist ihrer Prätention nach jedenfalls und in dem idealen Falle (wo keinerlei Täuschung statthat) tatsächlich in jeder Beziehung der erfaßten Freude gleich, hat denselben Gehalt und nur einen anderen Gegebenheitsmodus. Es ist näher darauf einzugehen, was unter dem „selben Gehalt“ zu verstehen ist: der ideelle Gehalt, der vielmals und in ver-

---

und generell jedes Erleben intentional sind, in dem Sinn, daß sein Inhalt auf etwas gerichtet ist und auf einen Gegenstand Bezug nimmt.

---

[11] Dieselbe Auffassung über das Verstehen von Ein- (oder, wie er sagt, Nach-)fühlen und Mitfühlen s. [Max] Scheler, *[Zur Phänomenologie und Theorie der] Sympathiegefühle [und von Liebe und Haß: mit einem Anhang über den Grund zur Annahme der Existenz des fremden Ich*, Halle 1913] S. 4 f. [, Wesen und Formen der Sympathie. Gesammelte Werke VII, hg. v. Manfred Frings, 6. durchgesehene Aufl., Bonn 1973 [Kurztitel = SGW VII], 19 ff. Edith Stein zitiert dieses Werk im folgenden mit dem Kurztitel *Sympathiegefühle*. Max Scheler (geb. 22. August 1874 in München, † 19. Mai 1928 in Frankfurt am Main) studierte in München und Berlin Medizin, Philosophie, Psychologie und Soziologie und promovierte 1897 bei Rudolf Eucken. Er habilitierte sich zwei Jahre später mit einer Arbeit über die transzendentale und psychologische Methode. Bis 1905 lehrte er in Jena, später in München, Berlin und Göttingen und erhielt 1921 einen Ruf als Professor für Philosophie und Soziologie an die Universität Köln.]

schiedenen Erlebnisströmen realisiert sein kann, das individuelle Erlebnis als konstituiertes oder die ursprüngliche Konstitution.[q]

d) Negative Einfühlung

Lipps hat das beschriebene originäre Erlebnis, das sich an das eingefühlte anschließen kann, volle positive Einfühlung genannt und ihr eine negative Einfühlung gegenübergestellt: den Fall, in dem sich jene Tendenz des Einfühlungserlebnisses in eigenes originäres Erleben überzugehen, nicht verwirklichen kann, weil sich ihr „etwas in mir" widersetzt, ein augenblickliches eigenes Erlebnis oder die Art meiner Persönlichkeit.[⟨12⟩]

Wir wollen auch dies näher untersuchen, und zwar wiederum in reiner Allgemeinheit, in der „Persönlichkeit" sowie ein qualitativ ausgestaltetes Gegenwarts-Ich Transzendenzen sind, die selbst der Ausschaltung unterliegen und nur als Phänomene für uns in Betracht kommen.

Nehmen wir folgenden Fall an: ich bin in dem Augenblick, wo mein Freund mir die freudige Mitteilung macht, ganz erfüllt von der Trauer um einen Verlust, und diese Trauer läßt ein Mitfühlen der Freude, die ich einfühlend erfasse, nicht aufkommen; es entsteht ein Widerstreit (und dies wiederum nicht real, sondern phänomenal verstanden), und zwar sind hier zwei Stufen zu unterscheiden:

das Ich, das ganz in der Trauer lebt, hat vielleicht zunächst jenes Einfühlungserlebnis als „Hintergrunderlebnis" – vergleichbar den peripheren Teilen des Gesichtsfeldes, die gesehen und doch nicht in vollem Sinne intentionale Objekte, Gegenstände der aktuellen Zuwendung sind – und es fühlt sich nun gleichsam nach zwei Seiten gezogen, in dem beide Erlebnisse *cogito* im spezifischen Sinne – d. h. Akte, in denen das Ich lebt und sich auf das Objekt richtet – zu sein beanspruchen, es in sich hineinzuziehen suchen, und eben darin besteht das Erlebnis der Zwiespältigkeit. Zunächst also zwischen dem eigenen aktuellen und dem Einfühlungserlebnis.

Und es ist weiter möglich, daß das Ich hineingezogen wird in das Einfüh-
16 lungserlebnis, daß es sich in ihm dem erfreulichen Objekt zuwendet, daß aber zugleich jener andere Zug nicht aufhört und eine aktuelle Freude nicht aufkommen kann.

In beiden Fällen scheint es sich mir aber um keine spezifische Eigentümlichkeit des Ein- bzw. Mitfühlens zu handeln, sondern um eine der typischen Formen des Übergangs von einem *cogito* zum andern überhaupt.

---

[q] Es – Konstitution *add.* A02–17.

⟨12⟩ Vgl. Theodor Lipps, *Weiteres zur Einfühlung*, in: AGPs IV (1905) 481 f.

Solcher Übergänge gibt es mannigfache: ein *cogito* kann sich vollausleben, und ich kann dann „ganz von selbst“ in ein anderes hinübergleiten. Es kann ferner, während ich im einen lebe, ein anderes auftauchen und mich in sich hineinziehen, ohne auf Widerstand zu stoßen. Die in dem noch nicht fertig vollzogenen *cogito* implizierten Tendenzen können schließlich dem Übergang zu einem neuen *cogito* hemmend entgegentreten: und alles das ist beim Wahrnehmen, Erinnern, bei theoretischen Überlegungen usw. ebenso gut möglich wie beim Einfühlen. Von „negativer Einfühlung“ im Sinne von Lipps hätten wir wohl auch zu sprechen, wenn auftretende Gegenmotive uns hindern, die in einem eingefühlten Erlebnis beschlossene Stellungnahme zu „übernehmen“ (Siehe Seite 12 [21 f.]): man denke etwa an unser Verhalten gegenüber den Wahrnehmungsaussagen Halluzinierender, denen wir Wahrnehmungen einfühlen, ohne die wahrgenommenen Gegenstände als seiend zu setzen. Wie bereits ausgeführt ist in diesem Falle die Einfühlung als solche keine andere als im Falle „positiver Einfühlung“.[r]

e) Einfühlen und Einsfühlen

Auch jene schon früher abgelehnte Einheit des eigenen und des fremden Ich in der Einfühlung möchte ich noch etwas näher untersuchen.

Solange die Einfühlung volle Einfühlung ist – heißt es bei Lipps – (d. h. eben das, was wir nicht mehr als Einfühlung anerkennen können), ist keine Scheidung des eigenen und des fremden Ich vorhanden, sondern beide sind eins: ich bin zum Beispiel eins mit dem Akrobaten, dessen Bewegungen ich betrachtend innerlich mitmache. Erst indem ich aus der vollen Einfühlung heraustrete und auf mein „reales Ich“ reflektiere, tritt die Scheidung ein, erscheinen die nicht aus mir kommenden Erlebnisse als „dem andern“ zugehörig und in seinen Bewegungen liegend.[⟨13⟩]

Wäre diese Beschreibung zutreffend, so wäre eigentlich der Unterschied von fremdem und eigenem Erleben sowie fremdem und eigenem Ich aufgehoben, er käme erst zustande durch die Gebundenheit an verschiedene „reale Iche“, d. h. psychophysische Individuen. Wobei völlig unverständlich bliebe, was meinen Leib zu meinem und den fremden zum fremden macht, da ich ja „im“ einen wie im andern in gleicher Weise lebe, die Bewegungen des einen wie des andern in gleicher Weise erlebe. Aber jene Behauptung widerlegt sich nicht nur durch ihre Konsequenzen, sondern ist eine evident falsche Beschreibung. 17

[r] Von – „positiver Einfühlung“ *add.* A02–17.

[⟨13⟩] Vgl. Theodor Lipps, *Ästhetik I*, 124.

Ich bin nicht eins mit dem Akrobaten, sondern nur „bei“ ihm, ich führe seine Bewegung nicht wirklich aus, sondern nur – quasi –, d. h. nicht allein, daß ich die Bewegungen nicht äußerlich ausführe, was ja auch Lipps betont, sondern daß auch das, was „innerlich“ den Bewegungen des Leibes korrespondiert – das Erlebnis des „ich bewege“ –, bei mir kein originäres, sondern ein nicht-originäres ist. Und in diesen nicht-originären Bewegungen fühle ich mich geführt, geleitet von seinen Bewegungen, deren Originarität sich in meinen nicht-originären bekundet und die nur in ihnen für mich da sind (wieder als erlebte verstanden, da die reine Körperbewegung ja auch äußerlich wahrgenommen ist).⟨14⟩

Originarität kommt jeder Bewegung zu, die der Zuschauer macht, z. B. indem er sein heruntergefallenes Programm aufhebt, obwohl er vielleicht gar nichts davon „weiß“, weil er ganz in der Einfühlung lebt. Reflektiert er aber im einen wie im andern Falle (wozu nötig ist, daß sein Ich den Übergang vom einen zum andern *cogito* vollzieht), so findet er im einen Falle originäre, im andern nicht-originäre Gegebenheit, und nicht schlichte Nicht-Originarität, sondern Nicht-Originarität, in der sich fremde Originarität bekundet.

Was Lipps zu seiner Beschreibung verführte, war die Verwechslung der Selbstvergessenheit, mit der ich mich jedem Objekt hingeben kann, mit einem Aufgehen des Ich im Objekt. Einfühlung ist also nicht Eins-Fühlung, wenn man diese im strengen Sinne faßt. Damit ist aber noch nicht gesagt, daß es so etwas wie Einsfühlen überhaupt nicht gibt.

Greifen wir zurück auf jenes Mitfühlen mit fremdem Erleben. Wir hatten gesagt, daß das Ich im Miterleben dem Objekt des fremden Erlebens zugewendet ist, daß es zugleich einfühlend das fremde Erleben präsent hat und daß sich einfühlender und mitfühlender Akt ihrem Gehalt nach nicht zu decken brauchen.

Wir können diesen Fall nun etwas modifizieren: ein Extrablatt meldet, die Festung ist gefallen – und uns alle, die wir es hören, erfaßt eine Begeisterung, eine Freude, ein Jubel. Wir alle fühlen „dasselbe“ Gefühl.

Sind hier die Schranken gefallen, die ein Ich vom andern trennen, hat es sich von seinem monadischen Charakter befreit? Doch nicht so ganz! Ich
18 fühle meine Freude und einfühlend erfasse ich die der andern und sehe: es ist dieselbe. Und indem ich das sehe, scheint jener Nichtoriginaritätscharakter der fremden Freude zu schwinden, Zug um Zug deckt sich ja jene schemenhafte Freude mit meiner leibhaft-lebendigen, und gerade so lebendig wie ich die meine, fühlen sie die ihre; was sie fühlen, habe ich jetzt anschaulich vor mir.[s)]

---

s) Leib und Leben gewinnt es an meinem Fühlen, und aus dem *del.* A02–17.

⟨14⟩ Vgl. ebd., 126.

Indessen ist es nicht damit abgetan, dass jeder einzelne von uns ein Erlebnis von selben Gehalt hat und es in den andern gewahrt. Was wir fühlen, das fühlen wir eben als „unser“ Erleben, über dem[t] „Ich“ und „Du“ erhebt sich das „Wir“ als ein Subjekt höherer Stufe,[12][u] und das was uns jetzt erfüllt, erfüllt uns eben als Glieder dieser Gemeinschaft. Es ist nicht dasselbe wenn wir nur die Erlebnisse der einzelnen und ihren Einfluss auf einander nehmen:[v]

Wir freuen[w] uns zum Beispiel[x] über dasselbe Ereignis, aber noch ist es nicht ganz dieselbe Freude, die uns erfüllt, dem andern hat sich vielleicht das Erfreuliche reicher erschlossen, einfühlend erfasse ich diesen Unterschied, einfühlend gelange ich zu den „Seiten“ des Erfreulichen, die meiner eigenen Freude verschlossen blieben, und nun entzündet sich meine Freude daran, und nun erst tritt volle Deckung mit der eingefühlten ein. Gleiches mag den andern widerfahren und so bereichern wir einfühlend unser Fühlen, und „wir“ fühlen nun eine andere Freude als „ich“ und „du“ und „er“ in Isolierung. Damit dass die Freude der einzelnen sich an der oder der andern bereichert hat und dass nun alle (dem Gehalt nach) „dasselbe“ erleben, ist das Einssein noch nicht erreicht.

Von Einssein kann erst die Rede sein, wenn dasselbe individuelle Gefühl in allen lebt und das „Wir“ als sein Subjekt erlebt ist. Dieses Einssein bedeutet aber keine Auslöschung der Einzelsubjekte.[y] „Ich“ und „du“ und „er“ bleiben im „wir“ erhalten, kein „Ich“, sondern ein „Wir“ ist das Subjekt des Einsfühlens. Und nicht durch das Einsfühlen erfahren wir von andern, sondern durch das Einfühlen.[z] Einfühlung ist mit[aa] Einsfühlung und Bereicherung des eigenen Erlebens[ab] nicht identisch, wenn auch nahe Beziehungen zwischen beiden bestehen.[ac][13]

---

[t] Indessen – über dem *add.* A02–17.
[u] Und auch diese andere ist möglich: wohl *del.* A02–17.
[v] und das, – nehmen: *add.* A02–17.
[w] freuen wir *mut.* Wir freuen A02–17.
[x] zum Beispiel *add.* A02–17.
[y] Damit – Einzelsubjekte *add.* A02–17. Aber *del.* ebd.
[z] durch *del.* A02–17.
[aa] ist mit *add.* A02–17, wird *del.* ebd.
[ab] möglich *del.* A02–17.
[ac] nicht identisch – bestehen *add.* A02–17. Anmerkung 13 *add.* ebd.

---

[12] [Max] Scheler hebt das Phänomen, daß verschiedene Personen streng dasselbe Gefühl haben können, scharf hervor (*Sympathiegefühle* S. 9 u. 31 [SGW VII, 23f., 137f.]) und betont, daß die verschiedenen Subjekte dabei erhalten bleiben; aber er berücksichtigt nicht, daß der einheitliche Akt nicht die Mehrheit der Individuen, sondern die sich aus ihnen konstituierende höhere Einheit zum Subjekt hat.
[13] Erweitern wir das Gebiet der Einfühlung über die Erfahrung anderer einzelner Subjekte und ihres Erlebens auf alle Lebenssphären überhaupt, so können wir das „Einsfühlen“ als

f) Iterierbarkeit der Einfühlung – reflexive Sympathie

Noch einen Zug aus der Lippsschen Deskription möchte ich hervorheben: das, was er als „reflexive Sympathie“ bezeichnet und was ich Iterierbarkeit der Einfühlung, genauer gesprochen einen besonderen Fall der Iterierbarkeit nennen möchte.⟨15⟩ Diese Eigenschaft teilt die Einfühlung mit vielen Arten von Akten: es gibt nicht nur eine Reflexion, sondern auch eine Reflexion auf
19 die Reflexion usw. als ideale Möglichkeit *in inf*[*initum*], ebenso ein Wollen des Wollens, ein Gefallen am Gefallen usw. Iterierbar sind desgleichen alle Vergegenwärtigungen: ich kann mich einer Erinnerung erinnern, eine Erwartung erwarten, eine Phantasie phantasieren. Und so kann ich auch Einfühlungen einfühlen, d. h. unter den Akten eines andern, die ich einfühlend erfasse, können auch Einfühlungsakte sein, in denen der andere Akte eines andern erfaßt. Dieser „andere“ kann ein dritter sein – oder ich selbst. Im zweiten Fall haben wir „reflexive Sympathie“, mein ursprüngliches Erlebnis kehrt als eingefühltes zu mir zurück. Welche Bedeutung diesem Phänomen im Wechselverkehr der Individuen zukommt, das braucht uns hier, wo es sich uns nur um das allgemeine Wesen der Einfühlung, nicht um ihre Wirkung handelt, nicht zu beschäftigen.

§ 4. Der Streit zwischen Vorstellungs- und Aktualitätsansicht

Von unserer Deskription der Einfühlungsakte aus läßt sich vielleicht auch ein Zugang zu der viel diskutierten Frage finden, ob der Einfühlung Vorstellungs- oder Aktualitätscharakter zukomme.

Schon Geiger⟨16⟩ betont, daß diese Frage keine eindeutige ist, sondern daß man hier verschiedene Punkte zu unterscheiden hat[14]:

⟨15⟩ Vgl. Theodor Lipps, *Leitfaden der Psychologie*, dritte, teilweise umgearbeitete Aufl., Leipzig 1909, 209.

⟨16⟩ Moritz Geiger (1880–1937) begann 1898 zunächst das Studium der Jurisprudenz in München, wechselte aber nach kurzer Zeit zur Literaturgeschichte. 1900 zog er nach Leipzig und studierte bei Wilhelm Wundt und Theodor Lipps Philosophie und Psychologie. Sein besonderes Augenmerk galt den Problemen der Aufmerksamkeit. 1906 ging Moritz Geiger zu Edmund Husserl nach Göttingen und habilitierte sich bei ihm. Er war Mitherausgeber des JPPF. 1915–1923 war er außerordentlicher Professor in München, bis er 1933 einen Ruf nach Göttingen annahm. Er konnte seine Tätigkeit hier jedoch nicht lange aus-

---

eine besondere Art der Einfühlung auffassen: wir haben ja // gesehen, dass wir in ihr einer neuen Art von „Subjekten“, eben des „Wir“, inne werden. Näheres darüber siehe in dem Kapitel über die Erfahrung fremden Lebens auf Grund seiner Wirkungen auf das eigene.

[14] [Moritz Geiger,] *Das Wesen und die Bedeutung der Einfühlung*, S. 33 ff. [in: Bericht über den IV. Kongreß für experimentelle Psychologie in Innsbruck vom 19. bis 22. April 1910 v. Prof. Dr. F. Schuhmann, Leipzig 1911, 29–73].

1. Sind die eingefühlten Erlebnisse originäre oder nicht?

2. Sind die fremden Erlebnisse gegenständlich – als ein mir Gegenüberstehendes – gegeben oder erlebnismäßig?

3. Sind sie anschaulich oder unanschaulich gegeben (und wenn anschaulich, im Charakter der Wahrnehmung oder der Vergegenwärtigung)?

Die erste Frage können wir nach den vorangegangenen Erörterungen glatt verneinen. Die zweite Frage kann nach unserer Darstellung der Einfühlung wiederum nicht einfach beantwortet werden. Es liegt im Wesen dieser Akte, eben jene Doppelseitigkeit: eigenes Erleben, in dem sich ein anderes bekundet.[ad] Und es sind jene verschiedenen Vollzugsstufen möglich: Richtung auf das fremde Erlebnis und sich geleitet fühlen durch das fremde Erlebnis, Einlösen des zunächst vag Gemeinten in einfühlender Explikation. Im zweiten Falle kann man von Gegenständlichkeit im prägnanten Sinne nicht sprechen, obwohl das fremde Erlebnis doch für mich „da ist".

Die dritte Frage erfordert ebenfalls ein etwas näheres Eingehen. Wir hatten bereits gesehen, was die Einfühlung von der Wahrnehmung unterscheidet und was sie mit ihr teilt. Die Wahrnehmung hat ihr Objekt in leibhafter Gegebenheit vor sich – die Einfühlung nicht oder vielmehr nur in dem besondern Sinne der „Mitgegebenheit" (s. S. 5 und 9 [14 f. und 18 f.]);[ae] aber beide haben ihr Objekt selbst da, treffen es direkt an der Stelle, wo es hingehört, wo es im Seinszusammenhang verankert ist, ohne es sich durch einen Repräsentanten nahe bringen zu müssen. Dieses „Treffen" des Subjekts kommt auch dem bloßen Wissen zu, aber das Wissen erschöpft sich in diesem Treffen, es ist nichts weiter. Es erreicht sein Objekt, aber „hat" es nicht, es steht vor ihm, aber es sieht es nicht, das Wissen ist blind und leer, und es ist kein in sich Ruhendes, sondern weist immer zurück auf irgendwelche erfahrenden, sehenden Akte. Und die Erfahrung, auf welche das Wissen um fremdes Erleben zurückweist, heißt Einfühlung.

Ich weiß um die Trauer eines anderen, d. h. entweder ich habe diese Trauer einfühlend erfaßt, verweile aber nicht mehr in diesem „anschauenden" Akte, sondern begnüge mich jetzt mit dem leeren Wissen, oder ich weiß von dieser Trauer auf Grund einer Mitteilung: dann ist sie m i r nicht anschaulich gegeben, wohl aber dem Mitteilenden – ist dies der Trauernde selbst, so ist sie ihm originär gegeben in der Reflexion, ist es ein Dritter, so

[ad] Es – bekundet ein. *ad marg.* A02–17. *Gl.* Ing. „Kann sich ein Erlebnis – auch ein fremdes – im strengen Sinne überhaupt bekunden?" ebd.

[ae] oder – (s. S. 5 und 9) *add.* A02–17.

üben, da er wegen seiner jüdischen Herkunft von den Nationalsozialisten von der Lehrtätigkeit ausgeschlossen wurde. Daher emigrierte er in die Vereinigten Staaten und wurde in New York Professor für Philosophie.

erfaßt er sie nichtoriginär in der Einfühlung – und von dieser seiner Erfahrung habe ich wiederum Erfahrung, d. h. ich erfasse sie einfühlend.

Eine nähere Analyse des Verhältnisses von „Einfühlung“ und „Wissen um fremdes Erleben“ ist wohl an dieser Stelle nicht erforderlich, es genügt, wenn beide gegeneinander begrenzt sind. Das Ergebnis unserer Diskussion ist: die aufgeworfene Streitfrage war schlecht gestellt, und keine Antwort, die sich auf ihren Boden stellte, konnte darum richtig sein.

Witasek ⟨17⟩ z. B., der die Vorstellungsansicht besonders energisch vertritt[15], läßt die von uns betonten Unterschiede ganz außer acht und nimmt mit dem Vergegenwärtigungs- zugleich den Gegenstandscharakter der Einfühlung für erwiesen an. Eine weitere Äquivokation von Vorstellung (intel-
21 lektuelles im Gegensatz zu emotionalem Erlebnis) läßt ihn zu der absurden Konsequenz gelangen, den eingefühlten Gefühlen den emotionalen Charakter abzustreiten. Dieses Resultat wird allerdings noch durch eine besondere Argumentation begründet: es könne sich bei der Einfühlung nicht um Gefühle handeln, weil die „Gefühlsvoraussetzung“ fehle (das „etwas“, worauf sie sich beziehen könnte). Die Gefühlsvoraussetzung des Subjekts, das die Gefühle hat, käme für das Subjekt der Einfühlung nur in Betracht, wenn es sich um ein Hineinversetzen handle. Daß es sich darum nicht handeln könne, wird erwiesen – nicht etwa durch eine Analyse des Einfühlungserlebnisses, sondern durch eine logische Erwägung der Deutungsmöglichkeiten, die für den Fall des Hineinversetzens in Betracht kommen: es könnte entweder das Urteil oder die Annahme sein, das einfühlende Subjekt sei mit dem betrachteten Subjekt identisch oder schließlich die Fiktion, daß es sich in seiner Lage befindet. All das läßt sich in der ästhetischen Einfühlung nicht aufweisen – ergo ist sie kein Hineinversetzen.

Leider ist nur die Disjunktion nicht vollständig, und leider fehlt gerade

---

⟨17⟩ Stephan Witasek (geb. 1870, † 1915) habilitierte sich 1899 in Philosophie und war Bibliothekar an der Grazer Universität und Mitarbeiter von Alexius Meinong am Psychologischen Laboratorium, dessen Leitung er 1914 übernahm. Er gilt als Vertreter der Grazer Schule für experimentelle Psychologie und Gegenstandstheorie. Ausgangspunkt für seine Vorstellungs- und Dispositionspsychologie ist die Unterscheidung zwischen unanschaulichen und anschaulichen Vorstellungen. Ziel war die Fruchtbarmachung der Gegenstandstheorie für die Ästhetik. Stephan Witasek war ein kritischer Befürworter von Theodor Lipps Einfühlungstheorie, welche ästhetische Wahrnehmungen darauf zurückführt, daß eigene Gefühle oder Bewegungsimpulse in den ästhetischen Gegenstand eingefühlt werden. Die psychischen Erlebnisse seien Vorgänge, an denen Akt und Inhalt zu unterscheiden seien. Das Fundament des Werkes sei das Gefühl. Die ästhetischen Gefühle seien Vorstellungsgefühle. Der ästhetische Zustand des Subjekts sei ein Fühlen zusammen mit einem anschaulichen Vorstellen. Das Schöne sei das Inhaltsgefühl, während die Einfühlung nur ein Vorstellen von Gefühlen sei.

---

[15] [Stephan Witasek,] *Zur psychologischen Analyse der ästhetischen Einfühlung* [, in: ZPPS 25 (1901) 1–49. 10 f.].

die Möglichkeit, die für den vorliegenden Fall zutrifft: sich in einen anderen versetzen, heißt sein Erleben mitvollziehen, wie wir es beschrieben haben.

Witaseks Behauptung, Einfühlung sei anschauliches Vorstellen des betreffenden Erlebens, trifft nur für das Stadium zu, in dem die eingefühlten Erlebnisse objektiviert sind, nicht für das Stadium der erfüllenden Explikation.⟨18⟩ Und für diesen Fall wiederum läßt sich die Frage „Wahrnehmungs- oder vorstellungsmäßig (d. h. nicht-originär) anschaulich?“ nicht beantworten, weil die Einfühlung, wie wir zeigten, keins von beiden im üblichen Sinne ist. Sie lehnt es eben ab, sich in eins der vorhandenen Schubfächer der Psychologie einordnen zu lassen, und will in ihrem Eigenwesen studiert sein.

§ 5. Auseinandersetzung mit genetischen Theorien über das Erfassen von fremdem Bewußtsein

Mit dem Problem des fremden Bewußtseins hat sich die philosophische Forschung, wie wir sahen, schon vielfach auseinandergesetzt. Ihre Frage war zumeist: wie kommt es, dass ich etwas, was ich ursprünglich nur in mir erfahre, an einem andern erfassen kann? Diese Frage enthält bereits eine Theorie über den Tatbestand der Erfahrung fremden Bewusstseins, und ihre Berechtigung hätte erst durch eine Beschreibung dieses Tatbestandes, wie wir sie versuchten, erwiesen werden müssen. Stattdessen bewegte sich die Erörterung hauptsächlich auf einem andern Gebiet, sie hat[af] hat fast immer
die Wendung genommen: Wie kommt in einem psychophysischen Indivi- 22
duum die Erfahrung von anderen solchen Individuen zustande? So entstanden die Theorien von der Nachahmung, dem Analogieschluß, der assoziativen Einfühlung.

a) Über das Verhältnis von Phänomenologie und Psychologie

Es dürfte nicht überflüssig sein, das Verhältnis so gearteter Untersuchungen zu der unseren klar zu legen. Unsere Position war: es gibt das Phänomen „fremdes Erleben“ und korrelativ „Erfahrung von fremdem Erleben“. Ob es ein solches fremdes Erleben tatsächlich gibt ob diese Erfahrung gültige Erfahrung ist, das kann zunächst dahingestellt bleiben. In dem Phänomen

[af] Ihre – hat *add.* A02–17. Ihre Frage: Wie erfahren wir fremdes Bewußtsein *del.* ebd. aber *del.* A02–17.

⟨18⟩ Vgl. ebd., 1. 4 f.

haben wir ein Unbezweifelbares, in dem alle Erkenntnis und Gewißheit letztlich verankert sein muß; das wahre Objekt der πρώτη φιλοσοφία[⟨19⟩]. Das Phänomen in seinem reinen Wesen, losgelöst von allen Zufälligkeiten des Erscheinens zu erfassen, ist also die erste Aufgabe, die auf diesem wie auf allen Gebieten zu lösen ist.

Was ist fremdes Erleben seiner Gegebenheit nach? Wie sieht Erfahrung von fremdem Erleben aus?

Das muß ich wissen, bevor ich fragen kann: wie kommt diese Erfahrung zustande? Daß diese erste Frage von einer genetisch-psychologischen Kausaluntersuchung[16] prinzipiell nicht beantwortet werden kann, ist selbstverständlich, denn diese setzt ja das Sein, dessen Werden sie zu ergründen sucht, schon voraus – seine Essenz wie seine Existenz, sein „Was" wie sein „Daß". Ihr hat also nicht nur die Untersuchung, was Erfahrung von fremdem Erleben ist, sondern auch der Rechtsausweis dieser Erfahrung voraus-
23 zugehen, und wenn sie selbst beides zu leisten vermeint, so ist dies als ein durchaus unberechtigter Anspruch strikt abzuweisen. Damit ist ihr ihre Daseinsberechtigung keineswegs abgesprochen, ihre Aufgabe ist vielmehr bereits ganz bestimmt und eindeutig formuliert: sie hat zu erforschen, auf welche Weise in einem realen psychophysischen Individuum die Erkenntnis anderer solcher Individuen entsteht.

Ist so die Verschiedenheit der Aufgaben, die Phänomenologie und genetische Psychologie für das Problem der Einfühlung zu leisten haben, streng herausgearbeitet, so ist damit noch keineswegs völlige Unabhängigkeit beider voneinander proklamiert.

Zwar haben wir bei der Betrachtung der phänomenologischen Methode gesehen, daß keine Wissenschaft überhaupt und keine Tatsachenwissenschaft insbesondere vorausgesetzt wird, sie ist also auch an kein Resultat der genetischen Psychologie gebunden. Andererseits fällt es ihr nicht ein, in die Rechte der Psychologie einzugreifen, sie maßt sich keine Aussage über den faktischen[ag)] Hergang des Prozesses, den jene[ah)] untersucht, an.

Indessen ist die Psychologie doch ganz und gar an die Resultate der Phänomenologie gebunden.

---

ag) faktischen *add.* A02–17.
ah) jene *ante. corr.* sie.

⟨19⟩ Protä Philosophia (griech.) – erste Philosophie.

---

16 Unter einer genetisch-psychologischen Untersuchung verstehen wir hier nicht eine Untersuchung der Entwicklungsstufen des seelischen Individuums. Die Beschreibung der Stadien der seelischen Entwicklung (der Typen des Kindes, Jünglings usw.) rechnen wir vielmehr mit zur deskriptiven Psychologie. Die genetische ist uns gleichbedeutend mit kausalerklärender Psychologie. Über ihre Orientierung am exakten naturwissenschaftlichen Kausalbegriff vgl. im folgenden S. 56 [67 f.]. In unserem Fall ist zu scheiden zwischen

Was Einfühlung ihrem Wesen nach ist, hat die Phänomenologie zu untersuchen. Dieses allgemeine Wesen der Einfühlung muß überall erhalten bleiben, wo sie sich realisiert.

Den Prozeß dieser Realisierung untersucht die genetische Psychologie, sie setzt das Phänomen der Einfühlung voraus – und sie muß, wenn ihre Aufgabe gelöst ist, zu ihm zurückführen. Eine genetische Theorie, die am Ende des von ihr geschilderten Entstehungsprozesses etwas anderes findet als das, dessen Entstehung sie ergründen wollte, ist gerichtet. So haben wir an den Resultaten der phänomenologischen Untersuchung ein Kriterium für die Brauchbarkeit der genetischen Theorien.[17][ai]

b) Die Nachahmungstheorie

Wir wollen also nun dazu übergehen, die vorliegenden genetischen Theorien an der Hand unserer Ergebnisse zu prüfen. Die Theorie, mit der Lipps die Erfahrung von fremdem Seelenleben zu erklären sucht (sie tritt in seinen Schriften allerdings als Teil der Deskription auf), ist die uns bereits bekannte Lehre von der Nachahmung.[⟨20⟩]

Eine gesehene Gebärde weckt in mir den Trieb sie nachzuahmen, ich tue das – wenn nicht äußerlich, so doch „innerlich"; nun habe ich außerdem 24
den Trieb, alle meine Erlebnisse zu äußern und Erlebnis und Äußerung sind so eng miteinander verbunden, daß das Auftreten des einen auch das andere nach sich zieht. So wird mit jener Gebärde auch das zugehörige Erlebnis mitgemacht, indem es aber „in" der fremden Gebärde erlebt wird, erscheint es mir nicht als meines, sondern als das des andern.

Wir wollen nicht auf alle Einwände eingehen, die gegen diese Theorie erhoben werden können und mit Recht oder Unrecht schon erhoben worden sind.[18] Wir wollen zur Kritik nur verwenden, was wir uns selbst schon

---

[ai] Anmerkung 17 Eine – gültig *add.* A02–17.

⟨20⟩ Theodor Lipps, *Ästhetik I,* 114–128. Ders., *Weiteres zur Einfühlung,* in: AGPs IV (1905) 482–484.

---

den beiden Fragen: 1. Welches ist der psychologische Mechanismus, der beim Einfühlungserlebnis in Funktion tritt? 2. Wie hat das Individuum im Laufe seiner Entwicklung diesen Mechanismus erworben? In den vorliegenden genetischen Theorien ist beides nicht immer streng geschieden.

[17] Eine weitere Frage wäre, inwiefern in dem fertigen Erlebnis, das die Phänomenologie seinem Wesen nach beschreibt, Hinweise auf seine Genesis beschlossen sind. Die apriorischen Gesetze der Genesis, die in der Verfolgung dieser Hinweise gewonnen würden, wären natürlich auch für alle faktischen Entstehungsprozesse gültig.

[18] Mit der Kritik der Nachahmungstheorie beschäftigt sich [Max] Scheler (*Sympathiegefühle* S. 6 ff. [SGW VII, 21 ff.]); er wendet gegen sie ein: 1. die Nachahmung setze ein

erarbeitet haben. Danach müssen wir sagen: jene Theorie unterscheidet das eigene vom fremden Erleben nur durch die Gebundenheit an verschiedene Leiber, in Wahrheit sind jene beiden aber in sich verschieden. Ich komme auf dem angegebenen Wege nicht zu dem Phänomen des fremden Erlebnisses, sondern zu einem eigenen Erlebnis, das die fremde gesehene Gebärde in mir wachruft. Die Verschiedenheit des zu erklärenden und des erklärten Phänomens genügt zur Widerlegung der „Erklärung".

Um diese Verschiedenheit deutlich zu machen, können wir einen Fall der zweiten Art analysieren. Daß Gefühle in uns durch gesehene „Ausdrucksphänomene" ausgelöst werden, ist eine bekannte Erscheinung: wenn ein Kind ein anderes weinen sieht, so weint es mit; wenn ich meine Hausgenossen mit trüben Mienen herumschleichen sehe, so werde auch ich mißgestimmt. Um einen Kummer loszuwerden, suche ich eine lustige Gesellschaft auf.

Wir sprechen in solchen Fällen von Gefühlsansteckung oder Gefühlsübertragung. Es liegt auf der Hand, daß die in uns erweckten aktuellen Gefühle keine Erkenntnisfunktion haben, daß sich uns in ihnen nicht wie in der Einfühlung ein fremdes Erleben bekundet. Wir können davon absehen, ob solche Gefühlsübertragung nicht das Erfassen des betreffenden fremden Gefühls voraussetzt, da ja nur Ausdrucksphänomene solche Wirkung auf uns haben, dieselbe Veränderung des Gesichts dagegen, wenn sie als ein krankhaftes Zucken aufgefaßt wird, wohl auch Nachahmung erregen, aber kein Gefühl in uns auszulösen vermag. Sicher ist, daß wir von solchen „übertragenen" Gefühlen erfüllt in ihnen und damit in uns leben und an der Richtung auf oder Versenkung in das fremde Erleben – der charakteristischen Haltung der Einfühlung – verhindert werden.[19] Hätten wir das fremde Erleben nicht auf andere Weise erfaßt, so könnten wir es uns überhaupt nicht zur Gegebenheit bringen.[ak)] Es ist allerdings denkbar, dass wir vermittels der

---

aj) Abweichend von uns ist nur die Ansicht, daß keinerlei Wissen um das fremde Erleben für die Gefühlsansteckung vorausgesetzt ist. *del.* A02–17.

ak) Höchstens könnten wir sein Vorhandensein aus dem Vorhandensein des Gefühls in uns, für das wir seiner Motivlosigkeit wegen eine Erklärung brauchen, erschließen. Damit wür-

---

Erfassen des Ausdrucks als Ausdruck voraus, also gerade das, was sie erklären will; 2. wir verstehen auch Ausdruckserscheinungen, die wir nicht nachahmen können, z. B. tierische Ausdrucksbewegungen; 3. wir erfassen die Inadäquatheit eines Ausdrucks, was unmöglich wäre, wenn das Erfassen allein durch Nachahmung des Ausdrucks zustande käme; 4. wir verstehen auch Erlebnisse, die wir nicht aus eigener früherer Erfahrung kennen (z. B. Todesangst), was unmöglich wäre, wenn das Verständnis in der durch die Nachahmung geweckten Reproduktion eigener früherer Erlebnisse bestände – alles Einwände, die schwerlich zu widerlegen sein werden.

19 Eine ausführlichere Analyse der Gefühlsansteckung s. bei [Max] Scheler (*Sympathiegefühle* S. 11 ff. [SGW VII, 25 ff.]).[aj)]

Übertragung eines solchen Gefühls, das in unserm Erleben nicht motiviert ist, Erfahrung von seinem Vorhandensein in andern hätten, dass wir es als „von aussen bewirkt“ erleben. Diese Erfahrung verhielte sich aber zum Fall der Einfühlung in das fremde Äussere wie im Gebiete der äusseren Erfahrung die kausale Apperzeption (etwa die Auffassung eines Hammerschlages auf Grund des Eindrucks, den er hinterlassen hat) zur Wahrnehmung. Sie würde sich dem weitesten Bereich der Einfühlung als Erfahrung von fremdem Bewusstseinsleben einfügen, ist aber durchaus nicht als der normale und überall stattfindende Hergang anzusehen.[al]

Es ist auch möglich, daß jene Übertragung selbst erlebt wird: ich fühle wie das Gefühl, das ich zunächst als fremdes Gefühl vor mir habe, auf mich überströmt (das wird z. B. der Fall sein, wenn ich heitere Gesellschaft aufsuche, um mich aufzuheitern); auch hier zeigt sich deutlich die Verschiedenheit des Erfassens und des Übernehmens eines Gefühls.

Die Gefühlsübertragung unterscheidet sich übrigens in allen Fällen nicht nur vom Ein-, sondern auch vom Mit- und Einsfühlen, das sich auf das einfühlende Versenken in das fremde Erleben aufbaut.[20] Aus dem Gesagten dürfte hinreichend klar sein, daß die Nachahmungstheorie als genetische Erklärung der Einfühlung abzulehnen ist.

c) Die Assoziationstheorie

Als Konkurrentin der Nachahmungs- tritt die Assoziationstheorie auf: das optische Bild der fremden Gebärde reproduziert das optische Bild der eige- 26
nen Gebärde, dieses das kinästhetische und dies wiederum das Gefühl, mit dem es früher verknüpft war. Daß dieses Gefühl nun nicht als eigenes, sondern als fremdes erlebt wird, liegt daran, daß es

1. uns als Gegenstand gegenübersteht,
2. nicht durch vorangegangene eigene Erlebnisse motiviert ist, und
3. nicht in einer Gebärde seinen Ausdruck findet.

Auch hier wollen wir wiederum nur die Frage aufwerfen: steht am Ende des Entwicklungsprozesses das Phänomen der Einfühlung? Und wiederum lautet die Antwort: nein. Wir landen auf dem angegebenen Wege bei einem eigenen Gefühl, und es werden uns Gründe an die Hand gegeben, aus denen

---

den wir aber nur ein Wissen, keine „Gegebenheit“ des fremden Erlebnisses gewinnen wie in der Einfühlung. *del.* A02–17.

[al] Es – anzusehen. *add.* A02–17.

---

[20] Es wäre zu untersuchen, welches von beiden oder wie weit beides vorliegt, wo von „Massensuggestion“ die Rede ist.

wir es nicht als ein eigenes, sondern als ein fremdes betrachten sollen. (Auf die Widerlegung dieser Gründe können wir an dieser Stelle verzichten.)

Aus diesen Gründen könnten wir nun den Schluß ziehen: das ist das Erlebnis eines andern. Einfühlend aber ziehen wir keine Schlüsse, sondern haben das Erlebnis als fremdes im Charakter der Erfahrung gegeben.[am)] Vergegenwärtigen wir uns zur Veranschaulichung des Gegensatzes einen Fall, wie er nach der Assoziationstheorie typisch sein müßte für das Erfassen von fremdem Seelenleben.

Ich sehe jemanden mit dem Fuß stampfen, es fällt mir ein, wie ich selbst einmal mit dem Fuße stampfte, zugleich stellt sich mir die Wut dar, die mich damals erfüllte, und ich sage mir: so wütend ist der andere jetzt. Dann habe ich die Wut des andern nicht selbst gegeben, sondern ich erschließe ihre Existenz und suche mir sie durch einen anschaulichen Repräsentanten – die eigene Wut – nahe zu bringen.[21]

Die Einfühlung dagegen setzt als erfahrender Akt das Sein unmittelbar und sie erreicht ihr Objekt direkt – ohne Repräsentanten.

Auch die Assoziationstheorie gibt also nicht die Genese der Einfühlung. Ich weiß, daß sich unter dem eben behandelten Typ der assoziativen Erklärung (wie sie Prandtl[⟨21⟩] vertritt) nicht alle Assoziationspsychologen getroffen fühlen werden. Assoziation – so heißt es z. B. bei Paul Stern[⟨22⟩] – ist
27 nicht bloß die Verknüpfung einzelner Vorstellungen, vermöge deren die eine

---

am) *Gl.* Ing. „Zu erwägen die Möglichkeit der Täuschung sowie die eines Schluss – Abrégés“.

⟨21⟩ Antonin Prandtl (geb. 19. Juli 1880 in Hamburg – † 25. Dezember 1927 in Würzburg) wurde nach dem Studium der klassischen Philologie in München und einer Promotion über Platons *Politeia* zunächst Gymnasiallehrer in Würzburg. 1915 wurde er zum Privatdozenten für Philosophie ernannt und wirkte seit 1923 als außerordentlicher Professor an der Würzburger Julius-Maximilians-Universität. Edith Stein bezieht sich auf seine Schrift psychologisch-ästhetischen Inhalts *Die Einfühlung*, die vor allem auf Gedankengängen von Theodor Lipps basiert. Vgl. Antonin Prandtl, *Die Einfühlung*, Leipzig 1910.

⟨22⟩ Paul Stern war als Ästhetiker ein Anhänger von Theodor Lipps und gilt als Vertreter eines kritischen Idealismus im Sinne Hermann Cohens und Paul Natorps. Er war Bibliothekar an der Universität Leipzig und arbeitete zusammen mit Paul Nachod an der Übersetzung von Thomas von Aquins *Summa contra gentiles*, die 1935 in Leipzig erschien. Durch die Beschäftigung mit Thomas von Aquin konvertierte der gebürtige Jude zum Katholizismus und kam nach Zwangsarbeit auf Leipziger Müllfeldern wahrscheinlich 1944 in Auschwitz um. Josef Pieper gibt in seiner Autobiographie ein eindrucksvolles Zeugnis über seine Begegnung mit Paul Stern. Vgl. Josef Pieper, *Autobiographische Schriften*, hg. v. Berthold Wald, Hamburg 2003, 121–123. Vgl. Paul Stern, *Einfühlung und Association in der neueren Aesthetik*, Hamburg/Leipzig 1898.

---

21 [Max] Scheler hebt hervor, daß im Gegensatz zum Nachfühlen (unserm Einfühlen), das Fundament des Mitfühlens sein kann, das Verweilen in reproduzierten eigenen Erlebnissen das Aufkommen eines echten Mitfühlens hemmt (*Sympathiegefühle* S. 24 f. [SGW VII, 57 ff.]).

die andere reproduziert, sondern die Einheit eines Erfahrungszusammenhanges, durch die er uns immer als Ganzes vor Augen tritt. Ein solcher Erfahrungszusammenhang ist auch Äußeres und Inneres eines Individuums. Nun erheben sich aber mehrere Fragen.

Die Assoziation soll doch wohl mehr besagen als die deskriptive Einheit des Erfahrungszusammenhanges, sie soll doch erklären, wie es zu dieser Einheit kommt, also etwa: was dem Bewußtsein zusammen gegeben ist, verknüpft sich zu einem Ganzen, das als solches reproduziert wird. Was unterscheidet aber z. B. die Einheit der Objekte meines Gesichtsfeldes (das doch auch als Ganzes wieder vor mir auftauchen kann) von der Einheit eines Objekts? Hier dürfte doch mit dem einen Wort „Assoziation" nicht alles getan sein.

Ferner: damit ein solcher Erfahrungszusammenhang entstehen kann, müssen doch wohl seine Teile einmal zusammen gegeben sein. Wann habe ich aber das Innere und Äußere eines Menschen zusammen gegeben? Solche Fälle kommen tatsächlich vor.

Ich sehe bei einem Menschen einen mir zunächst unverständlichen Ausdruck, z. B. daß er die Hand vor die Augen legt. Auf mein Befragen erfahre ich, daß er in diesem Moment intensiv über etwas nachgedacht hat. Dies Nachdenken, das ich mir einfühlend vergegenwärtige, geht nun mit der wahrgenommenen Haltung in einen „assoziativen Zusammenhang" ein, und wenn ich jene Haltung wieder gewahre, so sehe ich sie als „nachdenkliche" Haltung. In diesem Wiederholungsfall gründet sich dann tatsächlich die Einfühlung auf Assoziation; diese Assoziation selbst konnte aber nur mit Hilfe eines Einfühlungsaktes zustande kommen, reicht also nicht als Erklärungsprinzip für die Einfühlung aus.[22] Sie kann außerdem immer nur das Wissen vermitteln: so sieht er aus, wenn er nachdenkt; nicht aber das Verständnis dieser Haltung als Ausdruck einer innern Verfassung, wie ich sie im einfühlenden Hineinversetzen gewinne: Er denkt nach, er ist einem Problem 28
zugewendet und will seinen Gedankengang vor störenden Ablenkungen schützen, darum bedeckt er seine Augen und schließt sich von der Außenwelt ab.[23]

Von dieser Assoziationstheorie müssen wir die Verschmelzungstheorie,

[22] Es ist eine Übertreibung in entgegengesetzter Richtung, wenn Biese behauptet: „die Assoziationen beruhen auf unserer Fähigkeit und Nötigung, alles auf uns Menschen zu beziehen ..., uns in Leib und Seele den Objekten anzupassen." ([Vgl. Alfred Biese,] *Das Assoziationsprinzip und der Anthropomorphismus in der Ästhetik.* [*Ein Beitrag zur Ästhetik des Naturschönen*, Kiel 1890, 18). Alfred Biese (geb. 25. Februar 1856 in Putbus, † 1930) war ein bedeutender Literaturhistoriker, Germanist und Altphilologe und wirkte als Gymnasiallehrer in Frankfurt am Main].

[23] Über die Verständlichkeit der Ausdruckserscheinungen vgl. im folgenden Teil III § 7, 1.

wie wir sie bei Volkelt ⟨23⟩ finden, unterscheiden. Der gefühlte Gehalt ist dort nicht mit der Anschauung verknüpft, sondern in sie eingeschmolzen. Das ist nun freilich keine genetische Erklärung, sondern nur eine Deskription des Einfühlungserlebnisses.

Wir kommen an einer späteren Stelle auf dieses Phänomen zurück und werden dann sehen, daß von hier aus sich eine Klärung der Entstehung gewisser Einfühlungserlebnisse ergibt.[24]

Von dieser Klärung zu einer „exakten Erklärung“, wie sie die Assoziationstheorie geben will, ist allerdings noch ein weiter Weg und es ist noch die Frage, ob überhaupt ein Weg dahin führt. Diese Frage wird sich erst entscheiden lassen, wenn der alte, viel diskutierte und doch noch immer so umstrittene Begriff der Assoziation eine ausreichende Klärung erfahren haben wird. Wir geben also Volkelt recht, wenn er gegen Siebeck ⟨24⟩ die Ansicht verficht, daß die Einheit eines Sinnlichen mit seinem seelischen Gehalt sich nicht durch bloße Assoziation erklären läßt.[25] Andrerseits muß man Siebeck zustimmen, wenn er bei Volkelt eine befriedigende genetische Erklärung der Einfühlung vermißt.[26]

d) Die Analogieschlußtheorie

Die fast allgemein anerkannte Lehre über die Entstehung der Erfahrung von fremdem Seelenleben war vor ihrer Bekämpfung durch Lipps die Analo-

---

⟨23⟩ Johannes Volkelt (geb. 21. Juli 1848 in Bielitz-Biala in Galizien, † 8. Mai 1930 in Leipzig) studierte in Wien, Jena und Leipzig Philosophie und wurde 1879 Professor in Jena. Ab 1883 dozierte er in Basel, bis er 1889 einen Ruf nach Würzburg erhielt. Dort blieb er bis zu seiner Berufung nach Leipzig 1894. Er gilt als ein Vertreter des kritisch idealistischen Realismus sowie einer kritischen Metaphysik.

⟨24⟩ Hermann Siebeck (geb. 28. September 1842 in Eisleben, † 22. Februar 1920 in Gießen) war seit 1875 Professor für Philosophie in Basel und erhielt 1883 einen Ruf nach Gießen, wo er bis zu seinem Lebensende vor allem auf dem Gebiet der Religionsphilosophie wirkte und dem Wesen und der Entwicklung des religiösen Bewußtseins und dem Wahrheitsgehalt der Religion nachging. In seinem ästhetischen Ansatz versucht er zwischen Form- und Gehaltsästhetik zu vermitteln. Die Form beruhe auf einer bestimmten Ordnung der Teile der Merkmale und gebe sich selbst den Inhalt. Bei der ästhetischen Anschauung komme ein Seelisches zu sinnlichem Ausdruck, ein Sinnliches erwecke die Illusion eines individuell Charaktermäßigen.

---

[24] Vgl. Teil III S. 65.

[25] [Johannes Volkelt,] *Symbolbegriff* … [*in der neuesten Ästhetik*, 1876] S. 76 ff.

[26] [Hermann Siebeck,] *Die ästhetische Illusion und ihre psychologische Begründung* [, in: ZVPS 10/1 (1877) 1–26,] S. 10 ff.

gieschlußtheorie. Der Standpunkt dieser Theorie (wie er z. B. von J. St. Mill⟨25⟩ vertreten wird) ist folgender.

Es gibt eine Evidenz der äußeren und eine Evidenz der inneren Wahrnehmung, und über den Tatsachenbereich, den diese beiden uns liefern, können wir nur durch Schlüsse hinauskommen.

Angewandt auf den vorliegenden Fall: ich kenne den fremden Körper und 29
seine Modifikationen, ich kenne den eigenen Körper und seine Modifikationen und weiß im zweiten Falle, daß sie Bedingungen und Folgen meiner (gleichfalls gegebenen) Erlebnisse sind. Weil nun in einem Falle die Abfolge der körperlichen Erscheinungen nur möglich ist durch das Zwischenglied – das Erlebnis –, nehme ich auch dort, wo mir nur die körperlichen Erscheinungen gegeben sind, das Vorhandensein eines solchen Zwischengliedes an.

Auch hier stellen wir wieder alle andern sich aufdrängenden Einwände zurück und stellen nur unsere alte Frage. Und wenn wir bei den anderen Theorien nachweisen konnten, daß sie nicht zu dem Phänomen: Erfahrung von fremdem Bewußtsein hinführen, so sehen wir hier die noch merkwürdigere Tatsache, daß dieses Phänomen einfach ignoriert wird. Nach dieser Theorie (daß ihre Vertreter das tatsächlich geglaubt haben, meine ich natürlich nicht) sehen wir um uns nichts als physische seelen- und leblose Körper. Nach den früheren Ausführungen bedarf es keines weiteren Wortes, um die Lehre vom Analogieschluß als genetische Theorie zu widerlegen.[27] Trotzdem

---

⟨25⟩ John Stuart Mill (geb. 20. Mai 1806 in London, † 3. Mai 1873 in Avignon) genoß ein gute humanistische Bildung und war Begründer der „utilitaristischen Gesellschaft", Sekretär im India House und von 1866–1868 Parlamentsmitglied. Er war hauptsächlich schriftstellerisch tätig und lebte zeitweilig in Avignon. Er gilt als Hauptvertreter des modernen Empirismus, Psychologismus und Positivismus und akzeptierte die Assoziationspsychologie. Er formulierte vier Forschungsmethoden: die Methode der Übereinstimmung, der Unterscheidung, der Reste und der sie begleitenden Veränderungen. Die Logik sei die Wissenschaft von den Verstandesoperationen, welche zur Schätzung der Evidenz dienen. Erfahrung und Induktion seien die Grundlage aller unserer Folgerungen. Vgl. John Stuart Mill, *An Examination of Sir William Hamilton's Philosophy*, London 1889 Chapter XII. Ders., *Eine Prüfung der Philosophie Sir William Hamiltons*, Halle 1908, 270–272.

---

[27] Zu den Einwänden, die man gegen die Analogieschlußtheorie erhoben hat, gehört z. B. der, daß sie sich völlig darüber ausschweigt, worin die Analogie des eigenen und des fremden Körpers bestehen soll, auf die sich der Schluß gründet. Einen ernstlichen Versuch, dies zu bestimmen, finde ich nur bei [Gustav Theodor] Fechner *Zur Seelenfrage.* [*Ein Gang durch die sichtbare Welt, um die unsichtbare zu finden*, Leipzig 1861, 2. unveränderte Auflage 1907,] S. 49 f. und 63. [Gustav Theodor Fechner (geb. 19. April 1801 in Großarchen – Lausitz, † 18. November 1887) Professor der Physik und später Professor für Philosophie in Leipzig, gilt als Begründer der Psychophysik als systematische Wissenschaft und wurde mit der Darlegung des psychophysischen Gesetzes für Wilhelm Wundt und Theodor Lipps bedeutsam. Ferner entwickelte er eine idealistische Identitätslehre, ein System des psychophysischen Parallelismus, Panpsychismus und objektiven Idealismus, wonach das Geistige Ansicht dessen sei, was von außen als materiell erscheine.]

möchte ich noch ein wenig bei ihr verweilen, um ihr das Odium der vollkommenen Absurdität zu nehmen, das ihr – wenn man sie nur von der einen Seite betrachtet – anhaftet.

Einmal kann nicht geleugnet werden, daß es so etwas wie Analogieschlüsse in der Erkenntnis von fremdem Erleben gibt. Es ist sehr gut möglich, daß ein Ausdruck eines andern mich an einen eigenen erinnert und daß ich ihm bei dem andern dieselbe Bedeutung zuschreibe, die er bei mir zu haben pflegt. Nur ist dann das Erfassen des andern als eines andern Ich, des leiblichen Ausdrucks als Ausdruck von Seelischem vorausgesetzt. Der Analogieschluß tritt an Stelle der vielleicht versagenden Einfühlung und ergibt nicht Erfahrung, sondern eine mehr oder minder wahrscheinliche Erkenntnis des fremden Erlebnisses.[28]

Die Intention der Theorie geht ferner nicht eigentlich dahin, eine genetische Erklärung zu geben – wiewohl sie auch als solche auftritt und darum hier mit aufgeführt werden mußte –, sondern unser Wissen um fremdes Bewußtsein als gültig aufzuweisen. Sie will die Form angeben, in der ein Wissen von fremdem Bewußtsein „möglich" ist. Der Wert einer solchen leeren Form, die nicht am Wesen der Erkenntnis selbst orientiert ist, ist aber mehr als zweifelhaft.

Auf die weitere Frage, wie weit gerade der Analogieschluß zu einer solchen Begründung geeignet wäre, wollen wir hier nicht eingehen.

Das Ergebnis unseres kritischen Exkurses ist also: keine der vorliegenden genetischen Theorien vermag die Einfühlung zu erklären. Und wir erraten wohl, woher das kommt: bevor man etwas seiner Entstehung nach schildern will, muß man wissen, was es ist.

§ 6. Auseinandersetzung mit Schelers Theorie der Erfassung von fremdem Bewußtsein

Noch an einer Theorie vom fremden Bewußtsein haben wir die Einfühlung zu messen, die von allen bisher besprochenen erheblich abweicht: nach Scheler[29] ist das fremde Ich mit seinem Erleben ebenso wie das eigene innerlich wahrgenommen. (Auf seine Polemik gegen die Einfühlungstheorie brauchen wir hier nicht einzugehen, da sie sich nicht gegen das richtet, was wir Einfühlung nennen.) Es gibt ursprünglich „einen indifferenten Strom

---

[28] Über den berechtigten Sinn der Rede vom Analogisieren s. Teil III S. 66 [76].

[29] Siehe besonders den Anhang der *Sympathiegefühle* [Der Anhang der *Sympathiegefühle* in der von Edith Stein konsultierten Ausgabe umfaßt die Seiten 118–154. Vgl. SGW VII Teil III *Vom fremden Ich*, 232 ff.].

des Erlebens", aus dem sich erst allmählich die „eigenen" und „fremden" Erlebnisse herauskristallisieren.

Als Beispiel hierfür wird angeführt, daß wir einen Gedanken als eigenen oder als fremden oder aber auch als keins von beiden erleben können, ferner daß wir uns ursprünglich nicht isoliert vorfinden, sondern hineingesetzt in eine Welt seelischen Erlebens, daß wir zunächst viel weniger unsere eigenen Erlebnisse als die unserer Umgebung erleben, schließlich daß wir von unseren eigenen Erlebnissen nur wahrnehmen, was sich in vorgezeichneten Bahnen bewegt, speziell wofür es bereits einen gangbaren Ausdruck gibt.[30]

Diese kühn allen bisherigen Ansichten entgegentretende Theorie hat et-
was äußerst Bestechendes. Indessen bedarf es einer genauen Prüfung aller 31
hier verwendeten Begriffe, um zu einiger Klarheit zu gelangen.

Wir fragen also zunächst: was ist innere Wahrnehmung? Scheler antwortet darauf: innere Wahrnehmung ist nicht Selbstwahrnehmung (wir können uns selbst – d. h. unsern Leib – auch äußerlich wahrnehmen), sondern als Aktrichtung von äußerer Wahrnehmung unterschieden; es ist diejenige Art von Akten, in denen uns Seelisches zur Gegebenheit kommt. Die Unterscheidung dieser beiden Wahrnehmungsarten soll keine definitionsmäßige sein, die sich auf die Verschiedenheit der in beiden gegebenen Objekte stützt, sondern umgekehrt soll der Unterschied von Physischem und Psychischem nur faßbar sein durch die prinzipiell verschiedene Art, wie sie zur Gegebenheit kommen.[31]

Indessen scheint mir Schelers Kritik früherer Versuche, Psychisches und Physisches durch unterscheidende Merkmale voneinander abzugrenzen[32], nicht darzutun, daß es sich allein um einen Wesensunterschied der Gegebenheit handelt und nicht um eine Scheidung von Objekten verschiedener Seinsart, denen wesensgesetzlich eine verschiedene Art der Gegebenheit korrespondiert.

In diesem Sinne könnten wir „innere Wahrnehmung" als einen Titel bestimmt gearteter Anschauungsakte hinnehmen (was näher darunter zu verstehen ist, das soll uns sogleich beschäftigen), ohne dadurch mit unserer Einfühlungslehre in Konflikt zu kommen. Es könnten sich innerhalb jener Gattung „innere Wahrnehmung" die Akte differenzieren, in denen fremdes und in denen eigenes Erleben zur Gegebenheit käme. Damit haben wir aber noch nicht hinreichende Klarheit erlangt.

Was bedeutet jenes „eigen" und „fremd" in dem Zusammenhang, in dem es Scheler gebraucht?

---

[30] Vgl. [Max Scheler,] *Sympathiegefühle* S. 124 ff. [SGW VII, 238 ff.], ders., [*Die*] *Idole* [*der Selbsterkenntnis*, in: Abhandlungen und Aufsätze II, Leipzig 1915, 3–168,] S. 31 [Edith Stein zitiert diesen Aufsatz im folgenden mit dem Kurztitel *Idole*. SGW III, 213–292, 227.].

[31] [Max Scheler,] *Idole* S. 52 [ebd., 237].

[32] [Max Scheler,] *Idole* S. 42 ff. [ebd., 232].

Macht man Ernst mit seiner Rede vom indifferenten Erlebnisstrom, so ist nicht abzusehen, wie es innerhalb seiner zu einer Differenzierung kommen soll. Jener Erlebnisstrom selbst aber ist eine absolut unvollziehbare Vorstellung; denn jedes Erlebnis ist nun einmal wesenhaft Erlebnis eines Ich und auch phänomenal gar nicht von ihm zu trennen.[an][33] Nur weil Scheler
32 kein reines Ich kennt und unter „Ich“ immer „[ap]Individuum“ d.h. eine qualitativ einzigartige Erlebnisstruktur[aq][34] versteht, kann er von einem Erleben sprechen, das vor der Konstitution der Iche liegt. Ein solches ichloses Erleben aufzuzeigen, gelingt ihm natürlich nicht. Alle Fälle, die er anführt, setzen das eigene wie das fremde (reine)[as] Ich voraus und dienen keineswegs als Belege seiner Theorie. Sie ergeben erst dann einen guten Sinn, wenn man die phänomenale Sphäre verläßt. „Eigen“ und „fremd“ heißt dann: verschiedenen Individuen zugehörig, d.h. verschiedenen substantiellen, qualitativ ausgestalteten seelischen Subjekten. Diese Individuen und ihre Erlebnisse sollen in gleicher Weise der inneren Wahrnehmung zugänglich sein. Ich fühle nicht meine, sondern fremde Gefühle – das heißt danach: die Gefühle sind aus dem fremden Individuum, in mein Individuum eingedrungen. Ich finde mich ursprünglich umgeben von einer Welt seelischen Geschehens, d.h.: wie ich meinen Leib eingegliedert finde in die Welt meiner äußeren Erfahrung, auf dem Hintergrund der nach allen Seiten unendlich ausgedehnten räumlichen Welt, so findet sich mein seelisches Individuum eingegliedert in die Welt innerer Erfahrung, eine unendliche Welt seelischer Individuen und seelischen Lebens.

Alles das ist sicher unanfechtbar. Aber wir befinden uns hier auf einem ganz andern Boden als in unseren Betrachtungen. Diese ganze Welt innerer Wahrnehmung, unser Individuum und alle anderen haben wir ebenso wie die Außenwelt ausgeschaltet aus dem Felde unserer Untersuchungen, sie gehören nicht zur Sphäre absoluter Gegebenheit, dem reinen Bewußtsein, sondern sind ihm transzendent. In jener Sphäre aber hat das „Ich“ eine andere Bedeutung, es ist nichts als das im Erleben lebende Subjekt des Erlebens.

So verstanden, wird die Frage, ob ein Erlebnis „meins“ oder das eines andern sei, sinnlos. Was ich fühle – originär fühle – das fühle eben ich,

---

[an] jedes – trennen. *add. subl.* A02–17.
[ao] Anmerkung 33 Das – entnehmen. *add.* A02–17.
[ap] seelisches *del.* A02–17.
[aq] d.h. – Erlebnisstruktur *add.* A02–17.
[ar] Anmerkung 34 Das – 242 ff. *add.* A02–17.
[as] (reine) *add.* A02–17.

---

[33] Das bedeutet nicht, dass in jedem Erlebnis das Ich gegenständlich und in diesem Sinne gegeben sei, aber aus jedem ist es durch einen reflektierenden Blick zu entnehmen.[ao]

[34] Das ist sowohl sein „Ich“ als auch seine „Person“ vgl. [Max Scheler,] *Der Formalismus in der Ethik und die materiale Wertethik II*, JPPF II, [(1916) 21–478] 242 ff. [SGW II, 235 ff.].[ar]

gleichgültig, welche Rolle dieses Gefühl in der Gesamtheit meines individuellen Erlebens spielt und wie es entstanden ist (ob durch Gefühlsansteckung z. B. oder nicht).[35] Diese eigenen Erlebnisse – die reinen Erlebnisse des reinen Ich – sind mir gegeben in der Reflexion, der Rückwendung, in der das Ich vom Objekt sich abwendend auf das Erleben dieses Objekts hinblickt.

Was unterscheidet nun die Reflexion von der inneren Wahrnehmung, 33
genauer gesprochen von der inneren Selbstwahrnehmung? Scheler versteht unter „Reflexion" im Gegensatz zur inneren Wahrnehmung, die die Erlebnisse zu Gegenständen mache, ein Bewusstsein, dass die Akte in ihrem lebendigen Vollzuge begleitet, ohne sie zu objektivieren.[36] Ohne Zweifel gibt es ein solches Bewusstsein: der ursprüngliche Strom des Erlebens, der sich kontinuierlich neu erzeugt, ist „bewusst", ohne das ein Akt der Zuwendung auf ihm vollzogen würde. Aber dieser stetig zeugende Strom bildet Erlebniseinheiten, baut sie auf und „lässt sie hinter sich zurück" – als „gelebtes Leben", um einen Ausdruck von Scheler zu gebrauchen – indem er weiterfliesst und neue erzeugt. Auf diese Einheiten kann sich nun ein rückschauender Blick – das ist „Reflexion" in unserem Sinne – richten und sie zum Objekt machen: und er findet das einheitliche Objekt, das ihm nun gegeben ist – die Einheit einer Wahrnehmung, einer Freude, eines Entschlusses u. dgl., aber auch die Einheit des gesamten Stromes selbst –, als dasselbe, das ihm ursprünglich in seiner fliessenden Erzeugung // nicht gegenständlich bewusst war. Wollte man wie Scheler es offenbar tut – unter „Akten" nur den ursprünglichen Vollzug verstehen, so müsste man mit ihm die Möglichkeit, sie zum Gegenstande zu machen, bestreiten (oder vielmehr: man müsste darauf verzichten, irgendwelche Aussagen über sie zu machen). Eine solche Trennung des sich konstituierenden und des konstituierten Erlebnisses ist aber unmöglich, da die Identität beider zur Gegebenheit kommt und nur dank dieser Identität Aussagen über den konstituierenden Strom möglich sind.

Neben diesem Begriff der Reflexion, die sich mit Schelers „innerer Wahrnehmung" zu decken scheint, brauchen wir nun „innere Wahrnehmung" in einem andern Sinne.[au] Die Reflexion ist immer aktuelle Zuwendung zu einem aktuellen Erleben, während die innere Wahrnehmung selbst inaktuell sein kann und prinzipiell auch den Hof von Inaktualitäten umspannt, die zusammen mit jenem erst mein Gegenwartserleben bilden. Es gibt ferner ein Hinblicken auf meine Erlebnisse, in dem ich sie nicht mehr als solche betrachte, sondern als Bekundungen eines Transzendenten, meines Indivi-

---

[at] Anmerkung 36 A. a. O. S. 259 f. *add.* A02–17.

[au] Scheler versteht – in einem anderen Sinne. *add.* A02–17.

---

[35] Vgl. [Max Scheler,] *Idole* S. 153 [SGW III, 284 f.].

[36] A. a. O. S. 259 f.[at]

duums und seiner Eigenschaften: in meinen Erinnerungen bekundet sich mir mein Gedächtnis, in meinen äußeren Wahrnehmungsakten die Schärfe meiner Sinne (hier natürlich nicht als Sinnesorgane verstanden), in meinem Wollen und Handeln meine Energie usw. Und in diesen Eigenschaften bekundet sich mir mein so beschaffenes Individuum. Dieses Hinblicken können wir als innere Selbstwahrnehmung bezeichnen.[av] Ob in Schelers „innere Wahrnehmung" nicht auch etwas von dieser transcendenten Apperzeption hineinspielt, ist nicht ganz sicher.[aw] Zu den Objekten innerer Wahrnehmung rechnet er Erlebniskomplexionen, die in einem einheitlichen Anschauungsakt zur Gegebenheit kommen, z. B. „meine Kindheit".[37] (Von Wahrnehmung würde ich hier allerdings nicht sprechen, sondern von einem jener „Erinnerungsabrégés", auf die wir früher hinwiesen und deren Analyse einer Phänomenologie des vergegenwärtigenden Bewußtseins vorbehalten bleiben muß.)

Es heißt ferner, daß in innerer Wahrnehmung uns die „Totalität unseres Ichs" gegeben sei, sowie im Akt äußerer Wahrnehmung das Ganze der Natur, nicht einzelne sinnliche Qualitäten.[38][ax] Diese Totalität kann die Einheit des verflossenen Erlebnisstroms sein, sie könnte aber auch die Einheit des (transcendenten) Individuums bedeuten.[ay] Dieses Ich ist fundamental verschieden von dem reinen Ich, dem Subjekt des aktuellen Erlebens, die Einheiten, die sich in innerer Wahrnehmung konstituieren, von der Einheit eines Erlebnisvollzugs und die innere Wahrnehmung, die uns jene Erlebnis-
34 komplexionen gibt, von der Reflexion, in der wir das absolute Sein eines aktuellen Erlebens erfassen.[az]

[av] Daß Schelers „innere Wahrnehmung" die Apperzeption des „Selbst" im Sinne des Individuums und seiner Erlebnisse im Zusammenhang des individuellen Erlebens ist, dafür haben wir sichere Anhaltspunkte. *del.* A02–17.

[aw] Ob – sicher *add.* A02–17.

[ax] Deutlicher könnte sie nicht als Apperzeption eines Transzendenten gekennzeichnet sein, wenn auch der Unterschied der Einheit des Mannigfaltigen in innerer und äußerer Wahrnehmung (des „Auseinander" und des „Ineinander") betont wird. Vgl. „Idole" S. 114 f. [SGW III, 267 f.]. *del.* A02–17.

[ay] Diese – bedeuten. *add.* A02–17.

[az] Scheler selbst macht einen Unterschied zwischen Reflexion und innerer Wahrnehmung, der er im Gegensatz zur Reflexion ein Erfassen von Akten abstreitet. Um so merkwürdiger ist es, daß ihm der Unterschied zwischen seinem und Husserls Begriff der „inneren Wahrnehmung" entgangen ist und *del.* A02–17.

---

[37] [Max Scheler, *Das*] *Ressentiment* [*im Aufbau der Moralen*, in: Abhandlungen und Aufsätze I, Leipzig 1915,] S. 42 f. [Edith Stein zitiert diesen Aufsatz im folgenden mit dem Kurztitel *Ressentiment*. SGW III, 33–148, 35 f.].

[38] [Max Scheler,] *Idole* S. 63, 118 ff. [SGW III, 242, 268 f.].

Nur dadurch, dass Scheler den Doppelsinn der „inneren Wahrnehmung" übersieht, erklärt es sich,[39][ba] daß er gegen den Vorzug, den Husserl seiner inneren Wahrnehmung vor der äußeren zuspricht, polemisiert.[40]

Eben die Möglichkeit mehrfacher Deutung hat Husserl veranlaßt, den *terminus* „innere Wahrnehmung" für die Bezeichnung der absoluten Gegebenheit des Erlebens mit dem Ausdruck „Reflexion" zu vertauschen.[41] Der inneren Wahrnehmung im anderen Sinn[bb] wird auch er keinen Evidenzvorzug vor der äußeren zugestehen. Die Verschiedenheit von Reflexion und innerer Wahrnehmung zeigt sich auch ganz deutlich, wenn wir die Täuschungen innerer Wahrnehmung betrachten, die Schelers „Idolenlehre" herausstellt.

Wenn ich mich in meinen Gefühlen für eine andere Person täusche, so kann das nicht heißen, daß ich einen Akt der Liebe reflektierend erfasse, der in Wahrheit nicht vorhanden ist. Eine solche „Reflexionstäuschung" gibt es nicht.[bc] Fasse ich eine aktuelle Liebesregung in der Reflexion, so habe ich ein Absolutes, das sich auf keine Weise wegdeuten läßt. Es ist möglich, daß ich mich im Objekt meiner Liebe täusche, d.h. daß die Person, wie ich sie in jenem Akt zu erfassen meinte, in Wahrheit anders ist und daß ich ein Phantom liebte. Dann ist doch die Liebe echt gewesen. Es ist auch möglich, daß die Liebe nicht dauert – wie man erwartete –, sondern sehr bald aufhört. Auch dann besteht kein Grund zu sagen, daß sie nicht echt war, solange sie dauerte. Aber solche Täuschungen hat Scheler nicht im Auge. Die erste Art von „Idolen", die er aufführt, ist die Täuschungsrichtung, daß wir in den Gefühlen unserer Umgebung lebend, sie für die eigenen halten, die eigenen Gefühle uns aber gar nicht zur Klarheit bringen und daß wir „angelesene" Gefühle für eigene halten, daß das junge Mädchen z.B. die Liebe der Julia zu fühlen meint.[42]

Hier scheinen mir doch noch Scheidungen und eingehendere Analysen notwendig.

[ba] Nur – sich *add.* A02–17.

[bb] im anderen Sinn *ante corr.* in Schelers Sinne.

[bc] Eine – nicht. *add. subl.*

---

[39] [Max Scheler,] *Idole* S. 45ff., [ebd., 233f., ders., *Versuche einer*] *Philosophie des Lebens*, [in: Abhandlungen und Aufsätze II, Leipzig 1915, 169–228] S. 173 u. 215 [SGW III, 311–339, 313f., 333]. Es würde zu weit führen, wenn wir auch seinen Begriff des Akts hier erörtern wollten, der sich mit Husserls Aktbegriff anscheinend nicht deckt.

[40] [Max Scheler,] *Idole* S. 71f. (Anmerkung) [SGW III, 246f.].

[41] Über das Wesen der Reflexion s. besonders [Edmund Husserl] *Ideen* [*I*] S. 72ff. [Hua III, 89ff. (Diese Stelle enthält keinen Verweis auf das Wesen der Reflexion, sondern auf primäre und sekundäre Qualitäten des leibhaft gegebenen Dings. Die Textpassage, auf die Edith Stein inhaltlich verweisen möchte, befindet sich in: *Ideen I,* in: JPPF I (1913) 141–151 und Hua III, 174–185.)].

[42] [Max Scheler,] *Idole* S. 112f. [SGW III, 265f.].

Wenn ich von meiner Umgebung Haß und Verachtung gegen die Angehörigen einer bestimmten Rasse oder Partei übernommen habe, z. B. als Kind einer konservativen Familie gegen Juden und Sozialdemokraten oder als in liberalen Anschauungen aufgewachsen gegen die „Junker", so ist das ein ganz echter und ehrlicher Haß, nur daß er sich statt auf ein originäres auf ein eingefühltes Wertnehmen aufbaut und ev. durch Gefühlsansteckung zu einem Grade gesteigert ist, der in keinem rechten Verhältnis zu dem gefühlten Unwert steht. Ich täusche mich also nicht, wenn ich meinen Haß erfasse.

Die Täuschungen, die hier vorliegen können, sind einmal eine Werttäuschung (indem ich einen Unwert zu erfassen meine, der gar nicht existiert), andrerseits eine Täuschung über meine Person, wenn ich mir einbilde, jene Gefühle auf Grund eigener Einsicht zu heben, und meine Befangenheit in überlieferten Vorurteilen für „Gesinnungstüchtigkeit" ansehe.

Im zweiten Falle habe ich wirklich eine Täuschung der inneren Wahrnehmung, aber gewiß keine Reflexionstäuschung.[43] Über das Fehlen des fundierenden originären Wertnehmens kann ich keine reflektive Klarheit haben, weil ich auf einen nicht vorhandenen Akt nicht reflektieren kann. Aber wenn ich einen solchen Akt vollziehe und mir zur Gegebenheit bringe, dann gewinne ich Klarheit und damit die Möglichkeit, durch Vergleich mit diesem Fall die frühere Täuschung zu entlarven. Nicht anders steht es mit den „angelesenen" Gefühlen.

Wenn der verliebte Gymnasiast Romeos Leidenschaft in sich zu fühlen meint, so heißt das auch nicht, daß er ein stärkeres Gefühl zu haben glaubt als tatsächlich vorhanden ist, sondern er fühlt wirklich leidenschaftlich, weil er sein Fünklein durch die geborgte Glut zur Flamme gesteigert hat, die freilich erlischt, sobald jene Wirkung aufhört.

36 Auch hier besteht die „Unechtheit" in dem Mangel eines fundierenden originären Wertnehmens und dem daraus resultierenden Mißverhältnis zwischen dem Gefühl einerseits, seinem Subjekt und Objekt andrerseits. Und die Täuschung des Jünglings besteht darin, daß er sich Romeos Leidenschaftlichkeit zuschreibt, nicht darin, daß er ein starkes Gefühl zu haben meint.

Nun die andere Täuschungsrichtung, vermöge deren uns wirklich vorhandene Gefühle nicht zur Gegebenheit kommen. Wenn ich ein faktisch vorhandenes Gefühl nicht wahrnehme, weil es sich außerhalb der traditionellen Bahnen bewegt, so sehe ich nicht ein, wie man hier von Täuschung reden kann. Die Richtung auf die eigenen Erlebnisse ist eine der natürlichen Einstellung fremde Haltung. Es bedarf besonderer Umstände, um die Auf-

---

[43] Auch die falsche Bewertung meines Erlebnisses und meiner selbst, die sich auf diese Täuschung aufbauen kann, als Wahrnehmungstäuschung zu bezeichnen – wie es Scheler teilweise tut – halte ich für ungenau.

merksamkeit darauf zu lenken, und wenn ich ein Gefühl nicht beachte, weil mich niemand darauf aufmerksam gemacht hat, daß es „so etwas“ gibt, so ist das ganz natürlich und so wenig als Täuschung zu bezeichnen, wie das Überhören eines Geräusches in meiner Umgebung oder das Übersehen eines Objekts in meinem Gesichtsfeld.[44]

Von einer Reflexionstäuschung kann schon gar nicht die Rede sein, denn „Reflexion“ ist ja das Erfassen eines Erlebnisses, und daß mir ein Erlebnis, das ich erfasse, nicht entgeht, ist ja trivial. Anders liegt der Fall wenn mir das betreffende Erlebnis nicht entgeht, sondern wenn ich es für eingebildet halte, weil es zu meiner Umgebung nicht paßt. Hier scheint es mir aber doch so zu liegen, daß ich es mir nicht eingestehen will und es ganz aus der Welt schaffen möchte, nicht aber, daß ich es für nicht-originar halte und mich wirklich täusche.

Wenn wir uns über die Motive unseres Handelns täuschen[45], so nehmen wir wiederum nicht reflektierend ein Motiv wahr, das nicht vorhanden ist, sondern wir haben entweder gar kein klar bewußtes Motiv, aus dem unser 37
Handeln erlebnismäßig hervorgeht, oder es sind neben dem Motiv, das uns vor Augen steht, noch andere wirksam, die wir uns nicht klar zur Gegebenheit bringen können, weil sie nicht aktuelle, sondern „Hintergrundserlebnisse“ sind. Damit sich der reflektierende Blick darauf richten kann, muß nämlich jedes Erlebnis die Form des spezifischen *cogito* annehmen.

Wenn ich z.B. aus reinem Patriotismus zu handeln meine, indem ich als Kriegsfreiwilliger ins Heer eintrete, und nicht merke, daß Abenteuerlust, Eitelkeit oder Unzufriedenheit mit meiner gegenwärtigen Lage mit im Spiele sind, so entziehen sich jene Nebenmotive eben als noch nicht oder nicht mehr aktuelle meinem reflektierenden Blick, und ich unterliege einer inneren Wahrnehmungs- und Werttäuschung, wenn ich jene Handlung, so wie sie sich mir darstellt, hinnehme und als Bekundung eines edlen Charakters auffasse.

Daß man im allgemeinen geneigt ist, sich bessere Motive zuzuschreiben, als man tatsächlich hat, und daß man sich vieler Gefühlsregungen überhaupt nicht bewußt wird[46], beruht darauf, daß sie schon im Modus der

---

[bd] (Vgl. – Gesagte.) *add.* A02–17.

---

[44] Hier bestehen allerdings noch Unterschiede. Das inaktuell Wahrgenommene ist im Gegensatz zum nicht-wahrgenommenen Gefühl doch schon wahrgenommen, schon Objekt. Dagegen hat das Gefühl den Vorzug, daß es auch wenn es nicht wahrgenommen, nicht erfaßt ist, doch in gewisser Weise bewußt ist, daß man seiner „inne wird“ (Vgl. das S. 33 [45] über Schelers „Reflexion“ Gesagte.).[bd] Diese besondere Daseinsweise der Gefühle hat Geiger im „*Bewußtsein von Gefühlen*“ S. 152ff. scharf analysiert [Moritz Geiger, *Das Bewußtsein von Gefühlen*, in: MPhA (1911) 125–162.

[45] [Max Scheler,] *Idole* S. 137ff. [SGW III, 277ff.].

[46] [Max Scheler,] *Idole* S. 144ff. [ebd., 280ff.].

Inaktualität als unwert gefühlt werden und daß man sie darum gar nicht zu aktuellen werden läßt; sie hören aber damit nicht auf zu bestehen und zu wirken. Auf diesem Gegensatz der Aktualität und Inaktualität beruht es auch, daß vergangene und künftige Ereignisse als wert oder unwert gefühlt werden können, wenn sie selbst nicht mehr oder noch nicht „vorstellig" sind[47]. Es baut sich dann ein aktuelles Wertnehmen auf eine inaktuelle Erinnerung oder Erwartung auf; daß wir hier ein pures Wertnehmen ohne fundierende theoretische Akte hätten, das ist wohl kaum haltbar. Solche dem Wesen des Werterlebens widersprechenden Erlebnisse gibt es nicht.

Um „Hintergrundserlebnisse" handelt es sich auch, wenn Scheler sagt, dasselbe Erlebnis könne genauer und weniger genau wahrgenommen werden[48].

Ein Leid, das „unserm Blicke ganz entschwindet oder nur als ganz allgemeiner Druck" gegenwärtig ist, während wir „lachen und scherzen", ist ein inaktuelles Erleben, das im Hintergrunde fortbesteht, während das Ich in anderen Aktualitäten lebt. Nur vermöge der Wahrnehmungszusammen-
38 hänge, in die es eingeht, kann man von einem Erlebnis sagen, daß es sich verschieden „darstellt", ein in Reflexion erfaßtes Erlebnis hat – auch noch so bildlich gesprochen – keine „Seiten". Schließlich verstehen wir von dem aufgewiesenen Gegensatz aus auch, warum Scheler einen Unterschied macht zwischen „peripheren" Erlebnissen, die in einer Abfolge eins das andere ablösen, und „zentralen", die als Einheit gegeben sind und in denen sich die Einheit des Ich offenbart. Ein Abfolgen in dem Sinne, daß ein aktuelles Erlebnis das andere ablöst, haben wir in allen Schichten. Aber es gibt Erlebnisse, die schwinden, sobald sie abgeklungen sind (ein sinnlicher Schmerz, eine sinnliche Lust, ein Wahrnehmungsakt), und andere, die im Modus der Inaktualitiät fortdauern: sie bilden jene Einheiten, vermöge deren wir wahrnehmend auch in die Vergangenheit zurückblicken können (eine Liebe, ein Haß, eine Freundschaft) und konstituieren jene komplexen Gebilde, die uns in einem Anschauungsakt zur Gegebenheit kommen können: meine Kindheit, meine Studienzeit usw.[49] Der Unterschied der Reflexion, in der uns aktuelles Erleben absolut gegeben ist, und der inneren Wahrnehmung über-

---

[47] [Max Scheler,] *Idole* S. 130f. [ebd., 274].

[48] [Max Scheler,] *Idole* S. 75 [ebd., 248].

[49] An dieser Dauer der Erlebnisse orientiert sich wohl auch Bergson, wenn er sagt, das Vergangene bleibe erhalten, alles, was wir erlebten, dauere fort in die Gegenwart, wenn auch nur ein Teil davon jeweilig bewußt werde ([Henrí Bergson,] Evolution créatrice[, Paris 1913] S. 5). [Henrí Bergson, (geb. 18. Oktober 1859 in Paris als Kind jüdischer Eltern, † 4. Januar 1941 in Paris) war nach dem Literatur- und Philosophiestudium zunächst als Gymnasialprofessor tätig. Nach seiner Promotion an der Pariser Sorbonne wurde er 1897 zum Professor ernannt und erhielt 1900 den Lehrstuhl für griechische Philosophie. 1927 erhielt er den Nobelpreis für Literatur. Er gilt als französischer Vertreter der Lebensphilosophie und Vorläufer des Existentialismus, methodischer Empirist, der die innere Erfah-

haupt sowie der sich daraus aufbauenden komplexen Einheiten und des sich darin bekundenden individuellen Ich, dürfte hiermit aufgewiesen sein.[50]

Die Verwandtschaft zwischen innerer Wahrnehmung und Einfühlung sehen wir jetzt schon: so wie in den wahrgenommenen eigenen Erlebnissen das eigene, so bekundet sich in den eingefühlten das fremde Individuum.

Wir sehen aber auch den Unterschied: in einem Falle originäre, im anderen Falle nicht-originäre Gegebenheit der konstituierenden Erlebnisse. Wenn ich ein Gefühl als das eines anderen erlebe, so habe ich es einmal originär, als jetzt eigenes, einmal nicht-originär = einfühlend als ursprünglich fremdes gegeben. Und eben die Nicht-Originarität der eingefühlten Erlebnisse veranlaßt mich, den gemeinsamen Titel „innere Wahrnehmung" für
die Erfassung eigenen und fremden Erlebens abzulehnen.[51] 39

Will man den gemeinsamen Charakter beider hervorheben, so sage man lieber „innere Anschauung". Darunter würde dann auch die nicht-originäre Gegebenheit eigner Erlebnisse: Erinnerung, Erwartung, Phantasie fallen.

Ich habe aber noch einen anderen Grund, gegen die Einbeziehung der Einfühlung in die innere Wahrnehmung zu protestieren: die Parallelität beider besteht eigentlich nur für die Stufe der Einfühlung, in der ich das fremde Erleben mir gegenüber habe; die Stufe, in der ich bei dem fremden Ich bin und sein Erleben nachlebend expliziere, erscheint vielmehr als Parallele des originären Erlebens selbst als seiner Gegebenheit in innerer Wahrnehmung. Die fremden Erlebnisse sind in diesem Stadium wie die eigenen im ursprünglichen Vollzuge „bewusst", ohne gegenständlich zu sein, und damit zugleich mögliche Objekte einer Reflexion in der Einfühlung. (Diese Art der Gegebenheit im „Mit- oder Nach- oder Vorvollzug" erkennt Scheler als Erfahrung von fremden Personen und ihrer Akten an – die ja in seinem Sinne ebenso wie die eigenen nicht innerlich wahrnehmbar sind.)[52][be]

---

be) Die fremden –sind. *add.* A02–17. Anmerkung 52 *add.* ebd.

---

rung als Erkenntnisquelle betont. Alle Gebiete des Seienden würden von einer geistigen Kraft durchwaltet, die die Entwicklung vorantreibe, dem so genannten élan vital.]

50 Nur für die innere Wahrnehmung, nicht für die Reflexion gelten jene Stufen des schlichten Beachtens, qualitativen Beachtens, analysierenden Beobachtens, die Geiger a. a. O. feststellt. [Vgl. Anm. ⟨16⟩].

51 Den Vergegenwärtigungscharakter der erfaßten fremden Erlebnisse hebt [Max] Scheler (*Sympathiegefühle* S. 5) [SGW VII, 20 ff.] selbst hervor, beschäftigt sich aber nicht mehr damit und kommt an der entscheidenden Stelle (im Anhang) nicht mehr darauf zurück.

52 [Max Scheler,] *Der Formalismus in der Ethik* [*und die materiale Wertethik. Neuer Versuch der Grundlegung eines ethischen Personalismus*] *II*, 260 [SGW II, 386 f.]].

§ 7. Münsterbergs Theorie der Erfahrung fremden Bewußtseins

Noch schwieriger als bei Scheler erscheint es mir bei Münsterberg[26], den phänomenalen Gehalt seiner Theorie vom fremden Bewußtsein herauszuschälen.

Im Verstehen fremder Willensakte soll unsere Erfahrung von fremden Subjekten bestehen. Seine Charakteristik dieser Verstehensakte, in denen das „fremde Wollen in meins eingeht" und doch das des anderen bleibt, stimmt mit unserer Analyse überein, es ist aber nicht einzusehen, warum sie auf Willensakte eingeschränkt werden soll; denn sie trifft, wie wir sahen, für alle Arten von Einfühlungsakten zu. Nun nimmt Münsterberg „Willensakte" in einem erweiterten Sinne: er faßt darunter alle „Stellungnahmen" um der „Zumutung" willen, die ihnen für den sie Erfassenden anhaftet.

Aber auch so erweitert können wir seine These nicht annehmen. Eine eingefühlte Stimmung ist im selben Sinne Erfahrung von fremdem Bewußtsein wie eine eingefühlte Stellungnahme und schließt wie sie ein Erfassen des fremden Subjekts ein. Was die Stellungnahmen auszeichnet, ist, daß jene ihnen innewohnende Zumutung eine Entgegensetzung des einen und des anderen Subjekts enthält, die in anderen Fällen fehlt. Münsterberg glaubt hier ein unmittelbares Innewerden fremder Subjekte zu haben, das der Konstitution der Individuen vorangeht. Um Zugang zu diesen Gedankengängen zu finden, müssen wir die Konstitution des Individuums verfolgt haben. Und das soll unsere nächste Aufgabe sein.

---

[26] Hugo Münsterberg (geb. 1. Juni 1863 in Danzig, † 16. Dezember 1916 in Cambridge) war nach den Promotionen in Philosophie in Leipzig bei Wilhelm Wundt (1885) und in Medizin in Heidelberg (1887) als Privatdozent in Freiburg tätig, bis er zunächst als Gastprofessor, ab 1897 endgültig an die Harvard Universität nach Cambridge wechselte. Er wurde dort Leiter des Psychologischen Laboratoriums und war der erste Direktor des Amerika-Instituts in Berlin (1910). Hugo Münsterberg gilt als einer der Mitbegründer der Angewandten Psychologie. Sein psychologischer Standpunkt, die so genannte Aktionstheorie, verbindet mit der psychophysischen Auffassung einen an Johann Gottlieb Fichte orientierten voluntaristischen Idealismus. Der Wille sei keine Bewußtseinstätigkeit, sondern ein Empfindungskomplex. Psychophysisch sei die Willenshandlung determiniert. Vgl. Hugo Münsterberg, *Grundzüge der Psychologie*, Leipzig 1900. Ders., *Die Willenshandlung. Ein Beitrag zur physiologischen Psychologie*. Freiburg 1888.

III. Die Konstitution des psychophysischen Individuums

Was wir bisher geleistet haben, war eine Wesensdeskription der Einfühlungsakte und eine Kritik der historischen Theorien von fremdem Bewußtsein, soweit sie von dieser Deskription aus möglich war. Die weitaus größere Aufgabe steht uns noch bevor: die Behandlung der Einfühlung als Konstitutionsproblem (die Lösung der Frage, wie sich bewußtseinsmäßig die Objektitäten aufbauen, von denen die herkömmlichen Einfühlungstheorien reden: psychophysisches Individuum, Persönlichkeit und dergl. Wir können nicht hoffen, im Rahmen einer kurzen Untersuchung die Lösung dieser Frage auch nur annähernd vollständig zu erreichen.

Der Zweck dieser Arbeit wäre erfüllt, wenn es gelänge, zu zeigen, welche Wege zur Erlangung jenes Zieles einzuschlagen sind, und daß die bisherigen Untersuchungen zur Einfühlung zu keinem befriedigenden Resultat führen konnten, weil sie – von wenigen Versuchen abgesehen – an jenen fundamentalen Fragen vorbeigegangen sind.

Bei Lipps – der doch bei weitem am meisten für unser Problem geleistet hat – tritt das ganz deutlich zu Tage. Er ist wie gebannt von dem Phänomen des Ausdrucks der Erlebnisse und kommt immer wieder darauf zurück, woher er auch ausgehen mag. Die Fülle von Fragen, die vor der Behandlung dieses Problems liegen – die ganze Untersuchung des Trägers dieser Ausdrucksphänomene –, tut er mit ein paar Worten ab: Vermöge einer „unerklärlichen Einrichtung unseres Geistes"[27] oder eines „natürlichen Instinktes" denken wir an gewisse Körper ein Bewußtseinsleben gebunden.[28]

Das heißt nichts anderes als die Proklamierung des Wunders, die Bankrotterklärung der wissenschaftlichen Forschung. Und wenn das keiner Wis- 41
senschaft erlaubt ist, so vor allem nicht der Philosophie, für die es – im Gegensatz zu allen anderen – kein Gebiet mehr gibt, auf das sie ungelöste Fragen abschieben könnte. Hier heißt es: letzte Rechenschaft geben, letzte Klarheit gewinnen.

Ist aber das geleistet, was wir vorhin als Forderung aufstellten, die Konstitution der transzendenten Objekte im immanent Gegebenen, dem reinen

---

[27] Vgl. Theodor Lipps, *Leitfaden der Psychologie*, dritte, teilweise umgearbeitete Aufl., Leipzig 1909, 36.

[28] Vgl. Theodor Lipps, *Ästhetik I,* 117.

Bewußtsein, dann haben wir letzte Klarheit und es bleibt keine Frage mehr offen. Das ist das Ziel der Phänomenologie. An die Konstitution des Individuums wollen wir nun herangehen. Es gilt zunächst, sich darüber klar zu werden, was darunter zu verstehen ist.

§ 1. Das reine Ich

Wir haben bisher immer vom reinen Ich als dem sonst unbeschreiblichen qualitätlosen Subjekt des Erlebens gesprochen. Wir haben bei verschiedenen Autoren – z. B. bei Lipps – die Auffassung gefunden, daß dies Ich kein „individuelles" sei, sondern es erst werde im Gegensatz zum „Du" und „Er".⟨29⟩

Was besagt diese Individualität? Zunächst nur, daß es „es selbst" ist und kein anderes. Diese „Selbstheit" ist erlebt und Fundament alles dessen, was „mein" ist. Zur Abhebung gegenüber einem anderen kommt es natürlich erst, wenn ein anderes gegeben ist. Dieses ist von ihm zunächst nicht qualitativ unterschieden – da ja beide qualitätlos sind –, sondern nur dadurch, daß es eben ein „anderes" ist. Und diese Andersheit bekundet sich in der Art der Gegebenheit; es erweist sich als ein anderes als ich, indem es mir anders gegeben ist als „ich": darum ist es „Du"; aber es erlebt sich so, wie ich mich erlebe, und darum ist das „Du" ein „anderes Ich". So erfährt das Ich keine Individualisierung, indem ihm ein anderes gegenübertritt, sondern seine Individualität, oder, wie wir lieber sagen wollen, (weil wir die Bezeichnung „Individualität" noch für etwas anderes aufsparen müssen) seine Selbstheit kommt zur Abhebung gegenüber der Andersheit des andern.

§ 2. Der Bewußtseinsstrom

Wir können das Ich in einem zweiten Sinne nehmen als die Einheit eines
42 Bewußtseinsstromes. Wir gingen aus vom Ich als Subjekt eines aktuellen Erlebnisses. Wir finden dies Erlebnis aber, indem wir darauf reflektieren, nicht als ein isoliertes, sondern auf dem Hintergrund eines Stroms solcher Erlebnisse von größerer oder geringerer Klarheit und Deutlichkeit der Gegebenheit. Das Ich dieses Erlebnisses ist nicht immer in ihm gewesen, sondern in es hinübergewandert oder hineingezogen worden aus einem anderen, und so fort. Diese Erlebnisse rückwärts durchlaufend gelange ich von Schritt zu Schritt immer wieder zu einem Erlebnis, in dem dies jetzt lebende

⟨29⟩ Vgl. Theodor Lipps, *Das Selbstbewußtsein, Empfindung und Gefühl*, Wiesbaden 1901, 1–4. Diese ganze Abhandlung ist eine genaue Analyse des Ichs in seinen vielfältigen Bezügen.

Ich einst gelebt hat, auch dann, wenn ich jenes Erlebnis nicht mehr direkt greifen kann, sondern es mir durch erinnernde Vergegenwärtigung zu Gesicht bringen muß. Eben diese Gebundenheit aller Erlebnisse des Stromes an das gegenwärtig lebende reine Ich macht die nirgend zu durchbrechende Einheit dieses Stromes aus.[bf]

Dem „selben“ Bewußtseinsstrom treten nun „andere“ Bewußtseinsströme gegenüber, dem des „Ich“ die des „Du“ und „Er“. Ihre Selbstheit und Andersheit gründet sich auf die des Subjekts, dem sie zugehören; sie sind aber nicht nur „andere“, sondern auch „verschiedene“, da jeder seinen eigentümlichen Erlebnisgehalt hat.

Da jedes einzelne Erlebnis eines Stromes durch seine Stellung im gesamten Erlebniszusammenhang besonders charakterisiert ist, so ist es dadurch auch außer seiner Ichzugehörigkeit, also auch qualitativ, als Erlebnis dieses und keines anderen Ich gekennzeichnet. Vermöge ihres Erlebnisgehaltes sind also die Bewußtseinsströme qualitativ unterschieden. Auch mit dieser qualitativen Besonderung haben wir aber noch nicht das erreicht, was man gemeinhin unter einem individuellen Ich oder einem Individuum versteht.

Der Bewußtseinsstrom, der als „er selbst und kein anderer“ und als eigentümlich beschaffener charakterisiert ist, ergibt einen ganz bestimmt umgrenzten und guten Sinn von Individualität. Die qualitative Eigentümlichkeit ohne die Selbstheit würde zur Individualisierung nicht ausreichen, denn zu qualitativer Verschiedenheit des Bewußtseinsstroms kann man auch gelangen, indem man sich den einen gegebenen Bewußtseinsstrom abgewandelt denkt, wie er ja auch im Fortgang des Erlebens ständig qualitativ wechselt. Damit hört seine Gebundenheit an dasselbe Ich nicht auf, er wird ein
anderer nur durch die Zugehörigkeit zu einem anderen Ich. Die Selbstheit 43
und die qualitative Verschiedenheit zusammen – Individualität im 2. Sinne also – konstituieren eine weitere Stufe im Fortschreiten zum „individuellen Ich“ der gewöhnlichen Redeweise: das ist eine psychophysische Einheit von eigentümlicher Struktur.

§ 3. Die Seele

Wir können zunächst unter Absehung vom Leibe und den psychophysischen Beziehungen die individuelle Einheit der Psyche als solcher betrachten. Unser einheitlich abgeschlossener Bewußtseinsstrom ist nicht unsere Seele. Sondern in unseren Erlebnissen – so fanden wir schon bei der Betrachtung der inneren Wahrnehmung – gibt sich uns ein ihnen zugrunde Liegendes,

---

[bf] *Gl.* Ing. „Fehlt die Kontinuität des Erlebnisstroms, so ist die Möglichkeit der Identifizierung des reinen Ich ausgeschlossen.“ Eben – aus. *lin. ad marg.* A02–17.

das sich und seine beharrlichen Eigenschaften in ihnen bekundet, als ihr identischer „Träger“: das ist die substanzielle Seele.

Wir haben auch schon einzelne solcher seelischen Eigenschaften kennen gelernt: die Schärfe unserer Sinne, die sich in unseren äußeren Wahrnehmungen, die Energie, die sich in unserem Handeln bekundet. Die Gespanntheit oder Schlaffheit unserer Willensakte bekundet die Lebhaftigkeit und Kraft oder Schwäche unseres Willens, in ihrem Andauern zeigt sich seine Beharrlichkeit. In der Intensität unserer Gefühle verrät sich die Leidenschaftlichkeit in der Leichtigkeit, mit der sie sich einstellen, die Aufwühlbarkeit unseres Gemütes usw. Es erübrigt sich, diesen Beziehungen weiter nachzugehen.

Wir erkennen die Seele als eine substanzielle Einheit, die sich – ganz analog dem physischen Ding – aufbaut aus kategorialen Elementen, und die Reihe der Kategorien, als deren individuelle Vereinzelungen ihre Elemente erscheinen, bildet eine Parallele zur Reihe der Erlebniskategorien. Unter diesen kategorialen Elementen sind auch solche, die über die isolierte Seele hinausweisen auf Zusammenhänge mit anderen psychischen wie physischen Einheiten, Einwirkungen, die sie ausübt und erleidet. Auch unter den psychischen Kategorien finden sich „Kausalität“ und „Veränderlichkeit“. Diese substanzielle Einheit ist „meine“ Seele, wenn die Erlebnisse, in denen sie sich bekundet, „meine“ Erlebnisse sind, Akte, in denen mein reines Ich lebt. Die eigentüm-
44 liche Struktur der seelischen Einheit hängt von dem eigentümlichen Gehalt des Erlebnisstroms ab und umgekehrt – wie wir sagen müssen, nachdem sich uns die Seele konstituiert hat – der Gehalt des Erlebnisstroms hängt von der Struktur der Seele ab. Gäbe es inhaltlich gleiche Bewußtseinsströme[53], so gäbe es auch gleichartige Seelen oder Vereinzelungen der ideal-selben Seele. Indessen haben wir nicht das volle Phänomen des Psychischen (und des seelischen Individuums), wenn wir es isoliert betrachten.

§ 4. Ich und Leib

Um hier zu größerer Klarheit zu gelangen, müssen wir einen Schritt tun, mit dem wir so lange gezögert haben, bis der Gang der Untersuchung ihn forderte: den Schritt vom Psychischen zum Psychophysischen. Die Trennung, die wir vorgenommen haben, war eine künstliche, denn Seele ist[bh] uns gegeben als[bi] Seele in einem Leibe. Was ist der Leib? Wie und als was gibt er sich uns?

[bg] *Gl.* ?
[bh] notwendig immer *del.* A02–17.
[bi] uns – als *add.* A02–17.

---

[53] Es läßt sich freilich zeigen, daß dies prinzipiell ausgeschlossen ist.[bg]

a) Die Gegebenheit des Leibes

Wir gehen wieder aus von der Sphäre, die die Grundlage aller unserer Untersuchungen bildet: dem reinen Bewußtsein. Wie konstituiert sich mir bewußtseinsmäßig mein Leib?

Einmal habe ich meinen Körper gegeben in Akten äußerer Wahrnehmung. Machen wir aber einmal die Fiktion, daß wir ihn nur auf diese Weise gegeben hätten, so baut sich uns ein höchst sonderbares Objekt auf. Ein reales Ding, ein Körper, dessen motivierte Erscheinungsreihen merkwürdige Lücken aufweisen, der mir mit einer noch größeren Hartnäckigkeit als der Mond seine Rückseite vorenthält, der mich narrt, indem er mich auffordert, ihn von immer neuen Seiten zu betrachten, und, sobald ich seiner Aufforderung Folge leisten will, diese Seiten vor mir versteckt. Zwar ist, was sich dem Blicke entzieht, der tastenden Hand erreichbar; aber eben dies Verhältnis von Sehen und Tasten ist ein anderes als bei allen anderen Dingen. Jedes andere Ding, das ich sehe, sagt mir: faß mich an, ich bin wirklich das, wofür
ich mich ausgebe, bin greifbar, kein Phantom; und jedes getastete Ding ruft 45
mir zu: mach die Augen auf, dann wirst Du mich sehen. Tast- und Gesichtssinn (so verstanden, wie man in der reinen Sphäre von Sinnen reden kann) rufen einander als Zeugen an, aber wälzen nicht gegenseitig die Verantwortung aufeinander ab.

Dieser einzigartigen Unvollkommenheit des äußerlich wahrgenommenen Körpers steht eine andere Eigentümlichkeit gegenüber. Jedem anderen Ding kann ich mich nähern und kann mich von ihm entfernen, kann mich ihm zu- und von ihm abwenden, worauf es meinen Blicken entschwindet. Dies Nähern und Entfernen, die Bewegung meines Körpers und der anderen Dinge, dokumentiert sich in einer Änderung der Erscheinungsreihen jener Dinge, und es ist gar nicht abzusehen, wie es zu einer Scheidung beider Fälle (der Bewegung der anderen Dinge und der Bewegung meines Körpers) oder überhaupt zur Erfassung der Bewegung des eigenen Körpers kommen sollte, solange wir an unserer Fiktion festhalten, daß unser Körper sich nur in äußerer Wahrnehmung und nicht eigentümlich als Leib konstituiert.

Wir müssen also – präziser sprechend – sagen: jedes andere Objekt ist mir in einer unendlich variierbaren Mannigfaltigkeit von Erscheinungen und wechselnden Stellungen zu mir gegeben, und es treten auch Fälle ein, in denen es mir nicht gegeben ist. Dieses eine Objekt aber ist mir in Erscheinungsreihen gegeben, die nur in ganz engen Grenzen variierbar sind, und es ist mit einer unentwegten Aufdringlichkeit immerfort da, solange ich überhaupt die Augen aufhabe, und immer in derselben greifbaren Nähe wie kein anderes Objekt: Es ist immer „hier", während alle anderen Objekte immer „dort" sind.

Hier haben wir aber bereits die Grenze unserer Fiktion erreicht und sehen

uns genötigt, sie aufzuheben. Denn auch wenn wir die Augen fest schließen, und die Hände weit von uns strecken, ja überhaupt kein Glied mit dem anderen berühren, so daß wir den Leib weder greifen noch sehen können, auch dann werden wir ihn nicht los, auch dann steht er in voller „Leibhaftigkeit“ (daher der Name), unabwendbar da und finden wir uns unablöslich an ihn gebunden. Eben diese Gebundenheit, die Zugehörigkeit zu mir, könnte sich in äußerer Wahrnehmung nie konstituieren. Ein nur äußerlich wahr-
46 genommener Leib würde immer nur ein besonders gearteter, ja einzigartiger Körper sein, aber nie „mein Leib“.

Sehen wir nun zu, wie es zu dieser neuen Gegebenheit kommt. Unter den reellen Bestandteilen des Bewußtseins, diesem Gebiet unstreichbaren Seins, finden sich als eine Besonderung der obersten Kategorie „Erlebnis“ die Empfindungen. Hier muss geschieden werden zwischen den leiblich lokalisierten „Empfindnissen“ (die im folgenden allein berücksichtigt werden) und sonstigen Empfindungen.[bj]

Die Druck- oder Schmerz- oder Kälteempfindung ist etwas ebenso absolut Gegebenes wie das Urteils-, Willens-, Wahrnehmungserlebnis usw. Doch ist die Empfindung allen diesen Akten gegenüber eigentümlich charakterisiert: sie entquillt nicht wie jene dem reinen Ich, nimmt niemals die Form des *cogito* an, in dem sich das Ich auf ein Objekt richtet, niemals kann ich also – darauf reflektierend – in ihr das Ich finden, sondern sie ist immer „wo“, räumlich lokalisiert, entfernt vom Ich, vielleicht ihm sehr nahe, aber nie in ihm. Und dieses „Wo“ ist kein leerer Ort im Raume, sondern ein raumfüllendes Etwas; und alle diese Etwasse, an denen meine Empfindungen auftreten, schließen sich zusammen zu einer Einheit, der Einheit meines Leibes, sind selbst Stellen des Leibes. Innerhalb dieser einheitlichen Gegebenheit, durch die der Leib jederzeit als Ganzes für mich da ist, zeigen sich Unterschiede. Die verschiedenen Teile des Leibes, die sich mir empfindungsmäßig konstituieren, sind von mir verschieden weit entfernt. So ist mir der Rumpf näher als die Extremitäten, und ich kann mit gutem Sinne sagen, daß ich meine Hände nähere oder entferne. Wenn ich von Entfernung von „mir“ spreche, so ist das eine ungenaue Ausdrucksweise, ich kann nicht eigentlich einen Abstand vom „Ich“ konstatieren, das ja unräumlich und nicht zu lokalisieren ist, sondern die Teile meines Leibes und weiterhin alles Räumliche außer ihm, beziehe ich „Nullpunkt der Orientierung“, den mein Leib umgibt; dieser Nullpunkt ist nicht exakt geometrisch an einem Ort meines Körpers zu lokalisieren, er ist außerdem nicht derselbe für alle Daten, sondern für die visuellen im Kopf, für die taktilen Daten im Zentralleib gelegen. Was das Ich anbetrifft, so hat es keine Distanz vom Nullpunkt, und alles, was von diesem, ist auch von ihm entfernt gegeben. Diese Distanz der Körper-

[bj] Hier – Empfindungen. *add.* A02–17.

teile von mir ist jedoch eine fundamental verschiedene von der Distanz anderer Dinge voneinander und von mir. Zwei Dinge im Raume haben einen bestimmten Abstand voneinander, können sich einander nähern, schließlich 47
sich berühren: dann verschwindet der Abstand. Sie können ev. auch – wenn sie keine materiellen undurchdringlichen Dinge sind, sondern z. B. Halluzinationsgegenstände verschiedener visuell Halluzinierender – denselben Teil des Raums erfüllen. Ein Ding kann sich ebenso mir nähern, sein Abstand von mir kann abnehmen, und es kann schließlich – nicht mich, sondern meinen Körper berühren: dann ist der Abstand von meinem Körper, aber nicht von mir = 0 geworden. Er ist auch nicht ebenso groß geworden wie der Abstand des berührten Körperteils vom Nullpunkt.

Ich könnte keineswegs sagen, der Stein, den ich in der Hand halte, sei ebenso weit oder „nur ein ganz klein wenig weiter" vom Nullpunkt entfernt, wie die Hand selbst. Die Distanz der Teile meines Leibes von mir ist mit der Distanz fremder Körper von mir völlig unvergleichlich. Der Leib als Ganzes ist am Nullpunkt der Orientierung, alle Körper außerhalb. Der „Leibraum" und der „Außenraum" sind völlig voneinander verschieden. Nur äußerlich wahrnehmend würde ich zu dem einen, nur „leibwahrnehmend" zu dem anderen nicht kommen. Indem sich aber mein Leib in zwiefacher Weise konstituiert – als empfindender (leibwahrgenommener) Leib und äußerlich wahrgenommener Körper der Außenwelt – und in dieser doppelten Gegebenheit als derselbe erlebt wird, erhält er eine Stelle im Außenraum, füllt einen Teil dieses Raumes.

Über das Verhältnis von Empfindung und „Leibwahrnehmung" ist noch einiges zu sagen. Die Analyse der Empfindungen pflegt sonst in anderem Zusammenhange aufzutreten. Man pflegt sie als das anzusehen, was uns die Außenwelt „gibt" und in diesem Sinne „Empfindung" und „Empfundenes" zu trennen oder „Empfindungsinhalt" und „Empfindung als Funktion" (im Sinne S t u m p f s ⟨30⟩), z. B. das gesehene Rot und das Haben dieses Rots.[54]

⟨30⟩ Carl Stumpf (geb. 21. April 1848 in Wiesentheid, † 25. Dezember 1936 in Berlin) studierte bei Franz Brentano und Rudolf Hermann Lotze. Bei letzterem promovierte er 1868 in Göttingen. Nach seiner Habilitation 1870 wurde er Professor in Würzburg, Prag, Halle, München und in Berlin. Sein Augenmerk galt zunehmend der experimentellen Psychologie. Bedeutsam ist seine Theorie der psychischen Reize, nach der das Psychische eine Energie eigener Art ist, die ihr mechanisches Äquivalent hat. Den Affekten lägen Urteile zugrunde. Die Phänomenologie sei eine bis zu den letzten Elementen vordringende Analyse der sinnlichen Erscheinungen in sich selbst. Dem Geist komme der Natur gegenüber Priorität zu, denn nur Geistiges sei unmittelbar als Realität gegeben. Vgl. Carl Stumpf, *Über Gefühlsempfindungen*, in: ZPPs (1907) 1–49.

---

[54] Vgl. [Traugott Konstantin] Ö s t e r r e i c h, *[Die] Phänomenologie des Ich [in ihren Grundproblemen I, Das Ich und das Selbstbewußtsein. Die scheinbare Spaltung des Ich*, Leipzig 1910, 122–128.] S. 122 f. gegen [Edmund] H u s s e r l, *Logische Untersuchungen II*,

Dem kann ich mich nicht anschließen. Das Rot des Objekts ist „wahrgenommen", und zwischen Wahrnehmung und Wahrgenommenem muß ich scheiden. Bei der Analyse der Wahrnehmungen werde ich auf „Empfindungsdaten" geführt und kann dazu kommen, die Wahrnehmung von Qualitäten
48 als „Objektivierung von Empfindungsdaten" anzusehen, damit werden aber die Qualitäten nicht zu Empfindungen und die Empfindungen nicht zu Qualitäten, aber auch nicht zu gebenden Akten. Als Bestandteile der äußeren Wahrnehmung sind sie nicht weiter analysierbare Elemente.[bk)]

Betrachten wir nun die Empfindung nach ihrer dem Leib zugewandten Seite, so finden wir einen ganz analogen phänomenologischen Tatbestand. So wenig wie von einem „empfundenen" Objekt der Außenwelt kann ich von einem „empfundenen" Leibe sprechen, sondern auch hier bedarf es einer objektivierenden Auffassung.

Wenn meine Fingerspitze den Tisch berührt, so habe ich zu scheiden: erstens die Tastempfindung, das taktile Datum, das nicht weiter zerlegbar ist; zweitens die Härte des Tisches und den korrelativen Akt äußerer Wahrnehmung; drittens die tastende Fingerspitze und den korrelativen Akt der „Leibwahrnehmung".

Was die Verbindung von Empfindung und Leibwahrnehmung besonders innig macht, ist die Tatsache, daß der Leib als empfindender, die Empfindungen am Leibe gegeben sind. Es würde den Rahmen dieser Arbeit überschreiten, wenn wir alle Arten von Empfindungen auf ihre Bedeutung für die Leibwahrnehmung hin untersuchen wollten.[55] Einen Punkt jedoch müssen wir noch zur Sprache bringen. Wir hatten gesagt, der „äußerlich" und der „leibwahrgenommene" Leib sei als derselbe gegeben. Das bedarf noch einer näheren Erläuterung.

Ich sehe nicht nur meine Hand und nehme dieselbe Hand leiblich als empfindende wahr, sondern ich „sehe" auch die Empfindungsfelder der Hand, die sich mir in Leibwahrnehmung konstituiert haben, und anderer-

bk) analysierbare Elemente *add. subl.* A02–17. *Gl.* !.
bl) Anmerkung 55 Die Daten –bei. *add.* A02–17.

[Teil 1] S. 359 ff. [Hua. XIX/1, 372 ff. Traugott Konstantin Oesterreich (geb. 15. September 1880 in Stettin, † 28. Juli 1949 in Tübingen) promovierte 1905 nach dem Studium der Mathematik, Astronomie, Physik, Psychologie und Philosophie bei Friedrich Paulsen und Carl Stumpf mit einer Arbeit über Kant und die Metaphysik und wirkte nach seiner Habilitation in Philosophie als Privatgelehrter in Tübingen, bis er 1923 zum Extraordinarius bestellt wurde. 1933 erfolgte seine Zwangsemeritierung durch die Nationalsozialisten, da er mit einer Jüdin verheiratet war. Der hervorragende Philosophiehistoriker konnte seine Lehrtätigkeit erst 1945 für kurze Zeit wieder aufnehmen.].

55 Die Daten der verschiedenen „Sinne" sind durchaus nicht in der gleichen Weise lokalisiert und tragen dem entsprechend auch nicht in der gleichen Weise zum Aufbau des Leibes bei.[bl)]

seits habe ich, indem ich Teile meines Leibes beachtend heraushebe, zugleich ein „Bild“ des betreffenden Körperteils, eins ist mit dem anderen mitgegeben, wiewohl nicht perzipiert. Wir haben ein genaues Analogon im Gebiet der äußeren Wahrnehmung.

Wir sehen nicht nur den Tisch und tasten seine Härte, sondern wir „sehen“ auch seine Härte. Die Gewänder auf van Dycks⟨31⟩ Gemälden sind nicht nur seiden*glänzend*, sondern auch seiden*glatt* und seiden*weich*.

Die Psychologen nennen dieses Phänomen *Verschmelzung* und führen es zumeist auf „bloße Assoziation“ zurück.⟨32⟩ In dem „bloß“ liegt die psychologistische Tendenz, das Erklären als ein Wegdeuten anzusehen, das 49
erklärte Phänomen als ein „subjektives Gebilde“ ohne „objektive Bedeutung“ hinzustellen.

Diese Auffassung können wir uns nicht zu eigen machen. Phänomen bleibt Phänomen. Es ist sehr schön, wenn man es auch erklären kann, aber die Erklärung fügt ihm nichts zu und nimmt ihm nichts weg. Die Sichtbarkeit taktiler Qualitäten bliebe also bestehen und verlöre nichts an Würde, wenn sie sich durch Assoziationen erklären ließe. Wir halten allerdings eine solche Erklärung nicht für möglich, weil sie dem „Phänomen“ der Assoziation widerspricht.[bm] Die typische, erlebte Form der Assoziation ist „etwas erinnert mich an etwas“.

So ist z. B. der Anblick der Tischkante assoziiert mit der Erinnerung, daß ich mich einmal daran gestoßen habe. Aber die Schärfe dieser Kante ist nicht erinnert, sondern gesehen. Um noch ein instruktiveres Beispiel zu geben: ich *sehe* die Härte des Zuckers und weiß oder erinnere mich, daß er süß ist; ich erinnere mich nicht daran, daß er hart ist (oder doch nur nebenbei), und sehe nicht, daß er süß ist. Dagegen ist der Duft der Blume wirklich süß und erinnert nicht an süßen Geschmack.

Es eröffnen sich hier Perspektiven für eine Phänomenologie der Sinne und Sinneswahrnehmungen, denen wir allerdings hier nicht nachgehen können.

Uns interessiert an dieser Stelle nur die Anwendung auf unseren Fall: der gesehene Leib erinnert uns nicht daran, daß er der Schauplatz mannigfacher Empfindungen sein kann, er ist auch nicht bloß ein Körper, der denselben

---

[bm] *Gl.* Scheidung zwischen verschiedenen Arten der Association.

⟨31⟩ Antonius van Dyck (geb. 22. März 1599 in Antwerpen, † 9. Dezember 1641 in London) flämischer Maler und Grafiker des flämischen Barocks, gilt als Meisterschüler von Peter Paul Rubens und ist von Veronese und Tizian beeinflußt. Ab 1632 siedelte er nach London und arbeitete als Hofmaler für Karl I.

⟨32⟩ Vgl. Moritz Geiger, *Über das Wesen und die Bedeutung der Einfühlung*, in: Bericht über den IV. Kongreß für experimentelle Psychologie in Innsbruck vom 19. bis 22. April 1910 v. Prof. Dr. F. Schuhmann, Leipzig 1911, 38. Vgl. Theodor Lipps, *Leitfaden der Psychologie*, dritte, teilweise umgearbeitete Aufl., Leipzig 1909, 72 f.

Raum einnimmt, wie der in der Leibwahrnehmung als empfindend gegebene Leib, sondern er ist als empfindender Leib gegeben. Wir haben den Leib bisher nur in der Ruhe betrachtet. Wir können nun einen Schritt weiter gehen.

Wir untersuchen den Fall, daß ich mich (d.h. meinen Leib als Ganzes) durch den Raum bewege. Solange wir von der Konstitution des Leibes absahen, war dies kein eigentümlich charakterisiertes Phänomen, sondern nicht unterschieden von einer kaleidoskopartigen Verschiebung der umgebenden Außenwelt. Jetzt tritt als ein völlig Neues das Erlebnis des „Ich bewege“ hinzu, die auf mannigfache Empfindungen aufgebaute Apperzeption der Eigenbewegung, die ein von der äußerlich wahrgenommenen Körperbewegung völlig Verschiedenes ist. Die Erfassung der Eigenbewegung nun
50 und der Veränderung der Außenwelt verbinden sich in der Form des „wenn … so“. „Wenn ich mich bewege, so verschiebt sich das Bild meiner Umgebung.“ Das gilt ebenso für die Wahrnehmung des einzelnen Raumdings wie für den Zusammenhang der räumlichen Welt und ebenso für die Bewegung von Teilen des Leibes wie des ganzen Leibes.

Wenn meine Hand auf einer rotierenden Kugel ruht, so gibt sich mir diese Kugel und ihre Bewegung in einer Reihe wechselnder taktiler Daten, die sich zusammenschließen in *einer* hindurchgehenden Intention, zusammengefaßt werden können in einem „apperzeptiven Griff“, einem einheitlichen Akt äußerer Wahrnehmung. Denselben Ablauf von Daten habe ich, wenn meine Hand über die ruhende Kugel hingleitet, aber das Erlebnis des „ich bewege“ tritt neu hinzu und geht mit der Apperzeption der Kugel in jene Form des „wenn … so“ ein. Analog verhält es sich mit visuellen Daten. Ich kann ruhend die wechselnden Erscheinungen einer rollenden Kugel gewahren und kann denselben Ablauf von „Kugelabschattungen“ haben, wenn die Kugel ruht und ich den Kopf oder auch nur die Augen bewege (was mir wieder in einer „Leibwahrnehmung“ zur Gegebenheit kommt). So konstituieren sich die Teile des Leibes als bewegliche Organe und die Wahrnehmung der räumlichen Welt als abhängig vom Verhalten dieser Organe. Damit ist aber noch nicht geklärt, wie es zur Auffassung der Leibes- als Körperbewegung kommt. Wenn ich ein Glied meines Leibes bewege, so habe ich neben dem leiblichen Gewahrwerden der Eigenbewegung eine äußere (visuelle oder taktile) Wahrnehmung der in veränderten Erscheinungen des Gliedes sich dokumentierenden Körperbewegungen. Und wie das leibwahrgenommene und das äußerlich wahrgenommene Glied als dasselbe aufgefaßt wird, so tritt auch identifizierende Deckung zwischen der leiblichen und der Körperbewegung ein: der sich bewegende Leib wird zum bewegten Körper. Und es wird weiterhin das „ich bewege“ in der Bewegung eines Körperteils „mitgesehen“, die nicht gesehene Körperbewegung im Erlebnis des „ich bewege“ miterfaßt.

Die Gebundenheit des Ich an den empfindenden Leib bedarf noch einiger Klärung. Die Unmöglichkeit, ihn loszuwerden, wies uns den Weg zu seiner besonderen Gegebenheit. An dieser Bindung ist nicht zu rütteln, die Bande, 51
die uns an ihn knüpfen, sind unlöslich. Immerhin sind uns gewisse Freiheiten gestattet. Alle Objekte der Außenwelt sind mir in einem gewissen Abstand gegeben, sie sind immer „dort“, ich immer „hier“, sie sind um mich, um mein „Hier“ gruppiert. Diese Gruppierung ist keine starre, unveränderliche, die Objekte nähern und entfernen sich von mir und voneinander, und ich selbst habe es in der Hand, eine Umgruppierung vorzunehmen, indem ich die Dinge näher oder ferner rücke oder ihre Plätze tauschen lasse – oder aber, indem ich statt ihr „Dort“ mein „Hier“ verändere, einen anderen „Standpunkt“ wähle. Mit jedem Schritt vorwärts erschließt sich mir ein neues Stückchen Welt oder zeigt sich mir das alte von einer neuen Seite. Dabei nehme ich meinen Leib immer mit. Nicht nur ich, sondern auch er ist immer „hier“, und die verschiedenen „Abstände“ seiner Teile von mir sind nur Variationen innerhalb dieses Hier.

Nun kann ich aber die „Umgruppierung“ meiner Umgebung statt realiter auch „bloß in Gedanken“ vornehmen, phantasieren, ich kann z. B. phantasierend die Möbelstücke meines Zimmers wandern lassen und mir „vorstellen“, wie es dann aussähe.

Ebensogut kann ich auch meine Wanderung durch die Welt in der Phantasie antreten. Ich kann „in Gedanken“ vom Schreibtisch aufstehen, in eine Ecke des Zimmers gehen und es von dort aus betrachten. Und, wenn ich das tue, nehme ich meinen Leib nicht mit. Das Ich, das dort in der Ecke steht, hat vielleicht einen Phantasieleib, d. h. einen – wenn ich so sagen darf – in „Leibphantasie“ gesehenen, es kann außerdem auf den Leibkörper am Schreibtisch, den es verlassen hat, hinblicken wie auf die anderen Dinge im Zimmer; das ist nun freilich auch ein vergegenwärtigtes Objekt, d. h. ein in vergegenwärtigender äußerer Anschauung gegebenes.

Und schließlich ist auch der reale Leib nicht verschwunden, sondern ich sitze ja tatsächlich weiter am Schreibtisch, ungetrennt von meinem Leibe. So
hat sich mein Ich verdoppelt[56], und wenn das reale Ich auch nicht vom Leibe 52
loskommt, so ist doch die Möglichkeit erwiesen, wenigstens in der Phantasie

[56] Ich glaube, daß von hier aus das Erlebnis des „Doppelgängers“ zu verstehen ist: z. B. in dem bekannten Heineschen Gedicht, wo der Dichter die Straße zum Hause der Geliebten hinwandelt und sich selbst vor dem Hause stehend erblickt. Es ist die doppelte Art, sich in der Erinnerung bzw. Phantasie gegeben zu haben. Inwiefern in beiden Fällen tatsächlich ein „Sich“-Haben vorliegt, davon später. Vgl. Teil II dieser Arbeit S. 9 [18 f.] und im folgenden S. 71. [80 f. Vgl. Heinrich Heine, *Buch der Lieder 1, Die Heimkehr 1823–1824, XX Still ist die Nacht*, in: Historisch-kritische Gesamtausgabe der Werke I, hg. v. Manfred Windfuhr, Hamburg 1975, 230.]

„aus seiner Haut zu fahren“. Es besteht die Möglichkeit eines Ich ohne Leib.[57]

Dagegen ist ein Leib ohne Ich schlechterdings unmöglich. Meinen vom Ich verlassenen Leib phantasieren heißt nicht mehr meinen Leib, sondern einen ihm Zug um Zug gleichenden physischen Körper, meinen Leichnam phantasieren. (Indem ich meinen Leib verlasse, wird er für mich zu einem Körper wie andere. Und denke ich ihn von mir entfernt – anstatt daß ich ihn verlasse –, so ist diese Entfernung kein „Sichbewegen“, sondern eine reine Körperbewegung.) Das läßt sich noch auf andere Weise zeigen. Ein „abgestorbenes“ Glied, ein Glied ohne Empfindungen, ist kein Teil meines Leibes. Der „eingeschlafene“ Fuß hängt mir wie ein Fremdkörper an, den ich nicht abzuschütteln vermag und liegt außerhalb der räumlichen Zone meines Leibes, in die er im Moment des „Erwachens“ wieder einbezogen wird. Jede Bewegung, die ich in jenem Zustande mit ihm vornehme, hat den Charakter „ich bewege ein Objekt“, d.h. ich rufe durch meine lebendige eine mechanische Bewegung hervor, und ist nicht selbst als lebendige Leibesbewegung gegeben.

Der Leib ist eben wesensmäßig durch Empfindungen konstituiert, Empfindungen sind reelle Bestandstücke des Bewußtseins und als solche dem Ich zugehörig. Wie sollte also ein Leib möglich sein, der nicht Leib eines Ich wäre?[58] Eine andere Frage ist, ob ein empfindendes Ich ohne Leib denkbar wäre, d.h. ob es Empfindungen geben könnte, in denen sich kein Leib konstituierte. Die Frage scheint mir nicht ohne weiteres zu beantworten, da – wie ich bereits andeutete – die Empfindungen der verschiedenen Sinnesgebiete nicht in gleicher Weise am Aufbau des Leibes beteiligt sind.

Es wäre also einmal zu prüfen, ob bei den Empfindungen, die deutlich an
53 Stellen des Leibes erlebt werden – Tast-, Temperatur-, Schmerzempfindungen –, diese Lokalisation notwendig und unablösbar zu ihnen gehört: in diesem Falle wären sie nur für ein leibliches Ich möglich. Für Gesichts- und Gehörsempfindungen usw. erscheint mir sodann noch eine besondere Analyse erforderlich. Wir brauchen diese Fragen hier nicht zu entscheiden. Eine Phänomenologie der äußeren Wahrnehmung wird nicht daran vorbeigehen können. Jedenfalls hat sich uns bereits mit den Empfindungen die Einheit von Ich und Leib konstituiert, wenn auch noch nicht der volle Umfang der wechselseitigen Beziehungen. Auch das Kausalverhältnis von Psychischem und Physischem tritt uns bereits im Gebiet der Empfindungen entgegen.

[57] Es wäre natürlich zu untersuchen, was für ein Ich das sein könnte bzw. ob und was für eine Welt ihm gegeben sein könnte.

[58] Es wäre allerdings noch zu erwägen, ob ein Bewußtsein, das nur Empfindungsdaten und keinerlei Ichakte aufwiese, als ichlos anzusehen wäre. In diesem Falle könnte auch von einem „beseelten“, aber ichlosen Leibe die Rede sein. Ich glaube aber nicht, daß sich eine solche Auffassung halten ließe.

Rein physische Vorgänge: daß ein Fremdkörper in meine Haut eindringt, daß der Träger einer gewissen Wärmemenge meine Körperoberfläche berührt, wird phänomenale Ursache von Empfindungen (Schmerz-, Temperaturempfindungen), erweist sich als „Reiz". Solche phänomenale Kausalverhältnisse („Konditional"-Verhältnisse in Husserls Terminologie)[bn] werden uns vielfach begegnen, wenn wir die Zusammenhänge von Seele und Leib nun weiter verfolgen.

b) Der Leib und die Gefühle

Die Gefühlsempfindungen oder sinnlichen Gefühle sind von den sie fundierenden Empfindungen unabtrennbar.

Die Annehmlichkeit einer wohlschmeckenden Speise, das Peinigende eines sinnlichen Schmerzes, das Wohltuende eines weichen Gewandes werden dort verspürt, wo die Speise geschmeckt wird, wo der Schmerz bohrt, wo das Gewand sich der Körperoberfläche anschmiegt.

Aber die sinnlichen Gefühle sind nicht nur dort, sondern zugleich auch in mir, sie entquellen meinem Ich. Eine ähnliche Zwitterstellung wie die sinnlichen Gefühle nehmen die Gemeingefühle ein.

Frische und Mattigkeit füllen nicht nur das Ich, sondern ich „spüre sie in allen Gliedern". Nicht nur jeder geistige Akt, jede Freude, jedes Leid, jede Denktätigkeit ist matt und farblos, wenn „ich" mich matt fühle, sondern auch jede körperliche Handlung, jede Bewegung, die ich ausführe. Mit mir ist mein Leib matt und jeder seiner Teile. Dabei tritt wieder jenes Phänomen der Verschmelzung auf, das wir bereits kennen gelernt haben. Ich sehe nicht
nur die Bewegung meiner Hand und fühle gleichzeitig ihre Mattigkeit, son- 54
dern ich sehe die matte Bewegung und die Mattigkeit der Hand. Die Gemeingefühle werden immer als herkommend vom Leibe erlebt, als ein fördernder oder lähmender Einfluß, den der Zustand des Leibes auf den Ablauf des Erlebens ausübt (selbst dann, wenn diese Gemeingefühle im Anschluß an ein „geistiges Gefühl" auftreten). „Gemeingefühle" nicht leiblicher Natur sind die Stimmungen, und ebendarum trennen wir sie von den eigentlichen Gemeingefühlen als eigene Gattung ab. Die Heiterkeit und der Trübsinn füllen nicht den Leib, er ist nicht heiter oder betrübt wie er frisch oder matt ist, und auch ein rein geistiges Wesen könnte Stimmungen unterworfen sein. Damit ist aber noch nicht gesagt, daß die seelischen und die leiblichen Gemeingefühle unberührt nebeneinander herlaufen, vielmehr verspüre ich einen gegenseitigen „Einfluß" beider. Ich mache z. B. eine Erholungsreise, komme in eine sonnige, anmutige Landschaft und fühle, wie angesichts die-

[bn] („Konditional"-Verhältnisse – Terminologie) *add.* A02–17.

ser Umgebung eine heitere Stimmung sich meiner bemächtigen will, aber nicht aufzukommen vermag, weil ich mich matt und abgespannt fühle. „Hier werde ich heiter sein, sobald ich mich ausgeruht habe." Dies Wissen mag ein Resultat „früherer Erfahrung" sein, immer hat es doch sein Fundament in dem Phänomen des Gegeneinanderwirkens seelischer und leiblicher Erlebnisse.

e) Seele und Leib, psychophysische Kausalität

Diese Abhängigkeit der Erlebnisse von Einflüssen des Leibes ist ein wesentliches Charakteristikum des Seelischen. Alles Psychische ist leibgebundenes Bewußtsein, und innerhalb dieses Bereichs scheiden sich die wesentlich psychischen Erlebnisse (die leibgebundenen Empfindungen usw.) von denen, die den psychischen[bo)] Charakter außerwesentlich an sich tragen, den „Realisationen" geistigen Lebens.[59] Die Seele als die sich in den einzelnen psychischen Erlebnissen bekundende substanzielle Einheit ist – wie das geschilderte Phänomen der „psychophysischen Kausalität" und das Wesen der Empfindungen zeigt – auf Leib fundiert, bildet mit ihm das „psychophysische Individuum".

55 Wir haben nun den Charakter der sogenannten „geistigen Gefühle" zu betrachten. Schon die Bezeichnung lehrt uns, daß man sie als außerwesentlich psychisch, als nicht leibgebunden betrachtet (wenn auch die betreffenden Psychologen sich nicht zu dieser Konsequenz bekennen mögen). Und niemand, der sich ihr reines Wesen zur Gegebenheit bringt, wird behaupten, daß ein leibloses Subjekt keine Freude, keine Trauer, kein ästhetisches Werten erleben könnte.

Dem steht entgegen die Auffassung vieler namhafter Psychologen, die in den Gefühlen „Komplexe von Organempfindungen" sehen.[⟨33⟩] So absurd diese Definition erscheint, solange man die Gefühle auf ihr reines Wesen hin betrachtet, – im konkreten psychischen Zusammenhange finden wir Phänomene, die sie zwar nicht begründen, aber doch verständlich machen können.

Vor Freude „steht uns das Herz still", es „krampft sich zusammen" vor

---

bo) psychischen *ante corr.* physischen.

⟨33⟩ Vgl. Theodor Lipps, *Einfühlung, innere Nachahmung und Organempfindungen*, in: AGPs I (1903) 185–204. Ders., *Leitfaden der Psychologie*, dritte, teilweise umgearbeitete Aufl., Leipzig 1909, 281 f.

---

59 Die Ausführungen des folgenden Teiles werden größere Klarheit über diesen Punkt geben.

Schmerz, es pocht vor banger Erwartung, und der Atem stockt uns. Die Beispiele lassen sich beliebig häufen, aber überall handelt es sich um Fälle psychophysischer Kausalität, um Wirkungen, die das Erlebnis in seiner psychischen Realisation auf die Leibesfunktionen ausübt. In dem Augenblick, wo man sich den Leib wegdenkt, schwinden diese Phänomene, aber der geistige Akt bleibt. Man wird zugeben müssen, daß Gott sich über die Reue eines Sünders freut, ohne Herzklopfen oder andere „Organempfindungen“ zu verspüren. (Eine Betrachtung, die unabhängig vom Glauben an die Existenz Gottes möglich ist.) Man kann überzeugt sein, daß kein Gefühl ohne solche Empfindungen realiter möglich ist und daß kein Wesen existiert, das sie in ihrer Reinheit erlebt; dennoch sind sie in ihrer Reinheit faßbar und jene Begleiterscheinungen eben als solche und weder als Gefühle noch Gefühlskomponenten erlebt.

Dasselbe läßt sich auch von den Fällen rein psychischer Kausalität zeigen. Vor Schreck „steht mir der Verstand still“, d. h. ich verspüre eine lähmende Wirkung auf meine Denkakte, oder ich bin „verwirrt“ vor Freude, weiß nicht, was ich tue, nehme zwecklose Handlungen vor. Ein reiner Geist kann auch erschrecken, aber sein Verstand steht nicht still. Er fühlt Freude und Leid in ihrer ganzen Tiefe, aber sie üben keine Wirkung aus. Ich kann diese Betrachtungen weiter ausführen. Mich selbst „beobachtend“ entdecke ich 56
kausale Beziehungen auch zwischen meinen Erlebnissen und den sich in ihnen bekundenden Fähigkeiten und Eigenschaften der Seele. Die Fähigkeiten können durch ihre Betätigung ausgebildet und geschärft, aber auch verbraucht und abgestumpft werden.

So wächst meine „Beobachtungsgabe“, wenn ich naturwissenschaftlich arbeite, mein „Unterscheidungsvermögen“ z. B. für Farben, wenn ich mich damit beschäftige, Fäden von fein abgestuften Farbennuancen zu sortieren, meine „Genußfähigkeit“, wenn ich mein Leben auf Genießen einstelle: jede Fähigkeit kann durch „training“ gesteigert werden. Andererseits gibt es einen gewissen Grad der „Gewöhnung“, wo sie in die entgegengesetzte Wirkung umschlägt: ein „Genußobjekt“, das mir immer wieder vorgesetzt wird, wird mir „über“, erregt schließlich Überdruß und Ekel und dergl.

In allen diesen Fällen liegt phänomenal ein Wirken von Psychischem auf Psychisches vor. Es ist aber die Frage, was für eine Art „Wirken“ hier vorliegt und ob eine Möglichkeit besteht, von diesem Phänomen der Kausalität zum exakten naturwissenschaftlichen Kausalbegriff und zur allgemeinen Kausalgesetzlichkeit zu kommen. Auf diesen Begriff baut sich die exakte Naturwissenschaft auf, während die deskriptive es nur mit dem phänomenalen Kausalbegriff zu tun hat. Der exakte Kausalbegriff und lückenlose kausale Bestimmtheit ist aber auch Voraussetzung einer exakten kausal-genetischen Psychologie, wie sie im Anschluß an das Vorbild der modernen Wissenschaft von der physischen Natur erstrebt wird. Wir müssen uns in unserem

Zusammenhang damit begnügen, auf diese Probleme hinzuweisen, ohne an ihre Lösung herangehen zu können.[60]

d) Das Phänomen des Ausdrucks

Die Betrachtung der Kausalwirkung der Gefühle hat uns weiter geführt, als wir voraussahen. Indessen haben wir noch nicht erschöpft, was uns das Studium der Gefühle lehrt. Neben die Begleiterscheinungen der Gefühle, die uns beschäftigten, tritt als ein neues Phänomen der Ausdruck der Gefühle.

57 Ich erröte vor Scham, ich balle zornig die Faust, ich runzle ärgerlich die Stirn, ich stöhne vor Schmerz, juble vor Freude.

Das Verhältnis von Gefühl und Ausdruck ist ein völlig anderes als das von Gefühl und physischer Begleiterscheinung. Ich bemerke jetzt nicht ein kausales Hervorgehen physischer aus psychischen Erlebnissen, noch viel weniger eine bloße Gleichzeitigkeit beider, sondern ich fühle, indem ich das Gefühl durchlebe, wie es in einem Ausdruck endigt oder ihn aus sich entläßt.[61]

Das Gefühl ist seinem reinen Wesen nach etwas nicht in sich Abgeschlossenes, es ist gleichsam mit einer Energie geladen, die zur Entladung kommen muß. Diese Entladung ist auf verschiedene Weise möglich. Eine Art der Entladung ist uns wohl bekannt: Die Gefühle entlassen aus sich oder motivieren – wie man sagt – Willensakte und Handlungen. Genau dasselbe Verhältnis besteht zwischen Gefühl und Ausdruckserscheinung. Dasselbe Gefühl, das einen Willensakt, kann auch eine Ausdruckserscheinung motivieren. Und das Gefühl schreibt seinem Sinne nach vor, welchen Ausdruck und welchen Willensakt es motivieren kann[62]: seinem Wesen nach muß es immer etwas

---

[60] Weiteres zur Kausalität s. u. S. 80 [88 f.].

[61] Um Mißverständnissen vorzubeugen, betone ich, daß ich „Ausdruck" im oben gebrauchten Sinn und verbalen Ausdruck für etwas fundamental Verschiedenes halte. Ich kann die Verschiedenheit an dieser Stelle nicht aufweisen, möchte aber von vornherein darauf aufmerksam machen, um die Äquivokation unschädlich zu machen.

[62] Auf die Frage, ob sich die Ausdrucksbewegungen als Handlungen (ursprünglich zweckmäßige – wie Darwin meint – oder unbeabsichtigte und zwecklose – wie es [Ludwig] Klages versucht, ([Ludwig Klages,] *Die Ausdrucksbewegung und ihre diagnostische Verwertung*, [in: ZPthPs (1914) 261–348] S. 293; [Ludwig Klages, SW VI, 57–137]), brauchen wir hier nicht einzugeben. Klages betont jedenfalls auch die enge Zusammengehörigkeit von Ausdruckserscheinung und Handlung. Alles naive Tun und Schaffen geht nach ihm ebenso leicht und ungewollt aus dem Erleben hervor wie die Ausdrucksbewegung, und diese triebhafte Form des Handelns ist ihm die ursprüngliche, die erst allmählich von der Willenshandlung verdrängt wird (S. 336). [Ludwig Klages, SW VI, 126 f. Ludwig Klages, (geb. 10. Dezember 1872 in Hannover, † 29. Juli 1956 in Kilchberg/Schweiz) begann 1891 mit dem Studium der Chemie, Physik, Philosophie und Psychologie in Leipzig und hörte Vorlesungen bei Wilhelm Wundt. 1893 wechselte er nach München und beendete sein

motivieren, es muß immer zum „Ausdruck“ gelangen; nur sind verschiedene Formen des Ausdrucks möglich. Es liegt hier der Einwand nahe, daß sehr oft im Leben Gefühle auftreten, ohne einen Willensakt oder einen leiblichen 58 Ausdruck zu motivieren.

Wir „zivilisierten Menschen“ müssen uns bekanntlich „beherrschen“, den leiblichen Ausdruck unserer Gefühle zurückhalten; ebenso sind wir in unseren Handlungen und damit zugleich in unsere Willensakten beschränkt. Nun besteht allerdings noch die Ausflucht, sich in einem Wunsche „Luft zu machen“. Der Angestellte, der seinem Vorgesetzten weder durch verächtliche Blicke zeigen darf, daß er ihn für einen Schuft oder Esel hält, noch den Entschluß fassen kann, ihn zu beseitigen, kann ihm doch insgeheim wünschen, daß ihn der Teufel hole.

Oder man kann die Handlungen, an denen man realiter verhindert ist, in der Phantasie vollziehen. Der Tatendrang, des in enge Verhältnisse Hineingeborenen, der sich realiter nicht erfüllen kann, lebt sich aus, indem er in der Einbildung Kämpfe besteht und Wunder der Tapferkeit vollbringt. Das Schaffen der anderen Welt, in der ich tun kann, was mir hier versagt ist, stellt selbst eine Form des Ausdrucks dar.

So sieht der Verdurstende in der Wüste – wie G e b s a t t e l ⟨34⟩ berichtet[63] –

⟨34⟩ Emil Klemens Franz Freiherr von Gebsattel (geb. 4. Februar 1883 in München, † 22. März 1976 in Bamberg) studierte zunächst Jurisprudenz, dann Philosophie, Psychologie und Kunstgeschichte in München und promovierte 1906 bei Theodor Lipps mit einer Arbeit *Zur Psychologie der Gefühlsirradiation*. 1913 schloß er sein Medizinstudium mit der Promotion über *Atypische Tuberkuloseformen* ab und siedelte danach nach Berlin über, wo er ein psychiatrisches Privatsanatorium eröffnete. Der bedeutende Humanmediziner, Psychiater, Psychotherapeut, Wissenschaftspublizist, Philosoph und Schriftsteller war tief im katholischen Glauben verwurzelt. Im Alter von 67 Jahren folgte er noch einem Ruf nach Würzburg und gründete dort das Institut für Psychotherapie und Medizinische Psychologie.

Studium 1900 mit einer Promotion in Chemie. In München lernte er Theodor Lipps und Max Scheler kennen. Bereits 1896 gründete er die Deutsche Graphologische Gesellschaft. Er gilt als Begründer der wissenschaftlichen Graphologie und als Lebensphilosoph und Psychologe. Charles] D a r w i n gibt in seiner berühmten Abhandlung *Über den Ausdruck der Gemütsbewegungen* [*bei dem Menschen und den Thieren*, übers. v. J. Victor Carus, Stuttgart 1872] eine auf feiner Beobachtung beruhende Beschreibung der gewissen Affekten entsprechenden Körpererscheinungen und sucht den psychophysischen Mechanismus herauszustellen, durch den diese körperlichen Vorgänge zustande kommen. Er berücksichtigt weder den deskriptiven Unterschied von Ausdruck und Begleiterscheinung, noch legt er sich ernstlich die Frage vor, was jene Vorgänge zum A u s d r u c k der Affekte macht, die sie hervorrufen [Charles Darwin (geb. 12. Februar 1809 in The Mount, † 19. April 1882 in Downe) gilt als berühmter Naturforscher, der durch seine Entwicklungslehre für die evolutionistische Philosophie und Ethik bedeutsam ist. Er entwickelte und propagierte die Theorie eines natürlichen Prinzips der Evolution durch graduelle Variation und natürliche Selektion, nach der die vielen Arten von Organismen durch langsame Aufspaltung und Anpassung an den Lebensraum zu erklären sind.].

[63] A. a. O. S. 57 f.

Oasen mit sprudelnden Quellen oder Seen vor sich, die ihn erquicken. Die Freude, die uns erfüllt, verharrt nicht in beschaulicher Hingebung an das erfreuliche Objekt, sondern äußert sich u. a. darin, daß wir uns ganz mit Erfreulichem umgeben, es in unserer realen Umwelt aufsuchend oder durch erinnernde oder frei phantasierende Vergegenwärtigung herbeiholend, von allem andern nicht dazu Passenden absehend, bis unsere Gemütsverfassung mit unserer Umwelt vollkommen harmoniert.

Diese eigentümliche Art des Ausdrucks bedürfte einer umfassenden Klärung; es genügt nicht – wie es von psychologischer Seite meist geschieht –, zu konstatieren, daß die Gefühle die „Reproduktion der Vorstellungen" beeinflussen und wie häufig das geschieht. Es besteht aber noch eine andere des Ausdrucks, bzw. das Surrogat eines solchen, und sie ist es, auf die der „beherrschte" Mensch sich zurückzieht, der aus sozialen oder ästhetischen oder ethischen Rücksichten eine gleichmäßige Miene zur Schau trägt: das Gefühl kann einen Akt der Reflexion aus sich entlassen, der es selbst zum
59 Gegenstande macht. In diesem Akt der Reflexion „endet" das Erlebnis wie in einem Willensakt oder leiblichen Ausdruck. Man pflegt zu sagen, daß die Reflexion das Gefühl schwäche und daß der reflektierende Mensch keiner intensiven Gefühle fähig ist. Diese Folgerung ist durchaus unberechtigt. Im „leidenschaftlichen" Gefühlsausdruck „endet" das Gefühl ebenso wie in der „kühlen" Reflexion, die Art des Ausdrucks besagt nichts über die Intensität des ausgedrückten Gefühls.

Das Ergebnis unserer bisherigen Betrachtung ist: das Gefühl verlangt seinem Wesen nach einen Ausdruck, die verschiedenen Arten des Ausdrucks sind verschiedene Wesensmöglichkeiten.[64] Zwischen Gefühl und Ausdruck besteht ein Wesens- und Sinn-, kein Kausalzusammenhang. Und wie die anderen möglichen Formen, so ist auch der leibliche Ausdruck als aus dem Gefühl hervorgehend und seinem Sinne nach dadurch bestimmt erlebt. Nun fühle ich aber nicht nur, wie das Gefühl hineinströmt in den Ausdruck und

---

[64] In einem wieder andern noch weiteren Sinne braucht J. Cohn den *terminus* „Ausdruck" ([Vgl. Jonas Cohn, *Allgemeine*] *Ästhetik* [Leipzig, 1901,] S. 56): nämlich für alles „Äußere", indem wir ein inneres Leben gewahren. Hier fehlt aber das, was wir für das Spezifische des Ausdrucks halten: seine Motiviertheit. [Jonas Cohn (geb. 2. Dezember 1869 in Görlitz, † 12. Januar 1947 in Birmingham) verfolgte ab 1888 das Studium der Biologie in Leipzig, wechselte nach Berlin und Heidelberg und studierte Philosophie und Pädagogik bei Wilhelm Wundt, Hermann Ebbinghaus und Simon Schwendener. 1892 promovierte er in systematischer Botanik an der Universität zu Berlin und habilitierte sich 1894 mit zwei Studien zur Wertproblematik in Freiburg für die Fächer Philosophie und Pädagogik. Nach Tätigkeit als Privatdozent in Freiburg und intensiven Kontakten zu Heinrich Rickert erhielt er 1901 eine Professur für Philosophie und Psychologie. Er konnte seine Lehrtätigkeit bis April 1933 ausüben. Dann erfolgte seine Zwangsemeritierung wegen seiner jüdischen Herkunft. Das Entlassungsschreiben war von Martin Heidegger unterzeichnet. Jonas Cohn gelang 1939 die Emigration nach England, wo er seine letzten Lebensjahre verbrachte.]

sich in ihm „entlädt", sondern ich habe diesen Ausdruck zugleich in einer Leibwahrnehmung gegeben.

Das Lächeln, in dem sich meine Freude erlebnismäßig äußert, ist mir zugleich als eine Verzerrung meiner Lippen gegeben. In der Freude lebend ist auch ihr Ausdruck im Modus der Aktualität erlebt; die gleichzeitige Leibwahrnehmung vollzieht sich im Modus der Inaktualität, ich bin mir – wie man zu sagen pflegt – ihrer nicht bewußt. Richte ich dann meine Aufmerksamkeit auf die wahrgenommene Veränderung meines Leibes, so erscheint sie mir als durch das Gefühl bewirkt.

Es konstituiert sich also neben der erlebten Sinneinheit ein Kausalzusammenhang zwischen Gefühl und Ausdruck. Der Ausdruck bedient sich der psychophysischen Kausalität, um sich an einem psychophysischen Individuum zu realisieren. In der Leibwahrnehmung wird die erlebte Einheit von Erlebnis und Ausdruck auseinandergenommen, der Ausdruck als ein relativ selbständiges Phänomen abgetrennt. Er wird damit zugleich für sich erzeugbar.

Ich kann eine Verzerrung des Mundes herbeiführen, die dem Lächeln „zum Verwechseln" ähnlich, aber doch kein Lächeln ist.

Auch unabhängig vom Willen zeigen sich gleiche Wahrnehmungs- als 60
verschiedene Ausdrucksphänomene. Ich erröte vor Zorn, vor Scham und vor Anstrengung; in allen Fällen habe ich die gleiche Wahrnehmung, daß mir das „Blut ins Gesicht steigt". Aber ich erlebe denselben Vorgang einmal als Ausdruck des Zornes, einmal als Ausdruck der Scham und einmal gar nicht als Ausdruck, sondern als kausale Folge, der Anstrengung.

Wir haben gesagt, es bedürfe eines aufmerkenden Blickes, um den leibwahrgenommenen Ausdruck zum intentionalen Objekt im prägnanten Sinne zu machen. Auch der gefühlte Ausdruck, obwohl im Modus der Aktualität erlebt, bedarf noch einer besonderen Blickwendung, um erfaßtes Objekt zu werden, einer Blickwendung, die nicht Übergang von der Inaktualität zur Aktualität ist – eine Eigentümlichkeit aller nicht-theoretischen Akte und ihrer Korrelate.[65]

Daß ich die erlebten Ausdrucksphänomene objektivieren und als Ausdruck erfassen kann ist eine weitere Bedingung der Möglichkeit, sie willkürlich hervorzubringen. Indessen ist die einem Ausdruck gleichende Leibesveränderung doch nicht als die gleiche gegeben. Das Stirnrunzeln aus Ärger und das Stirnrunzeln, um Ärger vorzutäuschen, sind in sich deutlich zu unterscheiden, auch dann, wenn ich von der Leibwahrnehmung zur äußeren Wahrnehmung übergehe. Indem die Ausdrucksphänomene als Ausfluß der Gefühle erscheinen, sind sie zugleich Ausdruck der sich in ihnen bekundenden seelischen Eigenschaften: der wütende Blick z.B. verrät eine

[65] Vgl. [Edmund] Husserl, *Ideen* [*I*] S. 66 [Hua. III, 82.].

heftige Gemütsart. Eine Betrachtung der Willenserlebnisse soll diese Untersuchung abschließen.

e) Wille und Leib

Auch die Willenserlebnisse haben eine hohe Bedeutung für die Konstitution der psychophysischen Einheit. Einmal vermöge der physischen Begleiterscheinungen (Spannungsempfindungen u. dgl.), die wir nicht näher betrachten, weil sie schon von den Gefühlen her bekannt sind. Die ferner in Betracht kommenden leiblichen Ausdrucksphänomene scheinen mir nicht
61 Ausdruck des Willensaktes selbst, sondern der im komplexen Willenserlebnis enthaltenen Gefühlskomponenten zu sein.

Ich sitze still da, zwei praktische Möglichkeiten gegeneinander abwägend. Jetzt habe ich die Wahl vollzogen, den Entschluß gefaßt: ich werfe den Kopf in den Nacken und springe lebhaft auf.

Diese Bewegungen sind kein Ausdruck des Willensentschlusses, sondern des resultierenden Gefühls der Entschlossenheit, der Aktivität, der Unruhe, die mich erfüllt. Einen Ausdruck in diesem Sinne hat der Wille selbst nicht. Aber wie das Gefühl, so ist auch der Wille nicht in sich abgeschlossen, sondern bedarf eines Sichauswirkens. Wie das Gefühl den Willensakt (oder einen anderen möglichen „Ausdruck" im weiteren Sinne) aus sich entläßt oder motiviert, so äußert sich der Wille in der Handlung. Handeln ist immer Schaffen eines Nichtvorhandenen. Dem *fiat*! des Willensentschlusses entspricht das *fieri* des Gewollten und das *facere* des Willensubjekts in der Handlung.

Diese Handlung kann eine physische sein: ich entschließe mich, einen Berg zu besteigen und führe den Entschluß aus. Die Handlung erscheint ganz und gar als durch den Willen hervorgerufen und als Erfüllung des Wollens. Aber die Handlung als Ganzes, nicht jeder Schritt ist gewollt. Was ich will, ist das Besteigen des Berges. Was dazu „nötig" ist, erledigt sich gleichsam „von selbst". Der Wille bedient sich des psychophysischen Mechanismus, um sich zu erfüllen, um das Gewollte zu realisieren, wie das Gefühl ihn benützt, um seinen Ausdruck zu realisieren. Zugleich ist doch die Herrschaft über den Mechanismus – mindestens das „Einschalten der Maschine" – erlebt. Sie wird ev. Schritt für Schritt erlebt, wenn es zugleich Überwindung eines Widerstrebens gilt. Wenn ich auf halbem Wege müde werde, so wird die Müdigkeit Quelle eines Widerstrebens gegen die Bewegung, dieses bemächtigt sich meiner Füße, und sie versagen meinem Willen den Dienst. Wollen und Streben wirken sich entgegen und kämpfen um die Herrschaft über den Organismus. Wird der Wille Herr, so ist ev. nun jeder Schritt einzeln gewollt und das Bewirken der Bewegung erlebt im Überwinden der

Gegenwirkung. Dasselbe trägt sich auf rein psychischem Gebiete zu. Ich entschließe mich, ein Examen zu machen, und erledige nun die nötige Vorbereitung wie von selbst. Oder aber meine Kräfte erlahmen vor dem Ziel und jede erforderliche Denktätigkeit muß nun unter Überwindung eines 62
heftigen Gegenstrebens durch einen Willensakt ins Leben gerufen werden. So herrscht der Wille über die Seele wie über den Leib, wenn auch nicht absolut und ohne Gehorsamsverweigerung zu erfahren.

Eine Grenze ist ihm durch die im Erleben sich erschließende Objektwelt gesetzt; die Zuwendung zum Objekt (dem wahrgenommenen, gefühlten oder sonstwie als vorhanden gegebenen) liegt im Bereich des Wollens; die Erfassung eines nicht vorhandenen Objekts nicht. D.h. nicht, daß die Objektwelt selbst dem Bereich meines Willens entzogen ist. Ich kann eine Veränderung in der Objektwelt herbeiführen, aber ich kann nicht ihre Wahrnehmung willentlich herbeiführen, wenn sie selbst nicht vorhanden ist.

Eine fernere Beschränkung erleidet der Wille durch die Macht entgegenwirkender Strebungen, die selbst z.T. leibgebunden sind (wenn sie sinnliche Gefühle zu ihrer Quelle haben), z.T. nicht. Ist dieses Wirken des Wollens und Strebens auf Seele und Leib psychophysische Kausalität oder haben wir hier die vielbesprochene Kausalität aus Freiheit, die Durchbrechung der „lückenlosen" Kausalkette? Handlung ist immer Schaffen eines Nichtseienden. Dieser Prozeß kann sich in kausaler Abfolge vollziehen, aber die Einleitung des Prozesses, das eigentliche Eingreifen des Willens ist nicht als kausales, sondern als ein Wirken eigener Art erlebt. Damit ist nicht gesagt, daß der Wille mit Kausalität nichts zu tun hat.

Indem wir fühlen, wie eine leibgeborene Müdigkeit das Aufkommen eines Willensaktes hemmt, finden wir ihn kausal bedingt. Indem wir fühlen, wie ein siegreicher Wille die Müdigkeit überwindet und sogar verschwinden läßt, finden wir ihn als kausal wirksam.

Indem er all seine Werke vermittels eines kausal geregelten Instruments vollbringt, ist auch seine Erfüllung an kausale Bedingungen geknüpft. Aber das eigentlich Schöpferische des Willensaktes ist keine Kausalwirkung, alle jene Kausalverhältnisse sind dem Willen außerwesentlich, er wirft sie ab, sobald er nicht mehr Wille eines psychophysischen Individuums ist, und bleibt doch Wille. Auch das Streben zeigt ähnlichen Aufbau und auch das Hervorgehen einer Handlung aus einem Streben erscheint nicht als kausale Abfolge. Der Unterschied besteht darin, daß beim Streben das Ich hineingezogen wird in die Handlung, nicht frei in sie hineinschreitet, und daß keine 63
schaffende Kraft sich darin auslebt. Jeder im eigentlichen Sinne schöpferische Akt ist Willenshandlung.[bp] Gemeinsam ist beidem, dem Wollen wie

---

[bp] Jeder – Willenshandlung. *add. lin. ad marg.* A02–17. *Gl.* Das stimmt nicht: Künstlerisches Schaffen.

dem Streben, die Fähigkeit, sich der psychophysischen Kausalität zu bedienen, doch nur vom wollenden Ich kann man sagen, daß es Herr des Leibes ist.

§ 5. Übergang zum fremden Individuum

Wir haben uns in Umrissen wenigstens darüber Rechenschaft gegeben, was unter einem individuellen Ich oder Individuum zu verstehen ist: ein einheitliches Objekt, in dem die Bewußtseinseinheit eines Ichs und ein physischer Körper sich untrennbar zusammenschießen, wobei jedes von ihnen einen neuen Charakter annimmt, der Körper als Leib, das Bewußtsein als Seele des einheitlichen Individuums auftritt. Die Einheit dokumentiert sich darin, daß gewisse Vorgänge als zugleich der Seele und dem Leibe angehörig gegeben sind (Empfindungen, Gemeingefühle), ferner in der Kausalverbindung physischer und psychischer Vorgänge und des dadurch vermittelten Kausalverhältnisses zwischen der Seele und der realen Außenwelt. Das psychophysische Individuum als Ganzes ist Glied im Zusammenhang der Natur.

Der Leib ist gegenüber dem Körper dadurch charakterisiert, daß er Träger von Empfindungsfeldern ist, sich im Nullpunkt der Orientierung der räumlichen Welt befindet, selbst frei beweglich und aus beweglichen Organen aufgebaut, Feld des Ausdrucks der Erlebnisse des ihm zugehörigen Ich und Instrument seines Willens ist.[66] All diese Charakteristika haben wir aus der Betrachtung des eigenen Individuums gewonnen. Es gilt nun zu zeigen, wie
64 sich uns das fremde aufbaut.

a) Die Empfindungsfelder des fremden Leibes

Beginnen wir mit der Betrachtung dessen, was den fremden Leib als Leib auffassen läßt, was ihn vor andern physischen Körpern auszeichnet. Zunächst also: wie sind uns die Empfindungsfelder gegeben? Von den eignen haben wir – wie wir sahen – eine originäre Gegebenheit in der „Leibwahrnehmung".[67] Wir haben sie außerdem in der äußeren Wahrnehmung unseres

---

[66] Es mag auffällig erscheinen, daß wir den Begriff gar nicht herangezogen haben, der in sonstigen Definitionen des Individuums bzw. Organismus an erster Stelle zu stehen pflegt: den *Zweck*begriff. Ich habe es nicht getan, um die Darstellung nicht auch noch mit der Diskussion des Zweckbegriffs zu belasten, aber auch aus sachlichen Gründen: ich glaube nicht, daß man von einer *unmittelbar erlebten* Unterordnung des psychophysischen Geschehens unter einen einheitlichen Zweck sprechen kann. Dann kommt der Zweckbegriff aber auch nicht für das einfühlende Erfassen eines fremden Individuums in Betracht.

[67] S. o. S. 46 ff. [58].

Körpers „mitgegeben“ in jener ganz eigentümlichen Weise, in der Nichtperzipiertes mit Perzipiertem zusammen selbst da sein kann. Und in derselben Weise sind die Empfindungsfelder des andern für mich da, ist der fremde Leib als Leib „gesehen“. Wir sind dieser Art der Gegebenheit, die wir „Konoriginarität“ nennen wollen, bei der Dingwahrnehmung begegnet.[68]

Mit der gesehenen Seite eines Raumdinges sind die abgewandten Seiten und ist das Innere mitgegeben, kurz: das ganze Ding ist „gesehen“. Aber (wie wir auch schon sagten) jene Gegebenheit von einer Seite impliziert Tendenzen des Weiterschreitens zu neuen Gegebenheiten, und indem wir ihnen Folge leisten, werden die vorher abgewandten Seiten im prägnanten Sinne wahrgenommen, das zuvor Konoriginäre originär gegeben. Eine solche Erfüllung des Intendierten bzw. Antizipierten ist auch beim „Mitsehen“ der eigenen Empfindungsfelder möglich, nur nicht in fortschreitender äußerer Wahrnehmung, sondern im Übergang von der äußeren zur Leibwahrnehmung. Auch das Mitsehen der fremden Empfindungsfelder impliziert Tendenzen, aber ihre originäre Erfüllung ist hier prinzipiell ausgeschlossen, weder in fortschreitender äußerer Wahrnehmung noch im Übergang zur Leibwahrnehmung kann ich sie mir zu originärer Gegebenheit bringen. Die einzige Erfüllung, die hier möglich ist, ist die einfühlende Vergegenwärtigung. Ich kann mir jene Empfindungsfelder noch anders als in der Weise der Leervorstellung, der Konoriginarität zur Gegebenheit bringen, mir anschaulich machen, aber eben nicht im Charakter der Wahrnehmung, sondern nur vergegenwärtigend, so wie wir es bei der Deskription der Einfühlungsakte geschildert haben. Den Charakter des „selbst da“ verdanken sie 65
dem leibhaft gegebenen Körper, mit dem sie gegeben sind. Das wird noch deutlicher, wenn wir statt der Empfindungsfelder die aktuellen Empfindungen selbst betrachten.

Die Hand, die auf dem Tische ruht, liegt nicht da wie das Buch daneben, sie „drückt“ sich gegen den Tisch (und zwar mehr oder weniger stark), sie liegt schlaff oder gestreckt da, und ich „sehe“ diese Druck- und Spannungsempfindung in der Weise der Konoriginarität; indem ich den Erfüllungstendenzen nachgehe, die in diesem „Miterfassen“ liegen, schiebt sich meine Hand (nicht realiter, sondern „gleichsam“) an die Stelle der fremden, in sie hinein, nimmt ihre Lage und Haltung ein und empfindet nun ihre Empfindungen – nicht originär und nicht als eigen, sondern „mit“, genau in der Weise der Einfühlung, deren Wesen wir früher gegenüber dem eigenen Erleben und jeder andern Art der Vergegenwärtigung abgegrenzt haben. Während dieses Hineinversetzens ist die fremde Hand ständig als Glied des fremden Körpers wahrgenommen, die eigne als Glied des eignen Leibes gegeben, so daß die eingefühlten ständig in Kontrast zu den eignen Empfindungen

[68] Vgl. Teil II dieser Arbeit S. 5 [14 f.].

sich als fremde abheben (wenn ich auch nicht auf diesen Kontrast in der Weise der Beachtung gerichtet bin).

b) Die Bedingungen der Möglichkeit der Empfindungseinfühlung

Die Möglichkeit der Empfindungseinfühlung („Einempfindung" müßte man präzis sagen) ist gewährleistet durch die Auffassung des eignen Leibes als Körpers und des eignen Körpers als Leibes, vermöge der Verschmelzung von äußerer und Leibwahrnehmung[69], durch die mögliche Stellungsänderung dieses Körpers im Raume, schließlich durch die Möglichkeit der Abwandlung seiner realen Beschaffenheit in der Phantasie unter Festhaltung seines Typs.

Wäre die Größe (Länge, Breite, Spannweite usw.) meiner Hand mir als ein
66 unwandelbar Feststehendes gegeben, so müßte der Versuch der Einfühlung in jede Hand von anderer Beschaffenheit am Widerstand beider scheitern; tatsächlich gelingt aber auch die Einfühlung in Männer- und Kinderhände, die von meiner sehr verschieden sind, recht wohl. Mein Körper und seine Glieder sind eben nicht als fixer Typ, sondern als zufällige Realisierung eines in festen Grenzen variablen Typs gegeben. Dieser Typ muß andererseits erhalten bleiben. Nur in Körper dieses Typs kann ich mich einfühlen, nur sie als Leiber anfassen. Damit ist noch keine eindeutige Abgrenzung gegeben.

Es gibt Typen von verschiedener Allgemeinheitsstufe, und ihnen entsprechen verschiedene Stufen der Einfühlungsmöglichkeit. Der Typos „menschlicher Körper" grenzt nicht den Bereich meiner Einfühlungsobjekte, genauer gesagt: dessen, was mir als Leib gegeben sein kann, ab, wohl aber einen Bereich, innerhalb dessen ein ganz bestimmter Grad einfühlender Erfüllung möglich ist.

Im Falle der Einfühlung in die fremde Hand besteht die Möglichkeit, wenn auch nicht „adäquater", so doch sehr weitgehender Erfüllung: was ich nicht-originär empfinde, kann sich Zug um Zug mit dem originären Empfinden des andern decken. Betrachte ich im Vergleich dazu etwa die Pfote eines Hundes, so habe ich auch kein bloß physisches Ding, sondern ein empfindendes Glied eines Leibes, und auch hier ist noch ein gewisses Hineinversetzen möglich, z.B. das Einempfinden eines Schmerzes, wenn das Tier verletzt wird, aber andere – gewisse Haltungen und Bewegungen etwa

---

[69] Es ist vielleicht möglich, vom Phänomen der Verschmelzung zu einer genetischen Erklärung der Einfühlung zu gelangen. Nur muß man auf das eigne Erleben zurückgehen und nicht ohne weiteres von Verschmelzung des fremden Äußeren mit eigenem Erleben sprechen. Vgl. Teil II S. 28 [39f.].

– sind uns nur noch als Leervorstellungen gegeben ohne die Möglichkeit einer Erfüllung.

Und je weiter wir uns vom Typos „Mensch“ entfernen, desto geringer wird die Zahl der Erfüllungsmöglichkeiten. In der Auffassung der fremden Leiber als demselben Typ wie der meine angehörig ergibt sich uns ein guter Sinn der Rede vom „Analogisieren“, das im Erfassen eines andern vorliegt. Mit „Analogieschlüssen“ hat dies Analogisieren freilich wenig zu tun.[bq)] Hier 67
sind Themata großer Untersuchungen. Wir müssen uns mit dem Gesagten als Hinweis auf die sich erhebenden „transzendentalen“ Fragen begnügen, ohne uns auf eine nähre Erörterung einlassen zu können.

c) Das Ergebnis der Empfindungseinfühlung und ihr Mangel in der vorliegenden Einfühlungsliteratur

Am Ende des Einfühlungsprozesses steht in unserem Falle wie auch sonst eine neue Objektivation, kraft deren wir wie am Anfang die „empfindende Hand“ uns gegenüber finden (vorhanden ist sie allerdings die ganze Zeit – im Gegensatz zum Fortschreiten in äußerer Wahrnehmung – nur nicht im Modus der Beachtung), aber jetzt mit einer neuen Dignität, weil das Leervorgestellte seine Erfüllung gefunden hat. Mit der Konstitution der Empfindungsschicht des fremden Körpers (den wir streng genommen jetzt nicht mehr „Körper“ nennen dürfen) ist dank der wesentlichen Ichzugehörigkeit der Empfindungen auch bereits ein fremdes Ich, wenn auch nicht notwendig ein „waches“, das sein selbst bewußt werden kann, gegeben. Diese Grundschicht der Konstitution ist (wie wir schon bemerkten) bisher immer beiseite gelassen worden.

Volkelt geht verschiedentlich auf die „Einempfindung“ ein, aber er charakterisiert sie kurz als Empfindungsreproduktion, ohne ihr Eigenwesen zu erforschen, und berücksichtigt nicht ihre Bedeutung für die Konstitution

---

[bq)] Als Erfassen einer Vereinzelung eines bekannten Typs stellt sich auch die „Assoziation nach Ähnlichkeit“ heraus, die u. a. Volkelt als wichtig für die Einfühlung hervorhebt. (* [Johannes Volkelt,] System der Ästhetik, [3 Bde., München 1905–1912] I, S. 241 ff.) Um eine Bewegung zu verstehen (z. B. eine Gebärde des Stolzes), muß ich sie erst mit // andern ähnlichen Bewegungen, die mir bekannt sind, „verknüpfen“. Das heißt nach unserer Auffassung: ich muß in ihr einen bekannten Typ finden. (* Wie schon bei früherer Gelegenheit erwähnt wurde, hat sich [Gustav Theodor] Fechner (Zur Seelenfrage S. 49 f., 63) [Vgl. Anmerkung 37] bemüht, den allgemeinen Typos herauszustellen, der die Grundlage aller Annahme von Beseelung (von Einfühlung dürfen wir bei ihm nicht sprechen) bildet. Auf die Prüfung der einzelnen Bestimmungen, die er gibt, kann hier nicht eingegangen werden. Auch ob es berechtigt ist, wenn er das Pflanzenreich in diesen Typos einbezieht, will ich hier nicht entscheiden.) *del.* A02–17. *Gl.* Das ist nicht mit den Empfindungen auf gleiche Stufe zu stellen.

des Individuums, sondern betrachtet sie nur als ein Hilfsmittel für das Zustandekommen dessen, was er allein als Einfühlung bezeichnet, der Einfühlung von Gefühlen und besonders Stimmungen.[35] Er will die Einempfindung nicht als Einfühlung bezeichnen, weil die Einfühlung „etwas geradezu
68 Kümmerliches und Klägliches" wäre, wenn sie bei den Empfindungen stehen bliebe. Das wollen wir ihr nun keineswegs zumuten; andererseits können wir nach den vorangegangenen Aufweisungen die Empfindungen nicht gar so gering einschätzen, und schließlich sollen uns keine gefühlsmäßigen Beweggründe veranlassen, wesentlich Zusammengehöriges zu trennen. Das Erfassen fremder Erlebnisse – seien es Empfindungen, Gefühle oder was immer – ist eine einheitliche, typische (wenn auch mannigfach differenzierte) Bewußtseinsmodifikation und bedarf eines einheitlichen Namens; wir haben dafür den für einen Teil der hergehörigen Phänomene bereits üblichen *terminus* „Einfühlung" gewählt; will man diesen für das engere Gebiet beibehalten, so müßte man für das weitere einen neuen Ausdruck prägen.

L i p p s stellt die Empfindungen einmal den Gefühlen gegenüber, indem er sagt: Ich sehe dem Menschen, der friert, nicht die Kälte-Empfindung an, sondern das Unbehagen, das er fühlt.[36] Daß dies Unbehagen durch Empfindungen geweckt ist, ist erst das Ergebnis der Reflexion. Wie Lipps zu dieser Behauptung kommt, verstehen wir sehr wohl: sie ist die Folge seiner einseitigen Einstellung auf das „Symbol", das Phänomen des „Ausdrucks". „Sichtbar", anschaulich gegeben sind ihm nur die durch eine Miene, Geste oder dgl. ausgedrückten Erlebnisse. Und ausgedrückt sind ja die Empfindungen in der Tat nicht. Aber daß sie uns darum überhaupt nicht direkt, sondern nur als fundierende Unterlage von Gefühlszuständen gegeben sein sollen, ist doch eine starke Behauptung.

Wer an der „Gänsehaut" eines andern oder seiner blaugefrorenen Nase nicht sieht, daß er friert, sondern erst die Überlegung anstellen muß, daß das Unbehagen, das er fühlt, wohl ein „Frösteln" ist, der muß an merkwürdigen Anomalien der Auffassung leiden. Dies fröstelnde Unbehagen braucht sich übrigens gar nicht auf Kälteempfindungen aufzubauen, sondern kann z. B. auch als physische[br] Begleiterscheinung eines Aufregungszustandes auftreten. Andrerseits kann ich auch sehr gut „frieren, ohne zu frieren", d. h. Kälteempfindungen haben, ohne mich im mindesten dabei unbehaglich zu fühlen. Es wäre also um unsere Kenntnis fremder Empfindungen schlecht bestellt, wenn wir nur auf dem Umweg über die auf sie gebauten Gefühls-
69 zustände zu ihnen gelangen könnten.

[br] physische *ante corr.* psychische.

---

[35] Vgl. Johannes Volkelt, *System der Ästhetik* I, München 1905, 264.
[36] Vgl. Theodor Lipps, *Das Selbstbewußtsein, Empfindung und Gefühl*, Wiesbaden 1901, 11. 13. 15. 17 f.

d) Der fremde Leib als Orientierungszentrum der räumlichen Welt

Wir kommen zum zweiten *constituens* des Leibes: seiner Stellung im Nullpunkt der Orientierung. Es ist nicht trennbar von der Gegebenheit der räumlichen Außenwelt. Der Körper des andern Individuums als bloßer physischer Körper ist ein Raumding wie andre und an einer bestimmten Stelle des Raumes, in einem bestimmten Abstand von mir, dem Zentrum der räumlichen Orientierung, und in bestimmten räumlichen Verhältnissen zu der übrigen räumlichen Welt gegeben. Indem ich mich nun, ihn als Empfindungsleib auffassend,[bs] einfühlend in ihn versetze, gewinne ich ein neues Bild[70] der räumlichen Welt und einen neuen Nullpunkt der Orientierung. Es ist nicht so, daß ich meinen Nullpunkt hierher verlege, denn ich behalte meinen „originären" Nullpunkt und meine „originäre" Orientierung bei, während ich einfühlend, nicht-originär die andre gewinne. Andrerseits ist es keine Phantasieorientierung, kein Phantasiebild der räumlichen Welt, das ich gewinne, sondern es kommt ihm Konoriginarität zu wie den eingefühlten Empfindungen, weil der Leib, auf den es bezogen ist, zugleich wahrgenommener Körper ist, und weil es gegeben ist als originär für das andere Ich, obwohl nicht-originär für mich. Mit der Orientierung sind wir in der Konstitution des fremden Individuums ein gewaltiges Stück vorwärts gekommen, denn mit ihr ist dem Ich, das dem empfindenden Leib zugehört, die ganze Fülle äußerer Wahrnehmungen eingefühlt, in denen sich die räumliche Welt wesensgesetzlich konstituiert. Aus einem Subjekt, das Empfindungen hat, ist es zu einem geworden, das Akte vollzieht.[bt] Und damit erhalten alle Bestimmungen darauf Anwendung, die sich aus der immanenten Wesensbetrachtung des Wahrnehmungsbewußtseins ergeben.[71] Es gelten also dafür auch die Aussagen über die wesenhaft möglichen verschiedenen Vollzugsmodalitäten der Akte, über Aktualität und Inaktualität der Wahrnehmungsakte und des Wahrgenommenen. Das äußerlich wahrnehmende 70
Ich kann prinzipiell in der Weise des *cogito* wahrnehmen, d. h. im Modus des spezifischen „Gerichtetseins" auf ein Objekt, und es ist damit zugleich die Möglichkeit der Reflexion auf den vollzogenen Akt gegeben. Welche Vollzugsform jeweilig vorhanden ist, das ist mit der Einfühlung eines wahrnehmenden Bewußtseins überhaupt natürlich noch nicht vorgezeichnet, son-

[bs] ihn – auffassend *subl.* A02–17. *Gl.* Das genügt nicht: ich muss ihn nicht bloss als empfindend, sondern als wahrnehmend auffassen, es ist also schon das Erfassen der Subjektivität vorausgesetzt.
[bt] Aus – vollzieht. *subl.* A02–17. *Gl.* !

[70] Die Bezeichnung „Bild" gibt ein schlechtes Bild von der Auffassung der räumlichen Welt, denn wir haben kein Bild, das uns sie darstellt, sondern sie selbst von einer Seite gesehen.
[71] Vgl. die Analysen in [Edmund] Husserl, *Ideen* [*I*] S. 48 f., 60 ff. [Hua. III, 57 f., 74 ff.].

dern dazu bedarf es von Fall zu Fall besonderer Anhaltspunkte. Aber die Wesensmöglichkeiten, die im einzelnen Falle vorliegen, sind a priori festgelegt.[bu)]

e) Das fremde Weltbild als Modifikation des eigenen

Das Weltbild, das ich dem andern einfühle, ist nicht nur auf Grund der andern Orientierung eine Modifikation des meinen, sondern variiert mit der aufgefaßten Beschaffenheit seines Leibes. Für einen Menschen ohne Augen fällt die gesamte optische Gegebenheit der Welt fort. Es gibt wohl ein Weltbild, das seiner Orientierung entspricht, aber wenn ich es ihm zuschreibe, so unterliege ich einer groben Einfühlungstäuschung. Ihm konstituiert sich die Welt nur durch die übrigen Sinne, und es wird mir vielleicht dank meiner lebenslang geübten faktischen Anschauungs- und Denkgewohnheiten real unmöglich sein, mir die einfühlende Erfüllung seiner in Leervorstellungen gegebenen Welt zu verschaffen. Aber diese Leervorstellungen und der Mangel der anschaulichen Erfüllung ist mir gegeben. In noch höherem Maße wird dies für die Einfühlung des Mindersinnigen in den Vollsinnigen gelten. Hier zeigt sich die Möglichkeit der Bereicherung des eignen Weltbildes durch das andrer, die Bedeutung der Einfühlung für die Erfahrung der realen Außenwelt. Diese Bedeutung macht sich noch nach andrer Hinsicht bemerkbar.

f) Einfühlung als Bedingung der Möglichkeit der Konstitution des eigenen Individuums

Von dem in Einfühlung gewonnenen Nullpunkt der Orientierung aus muß
71 ich meinen eigenen Nullpunkt als einen Raumpunkt unter vielen, nicht mehr als Nullpunkt betrachten. Und damit zugleich – und nur dadurch – lerne ich meinen Leib als einen Körper wie andre sehen, während er mir in originärer Erfahrung nur als Leib und außerdem (in äußerer Wahrnehmung) als ein unvollkommener und von allen andern verschiedener Körper gegeben ist.[72]

In „iterierter Einfühlung“[73] fasse ich jenen Körper wieder als Leib auf, und so erst bin ich mir selbst in vollem Sinne als psychophysisches Indivi-

---

bu) *Gl.* Ich brauche aber schon einen besondern „Anhaltspunkt“, um ein „Wahrnehmen des Bewusstseins überhaupt“ zu erfassen.

---

72 S. o. S. 44 ff. [56 f.].
73 S. Teil II S. 18 f. [28 f.].

duum gegeben, für das nun einmal die Fundierung auf einem physischen Körper konstitutiv ist. Diese iterierte Einfühlung ist zugleich die Bedingung der Möglichkeit jener spiegelbildartigen Gegebenheit meiner selbst in der Erinnerung und Phantasie (vermutlich auch der Spiegelbildauffassung selbst, worauf wir hier nicht näher eingehen), auf die wir mehrfach stießen.[74] So lange mir nur ein Nullpunkt und mein Körper in diesem Nullpunkt gegeben ist, besteht zwar die Möglichkeit der Verschiebung meines Nullpunktes samt meines Körpers und auch die Möglichkeit einer Verschiebung in der Phantasie, die dann mit dem realen Nullpunkt und der dazu gehörigen Orientierung widerstreitet (und diese Möglichkeit ist, wie wir sahen, Bedingung der Möglichkeit der Einfühlung), aber nicht die Möglichkeit eines freien Hinblickens auf mich wie auf einen andern Körper. Wenn ich mich in einer Kindheitserinnerung im Wipfel eines Baumes oder phantasierend am Ufer des Bosporus erblicke, so sehe ich mich wie einen andern bzw. wie ein andrer mich sieht. Und das ermöglicht mir die Einfühlung. Aber ihre Bedeutung reicht noch weiter.

g) Die Konstitution der realen Außenwelt in intersubjektiver Erfahrung

Die Welt, die ich phantasierend erblicke, ist kraft ihres Widerstreits zu meiner originären Orientierung nichtseiende Welt (ohne daß ich mir, in der Phantasie lebend, diese Nicht-Existenz zur Gegebenheit zu bringen brauche); die Welt, die ich einfühlend erblicke, ist existierende Welt, als seiend gesetzt wie die originär wahrgenommene. Die wahrgenommene und die 72
einfühlungsmäßig gegebene ist dieselbe Welt, verschieden gesehen. Aber nicht nur dieselbe von verschiedenen Seiten gesehen, wie wenn ich originär wahrnehmend von einem Standpunkt zum andern, kontinuierliche Erscheinungsmannigfaltigkeiten durchlaufend, übergehe, von denen jede frühere die spätere motiviert, jede folgende die vorangehende ablöst.

Das Hinüberwandern von meinem Standpunkt zum andern vollzieht sich zwar auch in derselben Weise, aber der neue tritt nicht an die Stelle des alten, ich halte beide gleichzeitig fest. Dieselbe Welt stellt sich nicht bloß jetzt so und dann anders dar, sondern gleichzeitig auf beide Weisen. Und sie stellt sich nicht nur abhängig vom jeweiligen Standpunkt verschieden dar, sondern auch abhängig von der Beschaffenheit des Betrachters. Damit erweist sich die Welt*erscheinung* als abhängig vom individuellen Bewußtsein,[bv]

[bv] individuellen Bewußtsein *subl.* A02–17. *Gl.* von der Individualität des erfahrenden Subjekts.

[74] S. o. S. 9 [18 f.].

die erscheinende Welt aber – die dieselbe bleibt, wie und wem immer sie erscheint – als bewußtseinsunabhängig. Eingesperrt in die Schranken meiner Individualität könnte ich über „die Welt, wie sie mir erscheint", nicht hinauskommen, es wäre jedenfalls denkbar, daß die Möglichkeit ihrer unabhängigen Existenz, die als Möglichkeit noch gegeben sein könnte, immer unausgewiesen bliebe. Sobald ich aber jene Schranken mit Hilfe der Einfühlung überschreite und zu einer zweiten und dritten von meiner Wahrnehmung unabhängigen Erscheinung derselben Welt gelange, ist jene Möglichkeit ausgewiesen. So wird die Einfühlung als Fundament intersubjektiver Erfahrung Bedingung der Möglichkeit einer Erkenntnis der existierenden Außenwelt, wie es von Husserl[75] und ähnlich von Royce[76] dargestellt wird.

Wir können jetzt auch zu andern Versuchen einer Konstitution des Individuums, die uns in der Einfühlungsliteratur begegnen, Stellung nehmen.

Wir sehen jetzt, daß Lipps mit vollem Recht behauptet, das eigene Individuum wie die Vielheit der Iche komme zustande auf Grund der Wahrnehmung fremder Körper, in denen wir ein Bewußtseinsleben (vermittels
73 der Einfühlung) vorfinden.⟨37⟩ Als Individuum, als „ein Ich unter vielen" betrachten wir uns tatsächlich erst, wenn wir uns nach „Analogie" eines andern betrachten gelernt haben. Der Mangel seiner Theorie besteht darin, daß er sich mit solchen kurzen Hinweisen begnügt, daß er – in der einen Hand den Körper des fremden Individuums, in der andern seine einzelnen Erlebnisse (noch dazu mit der Einschränkung auf die in „symbolischer Relation" gegebenen) – stehen blieb, ohne zu zeigen, wie beide zueinander kommen, ohne die Leistung der Einfühlung für die Konstitution des Individuums aufzuweisen.⟨38⟩

Auch mit der Auffassung von Münsterberg[77], zu der wir früher keinen rechten Zugang fanden, können wir uns jetzt auseinandersetzen. Seine früher wiedergegebenen Ausführungen laufen darauf hinaus (wenn wir ihn recht verstehen), daß wir getrennt nebeneinander die im Miterleben gegebenen Akte der andern Subjekte einerseits, die fremden Körper und die in

---

⟨37⟩ Vgl. Theodor Lipps, *Leitfaden der Psychologie*, dritte, teilweise umgearbeitete Aufl., Leipzig 1909, 36 f.

⟨38⟩ Vgl. Theodor Lipps, *Weiteres zur Einfühlung*, in: AGPs IV (1905) 469 f.

---

[75] Vgl. [Edmund Husserl,] *Ideen* [*I*] S. 279 u. 317 [Hua. III, 329. 372 f.].

[76] Vgl. [Josiah Royce,] Selfconsciousness, social consciousness and nature, [in: PhRev 4 Nr. 5 (1895) 465–485 und ebd. 4 Nr. 6 (1895) 577–602. Josiah Royce (geb. 20. November 1855 in Grass Valley/California, † 14. September 1916 in Cambridge) war von 1882 an Professor für Philosophie an der Harvard Universität in Cambridge. Er lehrte in Anlehnung an Johann Gottlieb Fichte, Friedrich Wilhelm Joseph von Schelling und Georg Wilhelm Friedrich Hegel einen objektiven Idealismus und logischen Voluntarismus.]

[77] Vgl. Teil II S. 39 f. [51 f. Vgl. Hugo Münsterberg, *Beiträge zur experimentellen Psychologie I*, Freiburg 1889, 127 ff.]

einer bestimmten Konstellation zu ihnen gegebene räumliche Welt (die „Vorstellungen" heißt es bei Münsterberg – eine Auffassung, deren Widerlegung uns hier zu weit führen würde) andrerseits haben. Erst, indem der Gehalt der Aussagen, mit denen die andern Subjekte an mich herantreten, sich abhängig erweist von der Stellung ihrer Körper in der räumlich-zeitlichen Welt, kommt es zu einer Bindung der Subjekte und ihrer Akte an die Körper.

Diese scharfsinnige Theorie müssen wir auf Grund unserer schlichten Aufweisungen als unhaltbare Konstruktion ablehnen. Ein Körper bloß als solcher betrachtet, könnte nie als „Ordnungsprinzip" der andern Objekte aufgefaßt werden. Andrerseits müßten die Aussagen der andern Subjekte über ihre phänomenale Welt immer unverständlich bleiben (wenigstens im Sinne eines vollen erfüllenden Verstehens im Unterschied zu bloßem leeren Wortverständnis), wenn nicht die Möglichkeit der Einfühlung, des Sichversetzens in ihre Orientierung bestände. Die Aussagen können ergänzend einspringen, wo die Einfühlung versagt, und dann eventuell als Anhaltspunkte für weitere Einfühlung dienen, aber sie können sie nicht prinzipiell ersetzen, sondern ihre Leistung setzt die der Einfühlung voraus. Schließlich: wäre es auch denkbar, auf Grund der bloßen Aussagen zur Vorstellung einer Grup- 74
pierung der räumlichen Welt um einen bestimmten Körper zu gelangen und eine Zuordnung des Subjekts jener Aussagen zu diesem Körper vorzunehmen, so ist doch gar nicht abzusehen, wie es von hier aus zum Phänomen des einheitlichen psychophysischen Individuums kommen sollte, das wir doch nun einmal unbestreitbar haben. Und ebensowenig geht es natürlich an, den eignen Leib als einen Körper aufzufassen von dessen „Situation" der „Inhalt unserer Vorstellungen" abhängig ist.

h) Der fremde Leib als Träger freier Bewegung

Wir haben den fremden Leib als Träger von Empfindungsfeldern und als Orientierungszentrum der räumlichen Welt kennen gelernt und finden nun ein weiteres *constituens* in seiner freien Beweglichkeit. Die Bewegungen eines Individuums sind uns nicht als bloße mechanische Bewegungen gegeben. Es gibt allerdings auch Fälle dieser Art – ebenso wie bei eignen Bewegungen. Wenn ich mit einer Hand die andre ergreife und hochhebe, so ist mir die Bewegung der gehobenen Hand als mechanische gegeben, geradeso wie die eines physischen Körpers, den ich hebe. Die gleichzeitig ablaufenden Empfindungen konstituieren das Bewußtsein der Lageveränderung eines Teiles meines Leibes, aber nicht das Erlebnis des „ich bewege".

Ich habe dieses Erlebnis dagegen in der bewegenden Hand, und zwar sowohl das der Eigenbewegung als ihrer Mitteilung an die andre Hand. Indem diese Eigenbewegung zugleich als mechanische Bewegung äußerlich wahrgenommen und beide als dieselbe Bewegung aufgefaßt wird (wie wir schon früher ausführten), wird sie auch als Eigenbewegung „gesehen".

Der Unterschied „lebendiger" und „mechanischer" Bewegung kreuzt sich hier mit dem von „eigener" und „Mitbewegung"; es ist nicht etwa einer auf den andern zu reduzieren; das zeigt sich einmal darin, daß jede „lebendige" zugleich auch mechanische Bewegung ist.

Andrerseits ist die Eigenbewegung nichts *als* lebendige Eigenbewegung, da es auch mechanische Eigenbewegung gibt: wenn eine rollende Kugel in
75 ihrer Bewegung auf eine andere trifft und sie „mitnimmt", so haben wir das Phänomen mechanischer Eigen- und Mitbewegung. Es ist nun zu fragen, ob es auch lebendige Mitbewegung gibt. Ich glaube, man wird das verneinen müssen.

Wenn ich im Eisenbahnzuge durch eine Landschaft fahre oder mich auf der Eisbahn stoßen lasse, ohne selbst Gleitbewegungen auszuführen, so ist mir die Bewegung (wenn wir von allem, was nicht Mitbewegung ist, absehen) nur im Wechsel der Erscheinungen der räumlichen Umgebung gegeben und kann ebensogut als Bewegung der Landschaft wie als Bewegung meines Körpers aufgefaßt werden. Daher die bekannten „optischen Täuschungen": die vorbeifliegenden Bäume und Telegraphenstangen; der Bühnentrick, der uns durch Bewegung der Kulissen das Zurücklegen eines Weges vortäuscht usw.

Die Mitbewegung ist also nur als mechanische, nicht als lebendige aufzufassen. Jede lebendige Bewegung scheint demnach Eigenbewegung zu sein. Von der Mitbewegung ist allerdings noch die „mitgeteilte" Bewegung zu unterscheiden.

Wenn eine rollende Kugel die ruhende nicht „mitnimmt", sondern ihr durch den Stoß eine eigene Bewegung „erteilt" (eventuell selbst liegen bleibend), so haben wir das Phänomen einer mitgeteilten mechanischen Bewegung. Eine solche mitgeteilte Bewegung nun kann nicht bloß als mechanische wahrgenommen, sondern auch als lebendige erlebt werden. Allerdings nicht als „ich bewege", sondern als „Bewegtwerden". Wenn ich einen Stoß erhalte und hinfalle oder einen Abhang hinuntergeschleudert werde, so erlebe ich die Bewegung als lebendige, aber nicht als „aktive", aus einem „Impuls" hervorgehende, sondern als „passive", mitgeteilte. Die analogen Unterschiede wie bei den eigenen, finden sich auch bei den fremden Bewegungen. Wenn ich jemanden im Wagen vorbeifahren sehe, so erscheint mir seine Bewegung nicht prinzipiell anders als die der „ruhenden" Teile des Wagens: Es ist mechanische Mitbewegung, die ich äußerlich wahrnehme, nicht einfühle. Durchaus davon zu scheiden ist natürlich seine Auffassung dieser Bewegung, die ich mir einfühlend vergegenwärtige, indem ich mich in seine Orientierung versetze. Ganz anders verhält es sich mit der Bewegung, die er ausführt, indem er sich z. B. im Wagen erhebt. Ich „sehe" eine Bewegung vom Typus meiner Eigenbewegung, ich fasse sie als Eigenbewegung auf, ich 76 folge der Tendenz zur Erfüllung der „mitwahrgenommenen" Eigenbewegung, indem ich sie einfühlend mitmache in der nun schon hinreichend bekannten Weise, und ich vollziehe abschließend die Objektivation, in der sie mir als Bewegung des anderen Individuums gegenübertritt. So gibt sich mir der fremde Leib mit seinen Organen als beweglich. Und die freie Beweglichkeit ist mit den anderen Konstituentien des Individuums eng verknüpft. Wir müssen diesen Körper schon als Leib auffassen, um lebendige Bewegung in ihn einzufühlen;[bw] nie werden wir die Eigenbewegung eines physischen Körpers als lebendige Bewegung auffassen (wenn wir uns auch vielleicht ihren Unterschied von einer mitgeteilten oder einer Mitbewegung durch eine Quasi-Einfühlung veranschaulichen, indem wir z. B. die Bewegung der gestoßenen und der stoßenden Kugel „innerlich mitmachen"). Der sonstige Charakter der Kugel verbietet es, ihnen die vergegenwärtigten lebendigen Bewegungen zuzuschreiben.[78] Andererseits widerstreitet starre Unbeweglichkeit dem Phänomen des empfindenden Leibes und des lebendigen Organismus überhaupt.[79]

Die Vorstellung eines völlig unbeweglichen Lebewesens ist unvollziehbar; an einer Stelle regungslos festgebannt sein, heißt zugleich „zu Stein erstarren". Die räumliche Orientierung ist von der freien Beweglichkeit schon vollends nicht zu trennen. Zunächst würden beim Fortfall der Eigenbewegung die Wahrnehmungsmannigfaltigkeiten so beschränkt, daß die Konstitution einer räumlichen Welt (schon der individuellen) in Frage gestellt wäre. Sodann fiele die Möglichkeit einer Versetzung in den fremden Leib und damit einer erfüllenden Einfühlung und Gewinnung seiner Orientierung fort. Zum Aufbau des Individuums gehört also ganz unaufhebbar freie Bewegung.

[bw] *Gl.* in Sutterlin: wahrscheinlich ist es umgekehrt. Schon – einzufühlen *subl.* A02–17.

---

[78] Da jeder Leib zugleich Körper und jede lebendige zugleich mechanische Bewegung ist, ist es möglich, Körper und ihre Bewegungen so zu betrachten „als ob" sie Leiber wären, und die Bewegungseinfühlung in physische Körper spielt in der ästhetischen Einfühlungsliteratur eine große Rolle.

[79] Wenn die Pflanzen auch nicht die freie Bewegung animalischer Subjekte haben, so gehört doch zu ihnen wesentlich das Phänomen des Wachstums, und in ihm ist Bewegung eingeschlossen, die keine bloß mechanische Bewegung ist. Dazu kommt das Hinwenden nach dem Licht und andere lebendige Bewegungen, die sie ausführen.

77 i) Die Lebensphänomene

Wir haben nun eine Gruppe von Phänomenen zu betrachten, die in besonderer Weise am Aufbau des Individuums beteiligt sind, indem sie am Leibe in Erscheinung treten und doch auch als seelische Erlebnisse. Ich möchte sie die spezifischen Lebensphänomene nennen. Wachstum, Entwicklung und Altern, Gesundheit und Krankheit, Frische und Mattigkeit (die Gemeingefühle, wie wir sagten, oder die Art und Weise, „sich in seinem Leibe zu fühlen", wie Scheler zu sagen pflegt), Leben und Sterben.

Scheler hat wie gegen die Einfühlungstheorie überhaupt so ganz besonders gegen die „Erklärung" der Lebensphänomene durch die Einfühlung protestiert.[80] Das wäre ganz berechtigt, wenn Einfühlung ein genetischer Prozeß wäre und in der Erklärung jene Tendenz läge, das zu Erklärende wegzudeuten, von der wir früher sprachen. Im übrigen sehe ich keine Möglichkeit, die Lebensphänomene von den übrigen Konstituentien des Individuums loszulösen und ein anderes als einfühlendes Erfassen für sie aufzuzeigen.

Wir haben bei der Betrachtung der Gemeingefühle als Eigenerleben gesehen, wie sie Leib und Seele „füllen" und jedem geistigen Akt wie jedem leiblichen Vorgang eine bestimmte Färbung verleihen, wie sie sodann – in derselben Weise wie die Empfindungsfelder – am Leibe „mitgesehen" werden. So „sehen" wir auch an Gang und Haltung, an jeder Bewegung eines Menschen seine „Weise sich zu fühlen", Frische, Mattigkeit und dgl., und wir bringen dieses mitintendierte fremde Erleben zur Erfüllung, indem wir es einfühlend mitvollziehen. Wir sehen nun solche Frische und Mattigkeit nicht nur an Menschen und Tieren, sondern auch an Pflanzen. Und auch hier haben wir die Möglichkeit einfühlender Erfüllung. Freilich ist es eine erhebliche Modifikation meines eigenen Lebens, die ich hier erfasse. Das Gemeingefühl einer Pflanze erscheint nicht als Färbung ihrer Akte, denn für ein Vorhandensein solcher Akte gibt es nicht den mindesten Anhalt, ich habe demnach auch kein Recht, der Pflanze, ein „waches" Ich und reflektives Bewußtsein ihrer Lebensgefühle zuzuschreiben. Es fehlen ferner die uns sonst bekannten Konstituentien animalischer Wesen. Ob die Pflanze Emp-
78 findungen hat, das ist mindestens zweifelhaft[81], und es ist daher unberechtigte Einfühlung, wenn wir einem Baume, den wir mit der Axt abhauen, Schmerz zuzufügen meinen. Sie ist auch nicht Orientierungszentrum der räumlichen Welt und auch nicht frei beweglich, obwohl – im Gegensatz zu allem Anorganischen – lebendiger Bewegung fähig. Andererseits berechtigt uns der Mangel dieser Konstituentien nicht, auch die vorhandenen umzu-

---

[80] [Max Scheler,] *Sympathiegefühle* S. 121 [SGW VII, 235 ff.].

[81] Gewisse Phänomene legen es nahe, ihr Licht- und eventuell eine gewisse Berührungsempfindlichkeit zuzuerkennen, doch möchte ich hierin keine Entscheidung fällen.

deuten und die pflanzlichen Lebensphänomene von den unseren zu scheiden. Ob wir die Lebensphänomene als wesentlich psychische oder nur als wesentliches Fundament psychischen Daseins ansehen sollen, das will ich dahingestellt lassen.[82] Daß ihnen im psychischen Zusammenhange Erlebnischarakter zukommt, wird sich kaum bestreiten lassen. Nun wird man vielleicht finden, daß ich mir in dem Gemeingefühl ein recht bequemes Beispiel für die seelische Natur der Lebensphänomene ausgesucht habe. Indessen, sie muß sich auch an den anderen aufweisen lassen. Scheler selbst hat uns auf das „Erleben des Lebens" hingewiesen;[83] wenn er erst die „gelebten", die abgeschlossenen, fertigen Erlebnisse „psychische" nennen will, so scheint mir das eine Definition zu sein, die nicht aus dem Wesen des Psychischen geschöpft ist. Das gegenwärtige Psychische (das originäre, wie wir sagten) ist Werdendes, ist Erleben. Das Gewordene, Gelebte, Fertige sinkt zurück in den Strom des Vergangenen, wir lassen es hinter uns, indem wir in neues Erleben hineinschreiten, es verliert seine Originarität, aber es bleibt „dasselbe Erlebnis", es ist jetzt lebendig, dann tot, aber nicht jetzt nicht-psychisch (einen positiven Ausdruck gibt es bezeichnender Weise nicht), dann psychisch – sowie das erstarrende Wachs erst flüssig, dann fest ist, aber doch dies Wachs, derselbe physische Körper, bleibt. Ein nicht-psychisches individuelles Erleben gibt es nicht (das reine Erleben, mit dem wir es in der Reduktion zu tun haben, ist sowohl als werdendes wie als gewordenes nicht-psychisch), Seele ist von Leben nicht zu trennen. Scheler hat betont, daß es ein Erleben des 79
Lebensaufstiegs und -niedergangs gibt.[84] Ein Erleben, kein Gegenständlichhaben, kein Konstatieren unterscheidbarer Entwicklungsstufen. Das Kontinuum des Lebens ist uns selbst als solches gegeben, nicht als Kompositum aus Verbindungsstrecken zwischen ausgezeichneten Punkten. Und auch das Aufsteigen zu diesen Punkten ist uns selbst gegeben, die Entwicklung, nicht nur ihre Resultate. (Freilich pflegen wir uns dieser Entwicklung erst „bewußt zu werden", d. h. sie zum Gegenstand zu machen, wenn wir ihr Resultat wahrnehmen, eines Abnehmens unserer Kräfte z. B., wenn wir bemerken, daß wir schwach sind, und entsprechend im „höheren Seelenleben" das Hinschwinden einer Neigung, wenn wir finden, daß sie nicht mehr vorhanden ist, und dgl.). Und es ist kein bloßes Bild, wenn wir unsere Entwicklung mit der einer Pflanze vergleichen, sondern eine echte Analogie in früher definiertem Sinne als Erfassen der Zugehörigkeit zum selben Typ. Nicht anders steht es mit dem leiblichen „Befinden": „Sichkrankfühlen" hat mit Schmerzen" wenig zu tun, man kann sich z. B. bei schmerzhaften Körperverletzungen, bei einem komplizierten Armbruch u. dgl., ganz gesund und ohne je-

[82] Dann wären sie auch als nicht-psychisch, Pflanzen als seelenlose Lebewesen denkbar.
[83] [Max Scheler,] *Philosophie des Lebens* S. 172 ff. [SGW III, 312 ff.].
[84] [Max Scheler,] *Philosophie des Lebens* [SGW III, 311–339].

den Schmerz sehr elend fühlen. Und dies „Befinden" sehe ich dem andern an und bringe es mir im einfühlenden Hineinversetzen zur Gegebenheit. Dem aufmerksamen Beobachter enthüllen sich mannigfache Einzelzüge im einheitlichen Krankheitsbild, die beim flüchtigen Hinblicken verborgen bleiben. Das ist es, was der „geschulte Blick" des Arztes vor dem Laien voraus hat. Daß er auf Grund dieses Bildes seine Diagnose stellt und an den gelblichen, eingefallenen Wangen das Karzinom, an den hektischen Flecken und dem unnatürlichen Glanz der Augen die Tuberkulose zu „sehen" meint, das verdankt er nicht mehr der Einfühlung, sondern seinem Wissen daß jenes „klinische Bild" durch die Wirksamkeit des betreffenden Erregers hervorgerufen wird. Aber das klinische Bild selbst, die Unterscheidung der mannigfachen Krankheitstypen, die die Grundlage aller Diagnostik bildet, verschafft ihm seine durch die Einstellung auf diese Gruppe von Phänomenen und durch lange Übung zu weitgehender Differenzierung kultivierte Ein-
80 fühlungsgabe, die freilich hier meist auf der ersten Stufe der Einfühlung[bx] stehen bleibt und nicht erst zum Hineinversetzen in den krankhaften Zustand fortschreitet. Und nicht anders als das Verhältnis des Arztes zu den Patienten, deren Wohl ihm anvertraut ist, ist das des Gärtners zu den Pflanzen, für deren Gedeihen er sorgt. Er sieht sie voll frischer Kraft oder kränkelnd, sich erholend oder dahinsiechend. Einfühlend verschafft er sich Aufschluß über ihr Befinden, in kausaler Betrachtung forscht er nach den Ursachen des Befindens und gewinnt Mittel, um es zu beeinflussen.

k) Kausalität[85] im Aufbau des Individuums

Die Möglichkeit solcher kausalen Betrachtung ist selbst wiederum auf Einfühlung gegründet. Der Körper des fremden Individuums als solcher ist als ein Glied der physischen Natur in kausalen Beziehungen zu anderen physischen Objekten gegeben: wenn man ihn stößt, so erteilt man ihm eine Bewegung, durch Schlag und Druck kann man seine Gestalt verändern; wenn man ihn verschieden beleuchtet, so ändert sich seine Färbung usw. Aber mit diesen Kausalbeziehungen ist es nicht abgetan.

Der fremde Körper ist, wie wir wissen, nicht als Körper, sondern als Leib gesehen, wir sehen, daß er außer den physischen noch andere Wirkungen erleidet und ausübt.

Wenn wir mit einer Nadel in eine Hand stechen, so ist das nicht dasselbe,

---

bx) Einfühlung *ante corr.* Einführung.

---

85 „Kausalität" bedeutet hier die anschaulich erfaßte Abhängigkeitsbeziehung, nicht die physikalisch-exakt bestimmbare.

wie wenn wir einen Nagel in die Wand einschlagen, obwohl es als mechanischer Vorgang dasselbe ist, nämlich das Eintreiben eines Keils. Die Hand empfindet Schmerz, wenn sie gestochen wird, und wir sehen das, es bedarf eines künstlichen Absehens davon, wir müssen das Phänomen erst reduzieren, um zu sehen, was es mit dem andern gemein hat. Wir „sehen" diese Wirkung, weil wir die Hand als empfindende sehen, weil wir uns einfühlend in sie hineinversetzen und jede physische Einwirkung darauf als „Reiz" auffassen, der eine psychische Wirkung hervorruft.

Wir erfassen außer diesen Wirkungen äußerer Ursachen Wirkungen innerhalb des Individuums selbst. Wir sehen z. B. ein Kind lebhaft herumtollen und dann müde und verdrießlich werden. Dann fassen wir Müdigkeit
und schlechte Laune als Wirkungen der Bewegung auf. Wie uns die Bewe- 81
gungen als lebendige Bewegungen und wie uns die Müdigkeit zur Gegebenheit kommt, haben wir schon gesehen. Auch die „schlechte Laune" erfassen wir einfühlend (wie wir bald sehen werden).

Und die Kausalfolge erschließen wir nun auch nicht etwa aus den gewonnenen Daten, sondern auch sie ist einfühlend erlebt. Ebenso erfassen wir einfühlend interpsychische Kausalität, wenn wir beispielsweise – selbst immun gegen das infektiöse Material – den Prozeß der Gefühlsansteckung unter anderen Individuen beobachten, etwa bei den Worten des Schauspielers „nur schluchzen hört man und die Weiber weinen" alsbald von allen Ecken und Enden des Zuschauerraumes ein unterdrücktes Schluchzen vernehmen. Uns in diese rührseligen Gemüter hineinversetzend, fühlen wir das Ergriffenwerden von der geschilderten Stimmung mit und gewinnen so ein Bild des kausalen Vorgangs, der sich dort abspielt, wir gewahren schließlich auch eine Wirkung des Individuums auf die Außenwelt: in jeder Handlung, die eine Veränderung der physischen Natur hervorbringt, der Trieb- wie der Willenshandlung. Wenn ich die „Reaktion" auf einen Reiz beobachte, z. B. wie ein heranfliegender Stein durch eine „mechanische" Abwehrbewegung aus seiner Bahn gelenkt wird, so sehe ich einen Kausalprozeß, in den psychische Zwischenglieder eingeschaltet sind. Mich in den andern hineinversetzend fasse ich jenes Objekt als Reiz auf und erlebe das Auslösen der Gegenbewegung (solche Vorgänge mögen unbemerkt ablaufen, aber sie als „unbewußt" oder gar „rein physiologisch" zu bezeichnen, ist durchaus unberechtigt), und ich erlebe die Ablenkung des Steins aus seiner Bahn als Wirkung der Reaktionshandlung. Sehe ich, wie jemand auf Grund eines Willensentschlusses handelt, z. B. auf eine Wette hin eine schwere Last aufhebt und fortträgt, so erfasse ich einfühlend das Hervorgehen der Handlung aus dem Willensakt, der hier als *primum movens* des Kausalprozesses erscheint, nicht als Zwischenglied in einer[by] Reihe physischer Ursachen.

[by] einer *add.* A02–17.

Wir haben phänomenal gegeben die Wirkung von Psychischem auf Physisches und auch von Psychischem auf Psychisches ohne Vermittlung eines physischen Zwischengliedes (z. B. im Falle einer Gefühlsansteckung, die
82 nicht durch den leiblichen Ausdruck bewirkt, wenn auch durch eine Form des Ausdrucks als Bedingung des Auffassens des Erlebnisses vermittelt ist).[86] Aber ob physisch vermittelt, ob rein psychisch – wir haben hier doch ein Wirken von der gleichen Struktur wie die phänomenalen Kausalverhältnisse in der physischen Natur.

Nun begegnen wir bei Scheler (in Übereinstimmung mit Bergson[⟨39⟩]) der Ansicht, daß wir im Psychischen eine ganz neue Art der Kausalität antreffen, die es auf physischem Gebiet nicht gibt.[87] Diese neuartige Wirksamkeit soll darin bestehen, daß jedes vergangene Erlebnis prinzipiell auf jedes künftige ohne vermittelnde Zwischenglieder (also auch ohne reproduziert zu werden) wirken kann, daß ebenso eine Wirkung künftiger Ereignisse auf das gegenwärtige Erleben möglich ist, in weitergehender Fassung: daß die psychische Kausalität nicht in einer Bedingtheit jedes Erlebnisses durch das vorangehende, sondern in seiner Abhängigkeit von der Totalität des Erlebens, dem Ganzen des individuellen Lebens bestehe.[bz)] Halten wir uns zunächst an die letzte Formulierung, so ist durchaus anzunehmen, daß jedes Erlebnis durch die ganze Reihe vorhergehender Erlebnisse bedingt ist – aber auch jeder physische Vorgang durch die ganze vorangehende Kausalkette.

Ein prinzipieller Unterschied besteht darin, daß auf physischem Gebiet „gleiche Ursachen gleiche Wirkungen" haben, während es sich zeigen läßt, daß auf psychischem Gebiet das Auftreten von „gleichen Ursachen" wesensmäßig ausgeschlossen ist. Hält man sich aber rein an das Verhältnis von verursachendem und verursachtem Erlebnis, so wird sich kaum eine neue Art des Wirkens aufweisen lassen. Suchen wir uns an Beispielen klar zu machen, was hier vorliegt?[88]

Ein Willensentschluß, eine mir gestellte Aufgabe lenkt den Ablauf meines Handelns auch lange nach dem aktuellen Vollzug, ohne daß sie mir im gegenwärtigen Handeln vorstellig, „bewußt" ist. Heißt das, ein vergangenes

---

bz) bestehe *ante corr.* abhänge.

⟨39⟩ Vgl. Henrí Bergson, *Evolution créatrice*, Paris 1913, 5.

---

86 Zur Frage der Kausalität vgl. im vorangehenden S. 22 [33 f.].

87 Vgl. [Max Scheler,] *Idole* S. 124 f., [SGW III, 271 f., ders.,] *Philosophie des Lebens* S. 218 ff. [SGW III, 334 ff., ders., *Die Psychologie der sogenannten*] *Rentenhysterie* [*und der rechte Kampf gegen das Übel*, in: Abhandlungen und Aufsätze II, Leipzig 1915, 229–262,] S. 236 f. [Edith Stein zitiert diesen Aufsatz mit dem Kurztitel *Rentenhysterie*. SGW III, 297]; vgl. im vorangehenden Teil II S. 37 [49 f.].

88 Wir lassen im folgenden unberücksichtigt, ob die „Wirksamkeit" in der Form der Kausalität oder Motivation auftritt.

abgeschlossenes Erlebnis bestimme von jenem Zeitpunkt aus mein gegenwärtiges Erlebnis? Keineswegs. Jener Willensakt, der lange Zeit unerfüllt blieb, ist nicht in dieser Zeit „in Vergessenheit" geraten, in den Strom des 83
Vergangenen zurückgesunken.[ca)] Er ist nur aus dem Modus der Aktualität in den der Inaktualität übergegangen, aus der Aktivität in die Passivität. Es gehört zum Wesen des Bewußtseins, daß in jedem Moment des Erlebens das *cogito*, der Akt, in dem das Ich lebt, umgeben ist von einem Hof von Hintergrunderlebnissen, von Inaktualitäten, die nicht mehr oder noch nicht *cogito* und darum auch nicht der Reflexion zugänglich sind, sondern erst des Durchgangs durch die Form des *cogito* (die sie jederzeit annehmen können) bedürfen, um erfaßt zu werden. Obwohl nicht aktuell, sind sie doch gegenwärtig, originär und kraft dessen wirksam. Der unerfüllte Willensakt ist nicht tot, sondern lebt im Hintergrund des Bewußtseins fort, bis seine Zeit kommt und er sich realisieren kann; dann setzt sein Wirken ein. Nicht ein Vergangenes wirkt also auf das Gegenwärtige, sondern ein in die Gegenwart Hineinreichendes.

Wir sind demnach ganz einverstanden, daß keine Reproduktion des Willensaktes die Handlung in Gang setzt; wir gehen sogar noch weiter und sagen: sie wäre gar nicht dazu imstande. Ein vergessener Willensakt kann nicht wirken und ein „reproduzierter" Willensakt ist auch kein lebendiger, sondern ein vergegenwärtigter und als solcher unfähig, ein Handeln zu bewirken (so wenig wie mir im finstern Zimmer die Phantasie einer brennenden Lampe die nötige Beleuchtung zum Lesen verschaffen kann), er muß erst nachgelebt, wieder durchlebt werden, um wirken zu können.

Nicht anders steht es mit den künftigen Ereignissen, die „ihre Schatten vorauswerfen". Scheler führt das Beispiel von James ⟨40⟩ an[89], der unter

---

ca) „gelebtes Leben" geworden, um mit Scheler zu reden. *del.* A02–17.

⟨40⟩ William James (geb. 11. Januar 1842 in New York, † 20. August 1910 in Cambridge) gilt als der bedeutendste amerikanische Vertreter der modernen introspektiven Psychologie und des Pragmatismus. Er ist ein Gegner der atomistischen Psychologie und des Assoziationismus. Unter Psychologie versteht er die Lehre vom seelischen Leben und dessen Bedingungen. Im Selbstbewußtsein sei die funktionale Identität das einzig Gegebene. Nach Studienanfängen der Malerei (1860) und der Chemie in Harvard studierte er Medizin und lernte Charles S. Pierce kennen, mit dem ihn zeitlebens eine tiefe Freundschaft verbinden sollte. Ab 1867 hörte er in Berlin Vorlesungen über Philosophie und Psychologie und bekam einen Ruf an die Harvard Universität nach Cambridge. Seine psychischen Theorien nahmen die Grundideen der Gestaltpsychologie und des Behaviorismus vorweg und bilden eine wichtige Grundlage für die Religionspsychologie. Erkenntnistheoretisch vertrat er einen aktiven und radikalen Empirismus, nach welchem nur das wahr ist und existiert, was sich in irgendwelchen Erfahrungen bewährt. Die Naturgesetze seien die unveränderlichen Gewohnheiten der Dinge selbst und die Wurzel der Religion sei das Gefühl.

---

89 [Max Scheler,] *Psychologie*, S. 224. [Edith Stein zitiert an dieser Stelle falsch und unein-

dem Einfluß des unangenehmen Logikkollegs, das er nachmittags zu lesen hatte, den ganzen Tag vorher lauter überflüssige Handlungen vornahm, nur um keine Zeit zu der lästigen Vorbereitung zu finden – ohne doch „daran zu denken“. Jede Erwartung eines bedrohlichen Ereignisses repräsentiert diesen Typus. Man richtet die Aufmerksamkeit auf ein anderes Objekt, um der Angst zu entgehen, aber sie entschwindet nicht, sondern bleibt „im Hinter-
84 grund“ bestehen und beeinflußt unser ganzes Verhalten; als inaktuelles Erleben, das kein spezifisches Gerichtetsein ist, hat sie ihr Objekt, das erwartete Ereignis, nicht voll gegenwärtig, aber stets tendiert sie dazu, in aktuelles Erleben überzugehen, das Ich in sich hineinzuziehen, stets besteht in ihm ein Widerstreben, sich diesem *cogito* hinzugeben, rettet es sich in andere aktuelle Erlebnisse, die doch in ihrem reinen Verlauf durch jenes Hintergrunderlebnis gehemmt werden. Auch hier ist also nicht Künftiges, sondern Gegenwärtiges wirksam. Und was schließlich die Wirksamkeit des Lebensganzen auf jeden Moment des Daseins betrifft, so müssen wir sagen: alles kann wirksam sein, was in die Gegenwart hineinlebt, gleichgültig in welchem Abstand vom „Jetzt“ sich der Ansatzpunkt des wirkenden Erlebnisses findet. Auch frühe Kindheitserlebnisse können in meine Gegenwart hineindauern, obwohl durch die Fülle späterer Ereignisse in den Hintergrund gedrängt. Das läßt sich deutlich an den Gesinnungen gegen andere Personen zeigen. Meine Freunde „vergesse“ ich nicht, wenn ich nicht an sie denke, sie gehören dann zum unbemerkten Gegenwartshorizont meiner Welt, und meine Liebe zu ihnen lebt, auch wenn ich nicht in ihr lebe, und beeinflußt mein aktuelles Fühlen und Handeln. Ich kann aus Liebe zu einer Person Handlungen unterlassen, die ihr mißfallen würden, ohne mir dessen „bewußt zu sein“. So kann der Groll gegen eine Person, der mir in meiner Kindheit eingepflanzt wurde, als ein Druck auf meinem späteren Leben lasten, obwohl er ganz in den Hintergrund gedrängt ist und ich an jene Person gar nicht mehr denke. Er kann dann, wenn ich ihr wieder begegne, in Aktualität übergehen und sich in eine Handlung entladen oder doch zu reflektiver Klarheit gebracht und dadurch unwirksam gemacht werden. Was dagegen meiner Vergangenheit angehört, was zeitweilig oder für immer vergessen ist und mir nur im Charakter der Vergegenwärtigung zur Gegebenheit kommen kann (durch Rückerinnerung oder Erzählung anderer), das übt keinerlei Wirkung auf mich aus. Eine erinnerte Liebe ist kein originäres Fühlen und kann keinen Einfluß auf mich ausüben; wenn ich jemanden etwas zuliebe tue, um einer vergangenen Neigung willen, so baut sich

---

heitlich. Die Textpassage, auf die sie verweist, befindet sich bei: Max Scheler, *Die Psychologie der sogenannten Rentenhysterie und der rechte Kampf gegen das Übel*, in: Abhandlungen und Aufsätze II, Leipzig 1915, 236 ff. SGW III, 297 f.]

das Wollen auf eine positive Stellungnahme zu dieser vergangenen Neigung auf, nicht auf das vergegenwärtigte Fühlen. 85

Alles Gesagte zeigt, daß die von Scheler angeführten Fälle keinen Unterschied in der phänomenalen Struktur des Wirkens auf physischem und auf psychischem Gebiet dartun. Auf dem Gebiet des Psychischen haben wir keine „Fernwirkung" kennen gelernt, und auch auf dem Gebiete der mechanischen Kausalität haben wir ein paralleles Ausspeichern latenter und ein Wirken verborgener Kräfte, wie wir es hier kennen gelernt haben. Die angesammelte elektrische Energiemenge z. B. „wirkt" erst im Moment der Entladung. Wir begegnen schließlich analogen Sachlagen auch bei den leiblichen Vorgängen: dem Auftreten von Krankheitserscheinungen geht eine „Inkubationszeit" der Erreger voran, in der sich keine Wirkung ihres Vorhandenseins zeigt; andrerseits sind vielfach Veränderungen eines Organismus festzustellen, lange bevor man ihre Ursache aufdecken kann. Daß trotz der hier betonten Gleichheit des Kausalphänomens tiefgehende Unterschiede zwischen physischer und psychischer Kausalität bestehen, soll nicht geleugnet werden. Doch bedürfte es, um sie darzutun, eines genauen Studiums des verschiedenartigen Baus der psychischen und physischen Realität.

l) Der fremde Leib als Träger von Ausdrucksphänomen

Wir haben den fremden Leib als Träger eines Seelenlebens kennen gelernt, daß wir ihn in bestimmter Weise „ansehen". Es fehlt nun noch eine Gruppe von Phänomenen, die uns ein weiteres Gebiet der Psyche in eigentümlich charakterisierter Weise erschließen.

Wenn ich „im" Erröten die Scham, im Stirnrunzeln den Verdruß, in der geballten Faust den Zorn „sehe", so ist das noch ein anderes Phänomen, als wenn ich dem fremden Leibe seine Empfindungsschicht ansehe oder die Empfindungen und Lebensgefühle des andern Individuums mitwahrnehme. Hier erfasse ich das eine mit dem andern, dort erblicke ich das eine durch das andere. In dem neuen Phänomen ist das Seelische mit dem Leiblichen nicht nur mitwahrgenommen, sondern dadurch ausgedrückt, das Erlebnis und sein Ausdruck stehen in einem Zusammenhang, den wir bei Fr. Th. Vischer[41] und ganz besonders bei Lipps als Symbolzusammenhang ge- 86

[41] Friedrich Theodor Vischer (geb. 30. Juni 1807 in Ludwigsburg, † 14. September 1887 in Gmunden am Traunsee) lebte ab 1821 im Seminar in Blaubeuren, wo er 1825 sein Abitur ablegte. Danach studierte er in Tübingen Theologie, Philosophie und Philologie. 1830 bestand er sein theologisches Examen und wurde 1832 promoviert. Ab 1835 war er in Tübingen als Privatdozent für Ästhetik und deutsche Literatur tätig. Er stand in Kontakt mit Eduard Mörike und Friedrich Hölderlin und unternahm verschiedene Reisen durch Italien und Griechenland. 1855 erhielt er den Ruf nach Zürich, wo sein Roman *Auch Einer*

schildert finden.[90] Die verschiedene Stellungnahme, die Lipps in verschiedenen Zeitpunkten zu diesem Problem einnahm, mag es uns hier veranschaulichen. Noch in der ersten Auflage der „Ethischen Grundfragen" (1899) heißt es, die Lebensäußerungen seien Zeichen die gedeutet würden, indem sie in uns die Erinnerung an eigene Erlebnisse wachriefen.[91] In den Schriften seit 1903 – in den beiden Bänden der Ästhetik⟨42⟩, im Leitfaden⟨43⟩, schon von der ersten Auflage an, in der Neuauflage der ethischen Grundfragen⟨44⟩ und anderen kleineren Schriften – wird diese Darstellung heftig bekämpft und die Auffassung der Lebensäußerungen als „Zeichen" energisch abgelehnt.

In die Zwischenzeit fällt das Erscheinen von Husserls „Logischen Untersuchungen". Die erste Untersuchung hatte an dem Verhältnis von Wort und Bedeutung dargetan, daß es phänomenale Einheiten gibt, die durch den Hinweis auf eine Assoziation auch nicht im mindesten verständlich gemacht werden können.

Diese Ausführungen mögen Lipps zu einer Revision seiner Ansichten angeregt haben. Er unterscheidet von jetzt an zwischen „Zeichen" und „Ausdruck" oder „Symbol". Etwas ist ein Zeichen – heißt: ein Wahrgenommenes sagt mir, daß ein anderes existiert. So ist der Rauch Zeichen des Feuers. Symbol bedeutet: in einem Wahrgenommenen liegt ein anderes und zwar

---

entstand. 1864 wurde er in die Königlich Bayerische Akademie der Wissenschaften aufgenommen. Friedrich Theodor Vischer gilt als anerkannter deutscher Literaturwissenschaftler und Philosoph im Gebiet der Ästhetik und wirkte als Schriftsteller und Politiker. Sein Denkansatz ist stark von Friedrich Wilhelm Hegel beeinflußt. Er betont das unbewußte Einfühlen. Vgl. Friedrich Theodor Vischer, *Ästhetik oder Wissenschaft des Schönen*, München 1846/47. 2. Nachdruck hg. v. Robert Vischer, Stuttgart 1996.

⟨42⟩ Vgl. Theodor Lipps, *Ästhetik I*, 138.

⟨43⟩ Vgl. Theodor Lipps, *Leitfaden der Psychologie*, dritte, teilweise umgearbeitete Aufl., Leipzig 1909, 199.

⟨44⟩ Vgl. Thedor Lipps, *Die ethischen Grundfragen*. Zehn Vorträge. Teilweise gehalten im Volkshochschulverein zu München, zweite Aufl., Hamburg/Leipzig 1905.

---

[90] Wenn das „Mitwahrnehmen" das Phänomen des Ausdrucks nicht erschöpfend charakterisiert, so ist es doch auch von Wichtigkeit dafür. Die Erlebnisse, die wir in den Ausdruckserscheinungen erfassen, sind mit ihnen verschmolzen. Das hat besonders Volkelt betont ([Johannes Volkelt,] *System der Ästhetik* [3 Bde., München 1905–1914] I, S. 254f., 307). Die Glieder des Leibes, die Mienen selbst scheinen beseelt, das Seelische scheint sichtbar zu sein, z.B. die Heiterkeit im Lächeln, die Freude in den strahlenden Augen. Die Einheit von Erlebnis und Ausdruck ist eine so innige, daß die Sprache häufig das eine durch das andere bezeichnet. Hingerissen, niedergedrückt, erhoben sein (vgl. [Ludwig] Klages, *Die Ausdrucksbewegung und ihre diagnostische Verwertung*, [in: ZPthPs (1914) 261–348,] S. 284f., SW VI, 78f.).

[91] A.a.O. [Theodor Lipps, *Die ethischen Grundfragen*. Zehn Vorträge. Teilweise gehalten im Volkshochschulverein zu München, Hamburg/Leipzig 1899.] S. 13.

ein Seelisches, wird darin miterfaßt (im Hinblick auf seine Theorie sagt er hier auch „miterlebt").

Ein Beispiel, das Lipps gern für die „symbolische Relation"[⟨45⟩] anführt, mag den Unterschied verdeutlichen: wie verhalten sie Trauer und traurige Miene einerseits, Feuer und Rauch andrerseits? Beide Fälle[92] haben etwas Gemeinsames: ein Objekt äußerer Wahrnehmung führt auf etwas, das nicht 87
in gleicher Weise wahrgenommen ist, hin. Dennoch liegt eine andere Art der Gegebenheit vor. Der Rauch, der mir Feuer anzeigt, ist mein „Thema"; Objekt meiner aktuellen Zuwendung und weckt in mir Tendenzen des Fortschreitens in einem weiteren Zusammenhange, ein Abfließen des Interesses in bestimmte Richtung. Der Übergang von einem Thema zum andern vollzieht sich in der typischen Form der Motivation: wenn das eine ist, so ist auch das andere. (Schon hier liegt mehr vor als die bloße Assoziation: „Der Rauch erinnert mich an Feuer", obwohl wir auch hier auf Assoziationen geführt werden mögen.) Das „Mitgegebensein" der Trauer in der traurigen Miene ist ein anderes: die traurige Miene ist eigentlich gar nicht ein Thema, das zu einem andern überleitet, sondern eins mit der Trauer, aber so, daß sie selbst ganz in den Hintergrund treten kann. Die Miene ist die Außenseite der Trauer, beide bilden eine natürliche Einheit.

Der Unterschied wird auch dadurch deutlich, daß in einzelnen Fällen wirklich Erlebnisse nach dem Typus der Anzeige gegeben sind. Ich bemerke an einem guten Bekannten einen mir vertrauten Gesichtsausdruck und konstatiere: wenn er so aussieht, dann ist er mißgestimmt. Solche Fälle erscheinen aber als Abweichung von dem Normalfall, der Symbolgegebenheit, und setzen außerdem eine gewisse Symbolgegebenheit schon voraus.[93]

Gemeinsam ist dem Anzeichen und dem Symbol, daß sie beide über sich hinausweisen, ohne es zu wollen oder zu sollen (das unterscheidet sie beide, wie wir sehen werden, von dem echten Zeichen).

Dennoch bestehen Unterschiede. Wenn ich dem Rauch zugewendet bleibe und beobachte, wie er in die Höhe steigt und sich zerteilt, so ist das nicht minder „natürlich" als wenn ich zum Feuer übergehe. Denke ich mir die Tendenzen, die mich in jene Richtung führen wollen, fort, so habe ich zwar nicht mehr das volle Wahrnehmungsobjekt, aber doch dasselbe Objekt, ein

---

⟨45⟩ Vgl. Theodor Lipps, *Ästhetik I*, 140: Ders., *Weiteres zur Einfühlung*, in: AGPs IV (1905) 466, 471.

---

92 Die *termini* „Zeichen" und „Ausdruck" sind hier – wie sich später zeigen wird – nicht am Platze. Es soll daher von „Anzeichen" und „Symbol" gesprochen werden. – Die folgenden Erörterungen der Begriffe „Anzeichen", „Zeichen", „Ausdruck" schließen sich eng an Ausführungen [Edmund] Husserls in seinen Seminarübungen im WS 1913/14 an.

93 An sie denkt wohl [Theodor] Lipps, wenn er die „Erfahrung" als Ergänzung der Einfühlung zuläßt.

88 Objekt derselben Art. Betrachte ich dagegen die traurige Miene als bloße Verzerrung des Gesichts, so habe ich gar nicht mehr dasselbe Objekt und auch nicht einmal ein Objekt derselben Art. Das hängt zusammen mit der Verschiedenheit der Erfüllungsmöglichkeiten in beiden Fällen: im einen Falle erfüllt sich das Leervorgestellte in fortschreitender äußerer Wahrnehmung, im andern durch eine (hier notwendige) μετάβασις εἰς ἄλλο γένος[46], den Übergang zum einfühlenden Hineinversetzen. Der Zusammenhang zwischen dem Wahrgenommenen und dem Leervorgestellten erweist sich als ein erlebbarer, verständlicher. Es kann auch sein, daß das Symbol noch nicht in bestimmter Richtung zeigt, es bleibt dann doch ein Hinweis ins Leere: das was ich sehe, ist unvollständig, es gehört noch etwas hinzu, ich weiß nur noch nicht, was.

Was Lipps unter Symbol versteht, dürfte nach diesen Ausführungen klar sein.[47] Es ist aber noch nicht gesagt, daß alles, was er als Symbol auffaßt, wirklich Symbol ist, und daß die Scheidung zwischen „Anzeichen“ und „Symbol“ schon genügt. Symbole sind für ihn Gebärden, Bewegungen, ruhende Formen, Naturlaute und Worte. Da er „Gebärden“ hier offenbar für unwillkürliche Äußerungen braucht, trifft die Bezeichnung zu. Für Zweckäußerungen langt die Schilderung schon nicht, wir kommen dann in die Sphäre der Zeichen. Von den „ruhenden Formen“ (Gesichtszügen, Bildung der Hand u. dgl.), dem „Ausdruck der Persönlichkeit“, möchte ich vorläufig absehen und mich auf den Ausdruck aktueller Erlebnisse beschränken. Was die Bewegungen angeht, in denen eine „Art der inneren Tätigkeit“ oder eine „Weise, sich zu fühlen“, liegen soll, so kann hier verschiedenes gemeint sein. Es kann im ganzen äußeren *habitus* eines Menschen, in der Art und Weise, sich zu bewegen, und in der Haltung etwas von seiner Persönlichkeit liegen: das wäre gemeinsam mit den „ruhenden Formen“ zu behandeln und kann hier fortfallen.

Lipps denkt ferner daran, daß eine Bewegung leicht, frei und elastisch erscheinen kann oder schwerfällig und gehemmt. Das gehört mit in die Reihe der Lebensphänomene, deren Gegebenheit wir bereits betrachtet haben.

Schließlich können auch mit Bewegungen andere als Gemeingefühle miterfaßt werden: Ich kann z. B. an Gang und Haltung eines Menschen erkennen, daß er traurig ist. Dann liegt aber nicht symbolische Relation vor, son-
89 dern Anzeige. Die Trauer gehört nicht so zur Bewegung wie zur traurigen Miene, ist nicht darin ausgedrückt.

Die Affektlaute dagegen stehen ganz auf derselben Stufe wie die sichtbaren Ausdrucksbewegungen, die Angst ist eins mit dem Angstschrei wie die Trauer mit der Miene und unterscheidet sich in ihrer Gegebenheit von

---

[46] Metabasis eis allo genos (griech.) – Übergang von einer Art zur anderen.
[47] Vgl. Theodor Lipps, *Ästhetik I,* 140.

der des Wagens, der sich mir durch das Rollen seiner Räder anzeigt, wie die Gegebenheit der Trauer in der Miene von der des Feuers durch den Rauch.

Und den Affektlauten nahe steht das Material, das in die Wortlaute eingeht: im Klang der Stimme kann Heiterkeit oder Betrübnis, Ruhe oder Erregung, Freundlichkeit oder Abweisung liegen. Auch hier liegt symbolische Relation vor, doch die Beziehung ist überdeckt von dem, was dem Wort als solchem zukommt. Das Wort selbst aber als Symbol zu bezeichnen, zu behaupten, daß in ihm ein Akt des Auffassens, im Satz der Urteilsakt des Redenden liege, wie die Trauer in seiner Miene und daß darauf das Sprachverständnis beruhe[94], das ist eine völlige Verirrung.

Dies zu zeigen, bedarf es einer näheren Untersuchung der Gegebenheit des Wortes (das gehört und verstanden ist). Zugleich kann dabei das Wesen des Zeichens überhaupt erörtert werden, von dem schon mehrfach die Rede war. Zeichen sind z. B. die Signale der Schiffer oder die Flagge, die verkündet, daß der König im Schloß ist. Wortlaute wie Signal sind nicht selbst Thema, sondern nur Durchgangspunkt zum Thema, nämlich zu dem, was sie bezeichnen. Sie erwecken eine Übergangstendenz, die gehemmt erscheint, wenn sie selbst zum Thema gemacht werden. Im normalen Falle des Verstehens (besonders beim Wort) ist der Übergang so momentan, daß von einer Tendenz kaum die Rede sein kann; sie wird aber sichtbar, wenn man sich an das Wort einer fremden Sprache hält, das zunächst nicht verstanden ist, sondern nur den Hinweis auf die Bedeutung enthält. Das völlige Zurücktreten des „sinnlich Wahrgenommenen" scheidet das Zeichen vom Anzeichen, das mit seinem vollen sachlichen Gehalt „Thema" wird. Andrerseits ist es auch nicht mit dem Symbol auf gleiche Stufe zu stellen, denn das Bezeichnete ist ja nicht wie das im Symbol Erfaßte mitwahrgenommen.

Dazu kommt noch etwas anderes. 90

Das Signal hat ein Moment des Sollens, der Zumutung an sich, das letztlich seine Erfüllung findet in der Vorstellung dessen, der es zum Zeichen bestimmt hat. Jedes Signal ist durch Konvention festgesetzt und von jemand für jemand bestimmt. Das fällt beim reinen Symbol fort: die traurige Miene „soll" nicht Trauer bedeuten, das Erröten nicht Scham. Symbol- und Signalcharakter vereinigen sich in gewisser Weise in der Zweckäußerung, die das Symbol als Zeichen verwendet: Im Stirnrunzeln erfasse ich jetzt nicht nur die Mißbilligung, sondern es will und soll sie kundgeben; die erfaßte Intention gibt dem ganzen Phänomen einen neuen Charakter; dabei kann sie selbst noch in symbolischer Relation gegeben sein (etwa im Blick), oder sie kann sich aus der Gesamtsituation heraus ergeben.

Wie steht es nun mit dem Wort? Findet sich auch hier jenes Moment des

---

[94] Vgl. [Theodor Lipps,] *Ästhetik II*, S. 2; [ders.,] *Psychologische Untersuchungen II. [Die Einfühlung*, Leipzig 1913, 112–491,] S. 448.

Sollens wie beim Signal? Augenscheinlich kann das Wort dastehen als mitgeteilt, und zwar weiterhin als mir oder einem andern mitgeteilt oder als bloß „laut gedacht". Wie diese Charaktere dem Wort anhaften, mag vorläufig dahingestellt bleiben, jedenfalls sind sie für das Verständnis der Worte irrelevant: die Worte „es brennt" bedeuten mir dasselbe, wenn sie nur ausgerufen, wenn sie an mich und wenn sie an einen andern gerichtet sind, ja von diesen Unterschieden braucht überhaupt nichts mitgegeben zu sein. Daß jemand die Worte spricht, gehört wohl mit zur Gegebenheit, aber die redende Person wird nicht *in* den Worten erfaßt, sondern mit ihnen zugleich, und auch das spielt zunächst keine Rolle für die Bedeutung der Worte, sondern erst als Wegweiser zu ihrer anschaulichen Erfüllung: Um den Sinn einer Wahrnehmungsaussage zu erfüllen, muß ich mich z. B. in die Orientierung der redenden Person versetzen. Die Worte können also ganz für sich betrachtet werden, ohne Rücksicht auf den Sprechenden und alles was in ihm vorgeht. Was unterscheidet nun Wort und Signal? Wir haben auf der einen Seite den Signalkörper, die Sachlage oder den Vorgang und die Brücke, die die Konvention zwischen beiden geschlagen hat und die sich als jenes „soll anzeigen" bemerkbar macht. Die Sachlage selbst bleibt dadurch, daß das Signal sie bezeichnet, ganz unberührt. Auf der andern Seite ent-
91 spricht zunächst schon dem Signalkörper kein Wort*körper*, sondern ein Wort*leib*. Der Wortlaut ist nichts, was für sich bestehen könnte, und zu dem, was es ist, noch von außen her die Funktion eines Zeichens bekommen hat, sondern ist immer Träger von Bedeutung, und zwar in ganz gleicher Weise, wenn er wirklich gehört und wenn er fingiert ist. Zum Signal dagegen gehört Realität. Wenn es fingiert ist, dann ist auch seine Zeichenfunktion bloß fingiert, während es eine fingierte Wortbedeutung nicht gibt. Wortleib und -seele bilden eine lebendige Einheit, die aber beiden eine relativ selbständige Entwicklung gestattet.[95] Ein Signal kann sich nicht entwickeln; nachdem es seine Bestimmung erhalten hat, trägt es sie unverändert weiter, und die Funktion, die ihm ein Willkürakt angeheftet hat, kann ihm ein Willkürakt wieder nehmen. Es existiert ferner nur kraft des an ihm vollzogenen Schöpfungsaktes, aber sobald es existiert, losgetrennt und unabhängig von diesem wie irgendein Erzeugnis menschlicher Kunstfertigkeit. Es kann zugrunde gehen und seine Funktion damit aufhören, ohne daß der betreffende „Schöpfer" irgendwie daran beteiligt ist.

Wenn ein Sturm alle Wegweiser im Riesengebirge hinwegfegt, dann müssen die Wanderer in die Irre laufen, ohne daß der Riesengebirgsverein, der dieses Zeichensystem geschaffen hat und es noch in schönster Ordnung wähnt, dafür verantwortlich zu machen ist.

---

[95] Einen Lautwandel bei konstanter Bedeutung, einen Bedeutungswandel bei konstantem Lautbild.

Dergleichen ist beim Wort nicht möglich, sondern es ist immer getragen von einem Bewußtssein (das natürlich nicht das des hic et nunc Redenden ist); es lebt „von Gnaden“ eines Geistes (d.h. nicht kraft seines Schöpfungsaktes, sondern in lebendiger Abhängigkeit von ihm), dessen Träger ein individuelles Subjekt sein kann, aber auch eine Gemeinschaft eventuell wechselnder Subjekte, die durch eine Erlebniskontinuität zu einer Einheit verbunden sind.

Schließlich noch den Hauptunterschied: die Worte weisen auf den Gegenstand hin durch das Medium der Bedeutung, während das Signal gar keine Bedeutung hat, sondern nur die Funktion des Bedeutens. Und sie weisen nicht wie das Signal einfach hin auf die Sachlage; was in sie eingeht, ist nicht die Sachlage, sondern ihre logisch-kategoriale Formung. Die Worte bezeich- 92
nen nicht, sondern drücken aus, und das Ausgedrückte ist nicht mehr, was es vorher war.[96] Das trifft natürlich auch zu, wenn das Ausgedrückte ein Psychisches ist.

Sagt mir jemand, er sei traurig, so verstehe ich den Sinn der Worte. Die Trauer, von der ich nun weiß, ist keine „lebendige“ als Wahrnehmungsgegebenheit vor mir stehende. Sie gleicht der im Symbol erfaßten so wenig wie etwa der Tisch, von dem ich reden höre, der Rückseite des Tisches, den ich sehe. In einem Fall befinde ich mich in der apophantischen Sphäre – dem Gebiet der Sätze und Bedeutungen –, im andern Falle in unmittelbarer anschauender Berührung mit der Gegenstandssphäre. Die Bedeutung ist immer ein Allgemeines; um zu erfassen, welcher Gegenstand *hic et nunc* gemeint ist, bedarf es immer einer Gegebenheit der anschaulichen Grundlage, auf die sich die Bedeutungserlebnisse aufbauen. Im Symbol liegt keine solche Zwischenschicht zwischen ausgedrücktem Erlebnis und der ausdrükkenden Leibesveränderung.

Aber ein Gemeinsames liegt in beiden Fällen vor, kraft dessen sich die Bezeichnung „Ausdruck“ auch für beides immer wieder aufdrängt. Eben dies, daß eines mit dem andern die Einheit eines Objekts konstituiert, daß der Ausdruck – aus der Verbindung mit dem Ausgedrückten gelöst – nicht mehr dasselbe Objekt ist (im Gegensatz zum Signalkörper), daß der Ausdruck aus dem Erlebnis hervorgeht[97] und sich dem Ausgedrückten material anmißt. Diese Verhältnisse sind beim leiblichen Ausdruck einfach, beim verbalen Ausdruck im gewissen Sinne doppelt vorhanden (Wort – Bedeutung – Gegenstand und korrelativ: Haben des Gegenstands, logisches Meinen oder

---

[96] Die Fälle, in denen Signale wie Worte fungieren oder Worte als Signale gebraucht werden, können wir hier unerörtert lassen.

[97] Den „expressiven“ Charakter der Sprache und sein ursprüngliches Prävalieren gegenüber der Mitteilungsfunktion betont ([Ludwig] Klages, [*Die Ausdrucksbewegung und ihre diagnostische Verwertung*, in: ZPthPs (1914) 261–348] a.a.O. S. 342, [SW VI, 131 f.).

Bedeuten und sprachliches Bezeichnen). Die Funktion des Ausdrückens, vermöge deren ich im Ausdruck das ausgedrückte Erlebnis erfasse, erfüllt sich allemal im Erlebnis des Hervorgehens des Ausdrucks aus dem Ausgedrückten, wie wir es an einer früheren Stelle (auch da „Ausdruck“ schon in einem erweiterten Sinne brauchend) geschildert haben. Im Fall des Ver-
93 stehens ist dies Erleben nicht originäres, sondern eingefühltes.

Hier ist allerdings zu scheiden zwischen dem verbalen und dem leiblichen Ausdruck.

Das Verständnis des leiblichen Ausdrucks baut sich auf auf das Erfassen des fremden Leibes, der bereits als Leib eines Ich aufgefaßt ist. Ich versetze mich hinein in den fremden Leib, vollziehe das Erlebnis, das mir mit der betreffenden Miene bereits leer mitgegeben war, und erlebe, wie es in jenem Ausdruck endet.

Beim Wort ist – wie wir sahen – ein Absehen von dem sprechenden Individuum möglich. Ich selbst habe im verstehenden Übergang vom Wort zur Bedeutung ein originäres Erfassen der Bedeutung, dieses idealen Gegenstandes, – und solange ich in dieser Sphäre bleibe, bedarf ich des fremden Individuums nicht und brauche seine Erlebnisse nicht einfühlend mitzuvollziehen.

Und auch eine anschauliche Erfüllung des Gemeinten durch originäres Erleben ist möglich; ich kann mir den Sachverhalt, über den der Satz etwas aussagt, selbst zur Gegebenheit bringen: wenn ich die Worte höre „es regnet“, so verstehe ich sie ohne Rücksicht darauf, daß sie mir jemand sagt; und ich bringe dies Verständnis zu anschauender Erfüllung, indem ich selbst zum Fenster hinaussehe. Nur wenn ich die Anschauung, auf die der Redende seine Aussage stützt, und sein volles Ausdruckserlebnis haben will, bedarf ich der Einfühlung.

Danach dürfte klar sein, daß man in der Richtung, die unmittelbar vom Wortlaut zur Bedeutung führt, nicht zum Erlebnis kommt, daß das Wort, insofern es eine ideale Bedeutung hat, nicht Symbol ist. Wie aber, wenn vom Wort noch andere Wege ausgingen?

Die Pforte zur Bedeutung ist der reine Typ des Wortes; dieser tritt uns aber (außer etwa im einsamen Seelenleben) immer in irgendeiner irdischen Hülle entgegen, in Sprache, Schrift oder Druck. Dies Kleid kann unbeachtet sein, es kann sich aber auch vordrängen (z. B. wenn es die Konturen des Wortes nicht deutlich widergibt). Dann zieht es das Interesse auf sich und damit zugleich auf die sprechende Person.[98] Sie erscheint als die Worte äußernd oder mitteilend, ev. mir mitteilend. Im letzten Falle „sollen“ die Worte
94 mich auf etwas hinweisen. Sie sind nun nicht mehr bloß Ausdruck für etwas Gegenständliches, sondern zugleich Äußerung oder Kundgabe der sinngebenden Akte der Person sowie der zugrunde liegenden Erlebnisse, z. B.

[98] Von geschriebenen und gedruckten Worten soll der Einfachheit halber abgesehen werden.

einer Wahrnehmung. Der Übergang zu der redenden Person und ihren Akten kann statt vom Wortlaut auch von dem Sinn der Worte seinen Anfang nehmen: eine Frage, eine Bitte, ein Befehl sind immer an jemand gerichtet und verweisen daher auf das Verhältnis von Sprechendem und Hörendem, ebenso alle okkasionellen Ausdrücke. Hier dienen die Intentionen des Sprechenden auch wirklich dem Verständnis der Worte: von ihnen aus wird erfaßt, zwar nicht, was die Worte überhaupt bedeuten, aber was hic et nunc damit gemeint ist.

Doch auch in ihrer kundgebenden Funktion können die Worte nicht als Symbol bezeichnet werden: erstens weil sie nicht das alleinige und auch nicht das hauptsächliche Fundament für das Erfassen der betreffenden Erlebnisse bilden, zweitens weil diese Erlebnisse nicht in ihnen, sondern nur von ihnen aus erfaßt werden, und auch in ganz anderer Weise sich darstellen als symbolisch gegebene. Höchstens könnte man sagen, daß im Sprechen das Sichäußern mit gleicher Lebendigkeit zutage trete wie ein Affekt in einer Ausdrucksbewegung, nicht aber die kundgegebenen Erlebnisse selbst. Bemerkenswert ist noch, daß auch Tonfall und Betonung dem Wort als Ausdruck zukommen (der Nachdruck, der auf den wesentlichen Teilen der Rede liegt, das Ansteigen der Stimme im Fragesatz u. dgl.), und erst in zweiter Linie kundgebende Funktion haben können. Diese Verhältnisse wären natürlich noch näher zu untersuchen.[99]

Machen wir uns nach dieser Charakteristik der Symbolgegebenheit noch einmal klar, was sie von dem bloßen „Mitgegebensein" des bisher betrachteten Psychischen unterscheidet, so sehen wir, daß auf der Stufe des einfühlenden Hineinversetzens jenes Hervorgehen des äußerlich Wahrgenommenen aus dem auf der ersten Stufe „Mitwahrgenommenen" erlebt wird, das in den früher betrachteten Fällen fehlte. Es muss ganz scharf geschieden werden zwischen der Gegebenheit der „Empfindlichkeit" des Leibes, die analog „mitgesehen" wird wie an physischen Objekten Tastqualitäten, und dem eigentlichen Ichleben. Diese tritt im Leibe zu Tage, er erscheint als ein

[99] Im Gegensatz zu [Theodor] Lipps hat die an ihn anschließende Abhandlung von [Wolfgang] Dohrn über die künstlerische Darstellung den Unterschied der Sprache als Ausdruck eines Bedeutungs-[gehalts] und als Äußerung oder Kundgabe eines Erlebnisgehalts scharf hervorgehoben (a. a. O. [Vgl. Wolfgang Dohrn, *Die künstlerische Darstellung als Problem der Ästhetik*, Hamburg und Leipzig 1907,] S. 55 ff.). Anschließend daran hat er die Dichtungsgattungen als verschiedene Äußerungsformen charakterisiert [Wolfgang Dohrn (geb. 5. April 1878, †4. Februar 1914) wirkte mit dem Sozialreformer Friedrich Naumann (1869–1919) zusammen und setzte die Institutionalisierung sowohl der Industrie- und Reformbewegung Deutscher Werkbund wie die Erziehungsreform durch. Er promovierte 1906 mit einer Studie über die *Künstlerische Darstellung als Problem der Ästhetik*, Untersuchungen zur Methode und Begriffsbildung der Ästhetik mit Anwendung auf Johann Wolfgang Goethes Werther. 1907 wurde er Mitarbeiter von Karl Schmidt und ab 1908 der erste Geschäftsführer des Werkbundes.].

ständig von innen her Gestaltetes und Umgestaltetes. Ich möchte behaupten, dass das Ich, das reine Ich, nicht die Person dem Menschen aus den Augen sieht und dass das *cogito*, das rein geistige Gerichtetsein im körperlichen Gerichtetsein sichtbar wird. [Natürlich ist das „sichtbar" werdende reine Ich Kern einer empirischen Person und das *cogito* Form einer psychischen Zuständlichkeit; aber alles Psychische ist eben Realisation von reinem Bewusstsein und in ihm wird reines Bewusstsein miterfasst, wenn auch nicht der Strom in voller Konkretion]. All die mannigfaltigen Ausdrucksphänomene sodann erscheinen nicht als äussere // Veränderungen des Körpers, sondern als Auswirkungen eines Innenlebens, das als solches mit dem meinen in lebendige Verbindung tritt. Das Innenleben, das im Leibe sichtbar wird, wiederum erscheint als Ausstrahlung einer Person, die mit ihm zur Gegebenheit kommt.[cb]

95 Das Aussehen einer empfindenden Hand geht nicht aus dem Empfinden hervor wie das Lachen aus der Fröhlichkeit. Dies Hervorgehen ist andrerseits spezifisch verschieden von kausaler Abfolge. Es ist eine andere Beziehung – wie wir früher sagten – zwischen Scham und Erröten als zwischen Anstrengung und Erröten. Während das Kausalverhältnis sich immer nur in der Form des „wenn … so" kundgibt, so daß die Gegebenheit eines Geschehens (sei es psychisch oder physisch) ein Fortschreiten zur Gegebenheit des anderen motiviert, wird hier das Hervorgehen eines Erlebens aus dem anderen ohne den Umweg über die Objektsphäre in reinster Immanenz erlebt.

Wir wollen dies erlebte Hervorgehen „Motivation" nennen. Alles, was man herkömmlicherweise als „Motivation" bezeichnet, stellt sich als ein Spezialfall dieser Motivation dar: die Motivation des Handelns durch das Wollen, des Wollens durch ein Fühlen; ebensogut aber auch das Hervorgehen des Ausdrucks aus dem Erlebnis. Auch die Motivation in der Wahrnehmung, von der Husserl spricht[100], das Hinübergleiten von einer Gegebenheit des Objekts zur anderen ist so zu verstehen. Man hat vielfach versucht, die Motivation als die Kausalität des Psychischen hinzustellen. Diese Auffassung läßt sich nicht halten, denn es gibt, wie wir sahen, auch psychische Kausalität, und sie unterscheidet sich deutlich von der Motivation. Diese gehört dagegen wesentlich der Erlebnissphäre an, nirgend sonst gibt es einen solchen Zusammenhang. Wir pflegen die Motivationsbeziehung im Gegensatz zur kausalen als verständlich oder sinnvoll zu bezeichnen.

Verstehen heißt gar nichts anderes als den Übergang von einem Teil zum anderen innerhalb eines Erlebnisganzen erleben (nicht: gegenständlich ha-

---

[cb] Es muss – zur Gegebenheit kommt. *add.* A02–17.

---

[100] [Edmund Husserl,] *Ideen* [*I*] S. 89 [Hua. III, 111 ff.].

ben), und aller objektive, aller Gegenstandssinn konstituiert sich allein in Erlebnissen dieser Art. Eine Handlung ist Verständnis- oder Sinneinheit, weil die sie konstituierenden Teilerlebnisse in einem erlebbaren Zusammenhange stehen. Und im selben Sinne bilden Erlebnis und Ausdruck ein Verständnisganzes. Einen Ausdruck verstehe ich, während ich mir eine Empfindung bloß zur Gegebenheit bringen kann. So werde ich durch das Phänomen des Ausdrucks hineingeführt in die Sinnzusammenhänge des Psychi- 96
schen und gewinne damit zugleich ein wichtiges Mittel zur Korrektur der Einfühlungsakte.

m) Die Korrektur der Einfühlungsakte

Was die Einheit eines Sinnes aufheben würde, das muß auf Täuschung beruhen. Wenn ich beim Anblick einer Wunde dem Verletzten Schmerz einfühle, so pflege ich ihm ins Gesicht zu sehen, um durch den Ausdruck des Leidens meine Erfahrung bestätigen zu lassen. Gewahre ich statt dessen eine heitere oder gleichmütige Miene, so sage ich mir, daß er wohl doch keine Schmerzen haben muß, denn Schmerzen motivieren ihrem Sinne nach unlustvolle Gefühle, die in einem Ausdruck sichtbar werden. Weitere Prüfung (bestehend in neuen Einfühlungsakten und ev. darauf gebauten Schlüssen) kann mich auch zu einer anderen Korrektur führen: daß zwar das sinnliche Gefühl vorhanden, aber sein Ausdruck willkürlich zurückgehalten ist, oder daß der Betreffende wohl den Schmerz empfindet, aber infolge einer Perversion seines Fühlens nicht daran leidet, sondern ihn genießt.

Weiterhin verhilft mir das Eindringen in die Sinnzusammenhänge dazu, „äquivoke" Ausdrücke richtig aufzufassen. Ob ein Erröten Scham oder Zorn bedeutet oder eine Folge physischer Anstrengung ist, das entscheidet sich je nach den sonstigen Umständen, die mich veranlassen, das eine oder das andere einzufühlen. Wenn der Betreffende vorher eine Dummheit gesagt hat, so ergibt sich mir unmittelbar der eingefühlte Motivationszusammenhang: Einsicht in seine Torheit – Scham – Erröten; wenn er zugleich die Faust ballt oder einen Fluch ausstößt, so sehe ich, daß er zornig ist; hat er sich vorher gebückt oder ist er rasch gelaufen, so fühle ich statt des Motivations- einen Kausalzusammenhang ein. All das unmittelbar, ohne daß es im einzelnen Fall einer „Differenzialdiagnose" bedürfte. Ich ziehe die anderen Fälle so wenig zum Vergleich heran, wie ich beim Verstehen eines Satzes zu überlegen brauche, welche der möglichen Bedeutungen einem äquivoken Worte in dem jeweiligen Zusammenhange zukomme.

Durch Korrektur der Einfühlungsakte erklärt sich auch jenes Verstehen dessen, was hinter einer Miene verborgen ist, von dem wir früher sprachen. 97
Einmal ist der „echte" vom „falschen" Ausdruck in sich unterschieden, das

konventionelle Lächeln z. B. von dem wahrhaft liebenswürdigen und auch das lebendige von dem gleichsam erstarrten, das noch festgehalten wird, wenn die aktuelle Regung, der es entspringt, schon abgeklungen ist. Aber auch den „täuschend" nachgeahmten Ausdruck vermag ich zu durchschauen. Wenn mich jemand im herzlichsten Tone seiner Teilnahme versichert und mich dabei kalt und gleichgültig oder mit zudringlicher Neugier mustert, so schenke ich ihm keinen Glauben.

Das Zusammenstimmen der Einfühlung in der Einheit eines Sinnes ermöglicht auch das Verständnis von Ausdruckserscheinungen, die mir aus eigenem Erleben unbekannt und darin ev. gar nicht erfahrbar sind. Ein Zornesausbruch ist ein verständliches Sinnganzes, innerhalb dessen mir alle einzelnen Momente verständlich werden, auch die bis dahin unbekannten, z. B. ein wütendes Lachen. So wird mir auch das Schweifwedeln des Hundes verständlicher Ausdruck der Freude, wenn sein Blick und sein sonstiges Gehaben solche Gefühle verrät und seine Situation dergleichen rechtfertigt.

n) Die Konstitution des seelischen Individuums und seine Bedeutung für die Korrektur der Einfühlung

Aber die Möglichkeit der Korrektur geht weiter. Ich fasse nicht nur einzelne Erlebnisse und einzelne Sinnzusammenhänge auf, sondern nehme sie (wie in der inneren Wahrnehmung meine eigenen Erlebnisse) als Bekundungen individueller Eigenschaften und ihres Trägers.

Im freundlichen Blick erfasse ich nicht nur eine aktuelle Regung, sondern Freundlichkeit als habituelle Eigenschaft, im Zornesausbruch offenbart sich mir eine „heftige Gemütsart", im Durchschauen eines komplizierten Zusammenhangs der Scharfsinn usw.

Diese Eigenschaften konstituieren sich mir ev. in einer ganzen Reihe sich bestätigender und korrigierender Einfühlungsakte. Habe ich aber auf solche Weise ein Bild des fremden „Charakters" (als Einheit dieser Eigenschaften) gewonnen, so dient er mir selbst als Anhalt für die Bewertung weiterer Einfühlungsakte. Wenn man mir von einem Menschen, den ich als rechtlich
98 erkannt habe, eine unehrenhafte Handlungsweise erzählt, so werde ich dem keinen Glauben schenken. Und wie zwischen den einzelnen Erlebnissen, so gibt es auch zwischen den personalen Eigenschaften Sinnzusammenhänge, es gibt wesenhaft verträgliche und wesenhaft unverträgliche Eigenschaften: ein wahrhaft gütiger Mensch kann nicht rachsüchtig sein, ein mitleidiger nicht grausam, ein offenherziger nicht „diplomatisch" usw.

So erfassen wir in jeder Eigenschaft die Einheit eines Charakters wie in jeder dinglichen Eigenschaft die Einheit eines Dinges, und besitzen darin eine Motivation künftiger Erfahrungen.[cc] So konstituiert sich uns das Individuum nach allen seinen Elementen in Einfühlungsakten.

o) Die Einfühlungstäuschungen

Wie in jeglicher Erfahrung, so sind auch hier Täuschungen möglich, aber wie überall, so sind auch hier die Täuschungen nur durch erfahrende Akte derselben Art zu entlarven, bzw. durch Schlüsse, die letztlich auf solche Akte als ihre Grundlage zurückführen. Aus welchen Quellen solche Täuschungen entspringen können, das haben wir schon mehrfach gesehen: wenn wir einfühlend unsere individuelle Beschaffenheit statt unseres Typus zugrunde legen, so kommen wir zu falschen Ergebnissen.[101]

So, wenn wir dem Farbenblinden unsere Farbeneindrücke, dem Kinde unsere Urteilsfähigkeit, dem Wilden unsere ästhetische Empfänglichkeit zuschreiben.

Wäre nur diese Art der Auffassung fremden Seelenlebens mit Einfühlung gemeint, so müßte man sie mit Recht ablehnen, wie es Scheler tut.[cd] Aber es ist ihm hier begegnet, was er anderen Theorien vorgeworfen hat: daß er den Fall der Täuschung für den Normalfall nahm. Jene Täuschung ist aber – wie wir sagten – nur wiederum durch Einfühlung zu beheben.

Wenn ich dem Unmusikalischen meinen Genuß einer Beethovenschen Symphonie einfühle, so wird diese Täuschung schwinden, sobald ich ihm ins Gesicht sehe und dort dem Ausdruck tödlichster Langeweile begegne.

Im Prinzip liegt im Analogieschluß dieselbe Fehlerquelle: Auch hier bildet 99
die eigene faktische (nicht typische) Beschaffenheit den Ausgangspunkt; da ich im übrigen logisch vorgehe, gelange ich nicht zu einer Täuschung (d. h. einer vermeintlichen originären Gegebenheit eines tatsächlich nicht Vorhandenen), sondern zu einem Fehlschluß auf Grund der falschen Prämisse; das Resultat ist in beiden Fällen dasselbe: ein Verfehlen des wirklich Vorhandenen. Schon der „gesunde Menschenverstand" hält das „Schließen von sich auf andere" für kein brauchbares Mittel zur Erlangung der Kenntnis fremden Seelenlebens.

Um solchen Irrtümern und Täuschungen vorzubeugen, bedarf es einer

---

[cc] So – Erfahrungen *lin. ad marg.* A02–17.
[cd] wäre – tut. *lin. ad marg.* A02–17.

---

[101] Auf diese Art der Einfühlungstäuschung (und zwar als Fall der Täuschung im Gebiet sonst zuverlässiger Erfahrung) macht auch [Hubert] Roettecken (*Poetik* [München 1902,] S. 22) aufmerksam [Hubert Roetteken (geb. 1860, † 1943) war ein deutscher Literaturhistoriker und Professor für Germanistik an der Universität zu Würzburg. Vgl. Kürschners deutscher Gelehrtenkalender 4 (1931) 376].

ständigen Leitung der Einfühlung durch die äußere Wahrnehmung, die Konstitution des fremden Individuums ist durchaus fundiert auf die Konstitution des Körpers. Die Gegebenheit eines Körpers von bestimmter Beschaffenheit in äußerer Wahrnehmung ist also Voraussetzung für die Gegebenheit eines psychophysischen Individuums; andrerseits gelangen wir durch äußere Wahrnehmung allein nicht einen Schritt über den physischen Körper hinaus, sondern das Individuum als solches konstituiert sich, wie wir sahen, ganz und gar in Einfühlungsakten. Dank dieser Fundierung von Seele auf Leib ist Einfühlung in psychophysische Individuen nur für ein Subjekt desselben Typs möglich.

Ein reines Ich z.B., dem sich kein eigener Leib und keine psychophysischen Beziehungen originär konstituieren, könnte vielleicht mancherlei Objekte gegeben haben, aber beseelte Leiber, lebende Individuen könnte es nicht wahrnehmen.

Was hier Faktizität ist, was Wesensnotwendigkeit, das ist allerdings sehr schwer zu entscheiden und bedürfte einer eigenen Untersuchung.

p) Bedeutung der Konstitution des fremden für die des eigenen seelischen Individuums

Wie wir nun auf einer niederen Stufe (bei der Betrachtung des Leibes als Orientierungszentrum) sahen, war die Konstitution des fremden Individuums Bedingung für die volle Konstitution des eigenen; etwas Ähnliches findet sich auch in den höheren Schichten. Uns in innerer Wahrnehmung betrachten, d.h. unser seelisches Ich und seine Eigenschaften betrachten, heißt uns so sehen, wie wir einen anderen und ein anderer uns sieht. Die ur-
100 sprüngliche naive Haltung des Subjekts ist das Aufgehen in seinem Erleben, ohne es zum Objekt zu machen. Wir lieben und hassen, wollen und handeln, freuen uns und trauern und geben dem Ausdruck, und all das ist uns in einem gewissen Sinne bewußt, ohne erfaßt, ohne Objekt zu sein; wir stellen keine Betrachtungen darüber an, wir machen es nicht zum Gegenstand der Beachtung oder gar Beobachtung und weiterhin der Bewertung, und sehen es nicht daraufhin an was für einen „Charakter" es bekundet.

All das tun wir dagegen bei dem fremden Seelenleben, das uns dank seiner Gebundenheit an den wahrgenommenen Körper von vornherein als Objekt vor Augen steht.[ce] Indem ich es nun als „meinesgleichen" auffasse, komme ich dazu, mich selbst als ein Objekt gleich ihm zu betrachten. Einmal in „reflexiver Sympathie", indem ich einfühlend die Akte erfasse, in denen sich

[ce] All – steht. *lin. ad marg. Gl.* in Sütterlin: Auch nicht primär, sondern das Ursprüngliche ist das naive Zusammenleben mit den andern.

ihm mein Individuum konstituiert. Von seinem „Standpunkt“ aus blicke ich durch meinen leiblichen Ausdruck auf jenes „höhere Seelenleben“ hin, das sich darin kundgibt, und die seelischen Eigenschaften, die sich darin verraten. So gewinne ich das „Bild“, das der andere von mir hat, richtiger gesagt: die Erscheinungen, in denen ich mich ihm darstelle. So wie dasselbe Naturobjekt in soviel Erscheinungsmannigfaltigkeiten gegeben ist, als es wahrnehmende Subjekte gibt, so kann ich ebensoviel „Auffassungen“ meines seelischen Individuums wie auffassende Subjekte haben.[102] Freilich, sobald es zur einfühlenden Erfüllung kommt, können die iterierten Einfühlungsakte, in denen ich mein Erleben erfasse, mit dem originären Erleben in Widerstreit geraten und jene „Auffassung“ sich dadurch als Täuschung herausstellen. Und es ist prinzipiell möglich, daß alle Auffassungen meiner selbst, die ich kennen lerne, verkehrte sind.

Nun habe ich aber zum Glück die Möglichkeit, mir mein Erleben nicht bloß in iterierter Einfühlung, sondern originär in innerer Wahrnehmung zur Gegebenheit zu bringen. Ich habe sie dann unmittelbar, nicht vermittelst ihres Ausdrucks oder an körperlichen Erscheinungen gegeben. Ich erfasse jetzt auch meine Eigenschaften originär, nicht einfühlend. Diese Haltung ist, wie wir sagten, der natürlichen Einstellung fremd, und es ist die Einfühlung, 101
die uns dazu veranlaßt. Aber das ist keine Wesensnotwendigkeit, die Möglichkeit der inneren Wahrnehmung besteht auch, unabhängig davon, und so erscheint in diesem Zusammenhange die Einfühlung nicht als ein *constituens*, sondern nur als wichtiges Hilfsmittel für das Erfassen des eigenen Individuums (im Gegensatz zur Auffassung des eigenen Leibes als eines Körpers wie andere, die ohne Einfühlung nicht möglich wäre).

Und als solches Hilfsmittel erweist sie sich auch noch nach anderer Seite hin. Die innere Wahrnehmung birgt, wie uns Scheler gezeigt, die Möglichkeit der Täuschung in sich. Als ein Korrektiv solcher Täuschungen bietet sich uns nun neben weiteren Bestätigungen oder widerstreitenden Wahrnehmungsakten die Einfühlung dar. Es ist möglich, daß ein anderer mich „richtiger beurteilt“ als ich mich selbst und mir Klarheit über mich selbst verschafft. Er bemerkt z. B., daß ich Beifall suchend um mich sehe, indem ich eine Wohltat erweise, während ich selbst aus reiner Barmherzigkeit zu handeln meine. So arbeiten Einfühlung und innere Wahrnehmung Hand in Hand, um mir mich selbst zu geben.

---

[102] Es ist also gar nicht so unrecht, wenn [William] James sagt, der Mensch habe so viele „soziale Selbst“, als es Individuen gäbe, die ihn kennen ([William James,] *Psychologie*, [übers. v. Marie Dürr, Leipzig 1909, *Das Selbst* 174–215.] S. 178. [ders., The works of William James, Cambridge 1975–1998, 159–191, 163]); nur die Bezeichnung „soziales Selbst“ wollen wir nicht akzeptieren.

IV. Einfühlung als Verstehen geistiger Personen

§ 1. Begriff des Geistes und der Geisteswissenschaften

Das individuelle Ich, dessen Konstitution uns bisher beschäftigte, betrachteten wir als Glied der Natur, den Leib als einen Körper unter anderen, die Seele auf ihn fundiert, Wirkungen erleidend und ausübend, eingereiht in den Kausalzusammenhang, alles Psychische als Naturgeschehen, Bewußtsein als Realität. Allein diese Auffassung ist nicht konsequent durchzuführen, schon bei der Konstitution des psychophysischen Individuums leuchtete an mehreren Stellen etwas hindurch, was über diesen Rahmen hinausgeht.

Das Bewußtsein zeigte sich uns nicht nur als kausalbedingtes Geschehen, sondern zugleich als objekt-konstituierend, damit tritt es heraus aus dem
102 Zusammenhang der Natur und ihr gegenüber: Bewußtsein als Korrelat der Objektwelt ist nicht Natur, sondern Geist.

Wir wollen uns nicht vermessen, die Fülle neuer Probleme, die hiermit auftaucht, in Angriff zu nehmen, geschweige denn zu lösen. Aber wir können auch nicht daran vorbeigehen, wenn wir zu den Fragen Stellung nehmen wollen, die uns in der Geschichte der Einfühlungsliteratur entgegentreten, die Fragen des Verständnisses fremder Persönlichkeiten. Wie das zusammenhängt, werden wir später sehen.

Zunächst wollen wir feststellen, wie weit sich der Geist schon in unsere Konstitution des psychophysischen Individuums eingeschlichen hat. Schon indem wir den fremden Leib als Orientierungszentrum der räumlichen Welt auffaßten, haben wir das zugehörige Ich als ein geistiges Subjekt hingenommen, denn wir haben ihm damit ein objektkonstituierendes Bewußtsein zugeschrieben, die Außenwelt als sein Korrelat betrachtet; alle äußere Wahrnehmung vollzieht sich in geistigen Akten.

Desgleichen sind wir mit jedem Einfühlungsakte im wörtlichen Sinne, d. h. mit jedem Erfassen eines fühlenden Aktes, bereits in das Reich des Geistes eingedrungen. Denn wie in Wahrnehmungsakten physische Natur, so konstituiert sich im Fühlen ein neues Objektreich: die Welt der Werte; in der Freude hat das Subjekt ein Erfreuliches, in der Furcht ein Furchtbares, in der Angst ein Bedrohliches sich gegenüber; selbst Stimmungen haben ihr objektives Korrelat: für den Heiteren ist die Welt in rosigen Schimmer getaucht, für den Betrübten grau in grau. Und all das ist uns mit den fühlenden Akten als zu ihnen gehörig mitgegeben.

Den Zugang zu diesen Erlebnissen gewährten uns in erster Linie die Ausdruckserscheinungen. Da wir sie als aus den Erlebnissen hervorgehend betrachteten, haben wir hier zugleich ein Hineinreichen des Geistes in die physische Welt, ein „Sichtbarwerden" des Geistes im Leibe, ermöglicht durch die psychische Realität, die den Akten als Erlebnissen eines psychophysischen Individuums zukommt, und die Wirksamkeit auf die physische Natur in sich schließt.

Noch auffallender offenbart sich das im Willensgebiet. Der Willensakt hat nicht nur ein objektives Korrelat – das Gewollte – sich gegenüber, sondern, indem er die Handlung aus sich entläßt, verleiht er ihm Realität, wird schöpferisch. Unsere ganze „Kulturwelt", alles, was „Menschenhand" gebildet hat, 103
alle Gebrauchsobjekte, alle Werke des Handwerks, der Technik, der Kunst sind Realität gewordenes Korrelat des Geistes.

Die Naturwissenschaft (Physik, Chemie, Biologie im weitesten Sinne als Wissenschaft von den lebenden Wesen, die auch die empirische Psychologie einschließt) beschreibt die Naturobjekte und sucht ihre reale Entstehung kausal zu erklären.

Die Ontologie der Natur sucht das Wesen und die kategoriale Struktur dieser Objekte zu enthüllen.[103]

Und die „Naturphilosophie" oder – um dies anrüchige Wort zu vermeiden – die Phänomenologie der Natur zeigt, wie sich so geartete Objekte bewußtseinsmäßig konstituieren und gibt damit klärenden Aufschluß über das Verfahren jener „dogmatischen" Wissenschaften, die sich selbst keine Rechenschaft über ihre Methoden ablegen und abzulegen brauchen.

Die Geisteswissenschaften (Kulturwissenschaften) beschreiben die Werke des Geistes, aber sie begnügen sich nicht damit, sondern verfolgen – meist ungetrennt davon – als „Geschichte" im weitesten Sinne einschließlich Kultur-, Literatur-, Sprach-, Kunstgeschichte usw. – ihre Entstehung, ihre Geburt aus dem Geiste. Sie tun das nicht kausal erklärend (wenn die Geisteswissenschaftler so vorgehen, so bedienen sie sich naturwissenschaftlicher Methode, und das ist für den Entstehungsprozeß von Kulturprodukten nur so weit zulässig, als er Naturgeschehen ist; so gibt es eine Sprachphysiologie und Sprachpsychologie, die z. B. erforscht, welche Organe bei der Hervorbringung der Laute beteiligt sind und welche psychischen Prozesse dazu führen, daß einem Wort ein ähnlich lautendes untergeschoben wird; diese Forschungen haben ihren Wert, man soll nur nicht glauben, daß das die eigentlichen Aufgaben der Sprachwissenschaft oder Sprachgeschichte sind),

---

[103] Über das Verhältnis von Tatsache und Wesen, Tatsachen- und Wesenswissenschaft vgl. [Edmund] Husserl *Ideen* Kapitel I [7–32, Hua. III, 10–39].

sondern in nachlebendem Verstehen. In der Verfolgung des Entstehungsprozesses geistiger Werke findet sich der Geist selbst an der Arbeit; genauer gesprochen: ein geistiges Subjekt ergreift einfühlend ein anderes und bringt sich sein Wirken zur Gegebenheit. Die Klärung der geisteswissenschaftlichen Methode ist erst in neuester Zeit ernstlich in Angriff genommen worden.
104 Die großen Geisteswissenschaftler sind zwar den rechten Weg gegangen und (wie manche Äußerungen z. B. von Ranke[48] und Jacob Burckhardt[49] zeigen) sich auch – wenn auch nicht in klarer Einsicht – „des rechten Weges wohl bewußt" gewesen. Aber wenn es möglich ist, ohne Einsicht in sein Verfahren richtig vorzugehen, so muß eine mißverständliche Auffassung der eigenen Aufgaben notwendig zu üblen Folgen im Wissenschaftsbetrieb selbst führen. Man hat früher an die Naturwissenschaft unbillige Anforderungen gestellt; sie sollte das Naturgeschehen „verständlich" machen (etwa die Natur als Schöpfung des göttlichen Geistes erweisen), und solange sie sich nicht dagegen wehrte, konnte sie sich nicht recht entwickeln.

Heute besteht die entgegengesetzte Gefahr. Man begnügt sich nicht allein damit, kausal zu erklären, sondern stellt die kausale Erklärung als das wissenschaftliche Ideal schlechtweg hin. Das wäre harmlos, wenn diese Auffassung auf die Naturwissenschaftler beschränkt bliebe, man könnte ihnen ruhig die Genugtuung gönnen, auf die „unwissenschaftliche" (weil nicht „exakte") Geisteswissenschaft herabzusehen, wenn die Begeisterung für die naturwissenschaftliche Methode nicht die Geisteswissenschaftler selbst ergriffen hätte. Man will nicht zurückstehen an Exaktheit, und so sind die

---

⟨48⟩ Leopold von Ranke (geb. 21. Dezember 1795 in Wiehe, † 23. Mai 1886 in Berlin) studierte von 1814–1818 Theologie und Philologie in Leipzig und war ab 1818 Gymnasiallehrer in Frankfurt. Von 1827 bis 1831 unternahm er eine Reise zu den ehemaligen Archiven des Hl. Römischen Reiches deutscher Nation. 1882 wurde er zum Mitglied der Preußischen Akademie der Wissenschaften ernannt und war Historiograph des preußischen Staates. Am 22. März 1865 wurde er in Berlin in den preußischen Adelsstand erhoben. Leopold von Ranke ist einer der Gründerväter der modernen Geschichtswissenschaft und ein bedeutender deutscher Historiker, der die Quellenkritik vorantrieb. Seine Forschungsschwerpunkte liegen bei der Geschichte des Papsttums des 16. und 17. Jahrhunderts, bei der Geschichte Englands und Frankreichs. Ihm geht es um Objektivität bei der Wiedergabe der Geschichte. Vgl. Leopold von Ranke, *Weltgeschichte*, 4 Bde., dritte, unveränderte Aufl., Leipzig 1910.

⟨49⟩ Jacob Burckhardt (geb. 25. Mai 1818 in Basel, † 8. August 1897 in Basel) studierte nach einer ausgezeichneten humanistischen Erziehung ab 1837 vier Semester evangelische Theologie in Basel und wechselte danach sowohl den Studienort als auch das Fach. In Berlin belegte er Geschichte, Kunstgeschichte und Philologie. 1843 wurde er in Basel promoviert. Mit Ausnahme der Jahre 1854–58, wo er in Zürich wirkte, hatte er in Basel den Lehrstuhl für Geschichte und Kunstgeschichte inne. Jacob Burckhardt gilt als bedeutender Kunst- und Kulturhistoriker mit dem Forschungsschwerpunkt „Kulturgeschichte Europas". Vgl. Jacob Burckhardt, *Weltgeschichtliche Betrachtungen*, Stuttgart 1905.

Geisteswissenschaften vielfach hörig geworden und haben ihre eigenen Ziele aus dem Auge verloren.

Wir finden die Auffassung, daß die Psychologie[104] Grundlage der Geschichte sei, in den Lehrbüchern der historischen Methode vertreten, und ihr Studium wird den jungen Historikern dringend empfohlen (z. B. von Bernheim[⟨50⟩], der als Autorität auf dem Gebiet der Methodologie gilt). Nun soll ja nicht behauptet werden, daß psychologische Kenntnisse dem Historiker gar nichts nützen können. Aber sie helfen ihm zur Erkenntnis dessen, was außerhalb seines Bereiches liegt, und liefern ihm nicht seine eigentlichen Objekte. Psychologisch erklären muß ich überall dort, wo ich nicht mehr verstehen kann.[105] Aber überall, wo ich es tue, verfahre ich als Naturwissenschaftler und nicht als Historiker. Wenn ich ermittle, daß eine historische Persönlichkeit infolge einer Erkrankung gewisse psychische Störungen – z. B. ein Versagen des Gedächtnisses – zeigte, so konstatiere ich ein 105
Naturereignis der Vergangenheit, das ebensowenig historisches Geschehen ist, wie der Ausbruch des Vesuv, der Pompeji zerstörte. Dieses Naturereignis kann ich aus Gesetzen erklären (vorausgesetzt, daß ich solche Gesetze habe), dadurch wird es aber nicht im mindesten verständlich. Zu „verstehen" ist nur, wie solche Naturereignisse, wenn sie auftreten, das Handeln der betreffenden Personen motivieren, und als „Motivate" erhalten sie auch historische Bedeutung. Dann sind sie aber nicht mehr als Naturtatsachen aufgefaßt, die aus Naturgesetzen zu erklären sind. Wenn ich das gesamte Leben der Vergangenheit „erklärte", so hätte ich ein gutes Stück naturwissenschaftliche Arbeit geleistet, aber den Geist vollkommen aus der Vergangenheit ausgerottet und kein Körnchen historischer Erkenntnis gewonnen. Wenn die Historiker es für ihre Aufgabe halten, psychologische Tatsachen der Vergangenheit festzustellen und zu erklären, dann gibt es keine Geschichtswissenschaft mehr.

Als ein abschreckendes Beispiel für die Folgen dieser Auffassung nennt

---

⟨50⟩ Ernst Bernheim (geb. 19 Februar 1850 in Hamburg, † 3. März 1942 in Greifswald) war ein deutsch-jüdischer Historiker und lehrte von 1883 in Greifswald als Professor. Er betonte, man müsse eine materiale und eine formale Geschichtsphilosophie unterscheiden. Die historische Erkenntnis leite sich nicht aus Gesetzen und Begriffen naturwissenschaftlicher Art ab, sondern man müsse das Einzelne im Zusammenhang der Entwicklung betrachten. Ernst Bernheim führte die Begriffe „Tradition" und Überrest" zur Unterscheidung von geschichtlichen Berichten und anderen Zeugnissen, die extra für die Überlieferung von geschichtlichen Ereignissen erstellt wurden, gegenüber anderen Quellen wie Urkunden ein. Vgl. Ernst Bernheim, *Lehrbuch der Historischen Methode und der Geschichtsphilosophie.* Mit Nachweis der wichtigsten Quellen und Hilfsmittel zum Studium der Geschichte, München u. a. 1914.

---

104 Wenn hier dagegen Einspruch erhoben wird, so ist unter „Psychologie" natürlich immer die heute herrschende naturwissenschaftliche Psychologie gemeint.

105 Das ist eine Auffassung, die Scheler sehr energisch vertritt.

Dilthey⟨51⟩ Taines⟨52⟩ Geschichtswerke. Wilhelm Diltheys Lebensziel ist es gewesen, den Geisteswissenschaften ihr wahres Fundament zu geben. Daß die erklärende Psychologie dazu nicht imstande sei, betonte er und wollte an ihre Stelle eine „beschreibende und zergliedernde Psychologie" setzen.[106]

Wir glauben, daß damit nicht das rechte Wort getroffen ist, denn auch beschreibende Psychologie ist Wissenschaft von der Seele als Natur. Sie vermag so wenig über das geisteswissenschaftliche wie über das naturwissen-

---

⟨51⟩ Wilhelm Dilthey (geb. 19. November 1833 in Wiesbaden-Biebrich, † 1. Oktober 1911 in Seis am Schlern) war Sohn einer calvinistischen Predigerfamilie und studierte ab 1853 in Berlin und Heidelberg Geschichte, Theologie und Philosophie. 1856 machte er sein theologisches Staatsexamen und promovierte 1864 über Schleiermachers Ethik. Im selben Jahr erfolgte seine Habilitation über das moralische Bewußtsein. Wilhelm Dilthey gilt als zentrale Figur der Lebensphilosophie und war bestrebt, mit seiner Kritik der historischen Vernunft die Grundlage für die Geisteswissenschaften zu legen. Die Hermeneutik betrieb er als Methodenlehre der Geisteswissenschaften. Anfangs ging er dabei davon aus, daß das Erleben die Grundlage der Hermeneutik bilde. Das Verstehen sei die psychische Einfühlung in die geistigen Vorgänge eines Autors. Später rückte er von diesem psychologischen Standpunkt ab und die Begriffe „Ausdruck" und „Ausdrucksverstehen" wurden zum Mittelpunkt seiner geisteswissenschaftlichen Methodik. Die Geisteswissenschaften hätten die Aufgabe den Zusammenhang zwischen Leben, Ausdruck und Verstehen zu klären. Mit diesem Ansatz übte Dilthey großen Einfluß auf die wissenschaftstheoretische Diskussion aus.

⟨52⟩ Hippolyte Taine (geb. 21. April 1828 in Vouziers, † 5. März 1893 in Paris) lehrte an der École des Beaux Arts und in Oxford und war Mitglied der Académie Française, obwohl er wegen seines schwierigen Verhaltens kein philosophisches Staatsexamen hatte absolvieren dürfen. Hippolyte Taine ist ein klassischer Vertreter des idealistischen Positivismus und positivistischen Idealismus. Die Philosophie gründe auf innerer Erfahrung und sei die Grundwissenschaft, welche Form, Regel und Zusammenhang aller Denkprozesse zu ihrem Gegenstand habe, die für den Zweck bestimmt seien, gültiges Wissen hervorzubringen. Sie erfasse die Wirklichkeit der reinen Erfahrung und zergliedere sie. Ihre Funktion bestehe darin, die inneren Antriebe einer Kultur zum Bewußtsein ihrer Selbst zu erheben, ihre Methode sei die Selbstbesinnung. Nicht nur das Denken, sondern ebenso der Wille und das einheitliche Seelenleben gehörten zu den Erkenntnisfaktoren. Es gebe keine psychische Kausalität, sondern nur einen stetigen inneren Zusammenhang. Die Grundlage der Geisteswissenschaften sei die Psychologie, die die Gleichförmigkeiten in der Abfolge der seelischen Struktur beschreibe. Das gesamte Geistesleben sei gesetzmäßig. Hippolyte Taine vertritt einen erkenntnistheoretischen Determinismus aller physischen und psychischen Vorgänge. Es existierten nur Einzeldinge und deren Beziehungen. Das Abstrakte sei nichts als ein Name für gleichartige Vorstellungen. Vgl. Hippolyte Taine, *L'Introduction à l'étude de l'Histoire expérimental*, o. A. 1866. Ders., *Essais de critique et d'histoire*, o. A. 1858 u. 1882. Ders., *Nouveaux essais de critique et d'histoire: Balzac*, Hachette 1865. Ders., *Derniers essais de critique et d'histoire*, o. A. 1894. Vgl. Wilhelm Dilthey, *Beiträge zum Studium der Individualität*, in: Sitzungsberichte der Königlich Preussischen Akademie der Wissenschaften zu Berlin. Sitzung der philosophisch-historischen Classe vom 5. März – Mittheilung vom 25. April 1895, Berlin XIII (1896) 304.

---

[106] [Wilhelm Dilthey,] *Ideen über eine beschreibende und zergliedernde Psychologie.* [in: Wilhelm Dilthey, GS V, 139–240].

schaftliche Verfahren Aufschluß zu geben. Klarheit über die geisteswissenschaftliche Methode wie über die naturwissenschaftliche gibt die reflektierende Erforschung des betreffenden wissenschaftlichen Bewußtseins, wie sie die Phänomenologie anstrebt.

Dilthey ist hier nicht zu völliger Klarheit gelangt. Zwar sieht er auch den Weg zur erkenntnistheoretischen Grundlegung in der „Selbstbesinnung".[107] Und in reflektiver Blickwendung auf das geisteswissenschaftliche Verfahren erkannte er es als nachlebendes Verstehen (oder, wie wir sagen können, als einfühlendes Erfassen) des geistigen Lebens der Vergangenheit.[108] Aber er 106
findet als Subjekt dieses Verstehens den Menschen als Natur, die Lebenstotalität des psychophysischen Individuums.[109] Darum ist die Wissenschaft, die sich mit ihm beschäftigt – die deskriptive Psychologie – einmal Voraussetzung der Geistenwissenschaften, andrerseits das, was ihnen Einheit gibt, denn sie beschäftigen sich mit den einzelnen Verzweigungen, in denen sich jene Totalität auslebt: Kunst, Sitte, Recht usw. Damit ist aber der prinzipielle Unterschied von Natur und Geist aufgehoben. Als eine Einheit stellen sich auch die exakten Wissenschaften von der Natur dar: jede einzelne von ihnen hat zu ihrem Objekt einen abstrakten Teil des Konkretums „Naturgegenstand". Naturgegenstand ist auch die Seele und das psychologische Individuum.

Zur Konstitution dieses Objekts war Einfühlung erforderlich und damit bis zu einem gewissen Grade das eigene Individuum vorausgesetzt. Aber von dieser Einfühlung ist das geistige Verstehen, das wir noch näher charakterisieren werden, zu scheiden.[110]

Wir lernen aber aus den mißverständlichen Ausführungen Diltheys, daß es neben der Klärung der Methode ein objektives Fundament der Geisteswissenschaften geben muß, eine Ontologie des Geistes entsprechend der Ontologie der Natur. Wie die Naturdinge eine Wesensgesetzen unterstehende Struktur haben, die empirischen Raumformen z. B. Realisationen der idealen geometrischen Gebilde darstellen, so gibt es auch eine Wesensstruktur des Geistes und ideale Typen, als deren empirische Realisationen die historischen Persönlichkeiten erscheinen. Wenn Einfühlung das erfahrende

---

107 [Wilhelm Dilthey,] *Einleitung in die Geisteswissenschaften* [,*Versuch einer Grundlegung für das Studium der Gesellschaft und der Geschichte I*, Leipzig 1883,] S. 117. [GS I, 94].

108 A. a. O. S. 136 f. [ebd., 108 f.]

109 A. a. O. S. 47. [ebd., 37 f.]

110 Daß nachlebendes Verstehen von Einfühlen als bloßem Gegenwärtighaben eines Seelischen zu unterscheiden sei, hat schon [Moritz] Geiger in seinem früher genannten Sammelreferat ([Moritz Geiger, *Über das Wesen und die Bedeutung der Einfühlung*, in: Bericht über den IV. Kongress für experimentelle Psychologie in Innsbruck vom 19. bis 22. April 1910 v. Prof. Dr. F. Schuhmann, Leipzig 1911, 29–69,] S. 48) betont, natürlich ohne an dieser Stelle eine nähere Analyse in Angriff nehmen zu können. Vgl. Anm. ⟨8⟩.

Bewußtsein ist, in dem uns fremde Personen zur Gegebenheit kommen, so ist sie zugleich die exemplarische Unterlage für die Gewinnung dieser Idealtypen wie die Naturerfahrung für die eidetische Erkenntnis der Natur. Auch zu diesen Problemen müssen wir also von unseren Betrachtungen aus einen Zugang finden.

107 *§ 2. Das geistige Subjekt*

Suchen wir also erst einmal festzustellen, was wir schon bei der Konstitution des psychophysischen Individuums für die Erkenntnis des geistigen Subjekts gewonnen haben. Wir fanden es als ein Ich, in dessen Akten sich eine Objektwelt konstituiert und das selbst kraft seines Willens Objekte schafft. Ziehen wir in Rechnung, daß nicht jedes Subjekt die Welt von derselben „Seite" sieht, im gleichen Ablauf von Erscheinungen gegeben hat, sondern daß jedem seine eigentümliche „Weltanschauung" zukommt, so ist schon hiermit ein individuelles Charakteristikum der geistigen Subjekte gewonnen. Indessen sträubt sich etwas in uns, dies merkwürdig substratlose „geistige Subjekt" als das anzuerkennen, was man gemeinhin eine Person nennt.

Allerdings können wir seine Charakteristik auf Grund unserer früheren Ausführungen noch vervollständigen. Die geistigen Akte stehen nicht beziehungslos nebeneinander – gleich einem Strahlenbündel mit dem reinen Ich als Schnittpunkt – sondern es gibt ein erlebtes Hervorgehen des einem aus dem andern, ein Hinübergleiten des Ich von einen zum andern: das, was wir früher „Motivation" genannt haben. Dieser „Sinnzusammenhang" der Erlebnisse, der sich inmitten der psychischen und psychophysischen Kausalbeziehungen so fremdartig ausnahm und keine Parallele in der physischen Natur hatte, ist durchaus auf Rechnung des Geistes zu setzen. Motivation ist die Gesetzlichkeit des geistigen Lebens, der Erlebniszusammenhang, geistiger Subjekte ist ein erlebtes (originär oder einfühlungsmäßig) Sinnganzes und als solches verständlich. Eben dies sinnvolle Hervorgehen unterscheidet die Motivation von der psychischen Kausalität und das einfühlende Verstehen geistiger von dem einfühlenden Erfassen psychischer Zusammenhänge. Ein Gefühl motiviert seinem Sinne nach einen Ausdruck, und dieser Sinn grenzt einen Bereich von Ausdrucksmöglichkeiten ab, sowie der Sinn eines Satzteiles die möglichen Ergänzungen (formal und material) vorzeichnet. Das besagt nichts anderes, als daß die geistigen Akte einer allgemeinen Vernunftgesetzlichkeit unterstehen. So wie für das Denken, so gibt es auch für das Fühlen, Wollen und Handeln Vernunftgesetze, die in apriorischen Wis-
108 senschaften ihren Ausdruck finden: neben die Logik treten Axiologie, Ethik und Praktik. Diese Vernunftgesetzlichkeit ist von Wesensgesetzlichkeit zu unterscheiden. Es liegt im W e s e n des Wollens, daß es durch ein Fühlen

motiviert ist. Ein unmotiviertes Wollen ist daher ein Unding, es ist kein wie immer geartetes Subjekt denkbar, das etwas wollte, was ihm nicht als wert vor Augen stände. Es liegt im Sinne des Wollens (das etwas als zu realisieren setzt), daß es sich auf Mögliches (d.h. Realisierbares) richtet, man kann vernünftigerweise nur das Mögliche wollen.

Aber es gibt unvernünftige Leute, die sich nicht darum kümmern, ob das, was sie als wert erkannt haben, realisierbar ist oder nicht, die es allein um seines Wertes willen wollen und sich anstrengen, das Unmögliche möglich zu machen. Das pathologische Seelenleben zeigt, daß sehr vielen, was Vernunftgesetzen widerspricht, real möglich ist. Wir sprechen dann von Geistesgestörtheit. Die psychische Gesetzlichkeit kann dabei vollkommen intakt sein. Andrerseits gibt es psychische Erkrankungen, bei denen die Vernunftgesetze des Geistes vollkommen in Kraft bleiben, z.B. Anästhesie, Aphasie u. dgl.

Wir erkennen einen radikalen Unterschied zwischen den geistigen und den psychischen Anomalien. In den Fällen der zweiten Art ist das Verständnis des fremden Seelenlebens durchaus nicht gestört, es müssen nur veränderte Kausalverhältnisse eingefühlt werden, während bei den geistigen Erkrankungen das Verständnis aufgehoben ist, da nur noch eine kausale Abfolge, kein sinnvolles Hervorgehen der Erlebnisse auseinander eingefühlt werden kann.

Es gibt schließlich noch eine Reihe von pathologischen Fällen, in denen weder der psychische Mechanismus noch die Vernunftgesetzlichkeit durchbrochen scheint, sondern die sich als Abwandlungen des Erlebens im Rahmen der Vernuftgesetze darstelle, z.B. eine Depression infolge eines katastrophalen Ereignisses. Hier ist nicht nur der von der Krankheit verschonte Teil des Seelenlebens, sondern die Krankheitserscheinung selbst verständlich.[111] Wir entnehmen diesen Betrachtungen, daß das geistige Subjekt seinem Wesen nach Vernunftgesetzen untersteht und daß seine 109
Erlebnisse in verständlichen Zusammenhängen stehen.

[111] Ähnliche Unterscheidungen sind in der modernen Psychopathologie selbst gemacht worden. Vgl. [Karl] Jaspers *Über kausale und verständliche Zusammenhänge* ... [*zwischen Schicksal und Psychose bei der Dementia praecox (Schizophrenie)*, in: ZgNPs 14 (1913) 158–263. Karl Jaspers (geb. 23. Februar 1883 in Oldenburg, † 26. Februar 1969 in Basel) stammte aus einer wohlhabenden Bankiersfamilie. Er belegte zunächst drei Semester Jurisprudenz in Heidelberg und München, bevor er das Fach wechselte und ab 1902 Medizin studierte. 1908 promovierte er bei Franz Nissl und heiratete 1910 die Jüdin Gertrud Mayer. 1913 habilitierte er sich in Heidelberg mit einer Arbeit über allgemeine Psychopathologie. Sein großes Vorbild war Max Weber. 1927 erschien sein Hauptwerk *Grundriß der Philosophie.* Karl Jaspers gilt als bedeutender Vertreter der Existenzphilosophie und hatte starke Spannungen mit dem Neukantianer Heinrich Rickert zu bestehen. 1937 wurde er wegen seiner nichtarischen Frau in den Ruhestand versetzt und erhielt ein Jahr später Publikationsverbot. Er wanderte daraufhin in die Schweiz aus und setzte seine Tätigkeit in Basel fort.]

§ 3. Die Konstitution der Person in Gefühlserlebnissen

Aber auch damit können wir uns nicht begnügen, auch damit haben wir noch nicht erreicht, was man eine Person nennt. Es gilt vielmehr einzusehen, daß sich in den geistigen Akten noch etwas anderes als die bisher betrachtete Objektwelt konstituiert.

Es ist alte psychologische Tradition, daß das „Ich" konstituiert sei in Gefühlen.[112] Wir wollen sehen, was mit diesem „Ich" gemeint sein kann und ob wir einen Ausweis für diese Behauptung zu erbringen vermögen. Man unterscheidet – in der Sprache der herkömmlichen Psychologie – Empfindungen, in denen ich „etwas" empfinde (eine Auffassung, mit der wir uns nicht solidarisch erklären) und Gefühle, in denen ich „mich" fühle, oder aber Akte und Zuständlichkeiten des Ich. Was kann diese Unterscheidung für einen Sinn haben?

Wir haben gesehen, daß alle Akte Ich-Erlebnisse sind indem man in jedem reflektierend auf das reine Ich stößt. Ferner ist auch das Fühlen, Fühlen von etwas, ein gebender Akt, und andrerseits ist auch jeder Akt als Zuständlichkeit des seelischen Ich anzusehen, nachdem sich dieses einmal konstituiert hat. Dennoch besteht ein tief einschneidender Unterschied in der Sphäre des Erlebens. In den „theoretischen Akten", Akten des Wahrnehmens, Vorstellens, beziehenden oder schließenden Denkens usw. bin ich auf ein Objekt gerichtet, in einer Weise, daß das Ich und die Akte gar nicht da sind. Es besteht jederzeit die Möglichkeit, einen reflektierenden Blick darauf zu wer-

---

112 Belege für diese Ansicht aus den Schriften namhafter Psychologen siehe bei [Traugott Konstantin] Oesterreich *Phänomenologie des Ich [in ihren Grundproblemen. I Das Ich und das Selbstbewußtsein. Die scheinbare Spaltung des Ich.* Leipzig 1910,] S. 8 ff., vgl. auch [Paul] Natorp, *Allgemeine Psychologie [in Leitsätzen zu akademischen Vorlesungen.* Marburg 1904, ²1910 mit einer Seite Textverschiebung. Aus einem inhaltlichen Vergleich ergibt sich, daß Edith Stein die Ausgabe von 1910 konsultiert haben muß: § 37 *Das Gefühls- und Strebens-Moment an der Vorstellung* 51 f.] S. 52. [Paul Natorp (geb. 24. Januar 1854 in Düsseldorf, † 17. August 1924 in Marburg) studierte ab 1871 in Berlin, Bonn und Straßburg Musik, Geschichte, klassische Philologie und Philosophie. 1876 promovierte er bei Ernst Laas in Straßburg und habilitierte sich 1881 bei Hermann Cohen. 1885 begann er seine Lehrtätigkeit und war von 1893 bis zu seiner Emeritierung 1922 Ordinarius für Philosophie und Pädagogik in Marburg. Er ist ein bedeutender deutscher Philosoph und Mitbegründer der Marburger Schule des Neukantianismus in der Form des methodischen Idealismus. Er sieht eine wesentliche Aufgabe der Psychologie in der Umkehrung des Prozesses der Objektivierung, eine Zurückleitung der bis zu einem gewissen Punkt durchgeführten Konstruktion des Gegenstandes bis auf die letzten subjektiven Quellen im unmittelbaren Bewußtsein. Für ihn gibt es keine psychische Kausalität, sondern Denken ist eine aktive Bewußtseinstätigkeit, die Erkenntnis hat apriorische Grundlagen und der Wille ist die Zielsetzung. Man müsse zwischen Bewußtseinsinhalt und Bewußtheit als Beziehung auf das Ich unterscheiden. Denken heiße nicht nur Beziehen, sondern Denken heiße in Beziehung stehen.]

fen, da sie im Vollzug stets wahrnehmungsbereit sind. Aber es besteht ebenso wohl die Möglichkeit, daß das nicht geschieht, daß das Ich ganz in der Betrachtung des Objekts aufgeht. Es wäre denkbar, daß ein nur in theoretischen Akten lebendes Subjekt eine Objektwelt sich gegenüber hätte, ohne jemals seines Selbst und seines Bewußtseins inne zu werden, ohne selbst für sich „da zu sein“. Sobald dieses Subjekt aber nicht nur wahrnimmt, denkt u. 110
dgl., sondern auch fühlt, ist das nicht mehr möglich. Denn im Fühlen erlebt es nicht nur Objekte, sondern sich selbst, es erlebt die Gefühle als aus der „Tiefe seines Ich“ kommend. Damit ist zugleich gesagt, daß dieses „sich“ erlebende Ich nicht das reine Ich ist, denn das reine Ich hat keine Tiefe.

Das Ich aber, das im Gefühl erlebt wird, hat Schichten von verschiedener Tiefe, die sich enthüllen, indem die Gefühle aus ihnen entspringen. Man hat zwischen „Fühlen“ und „Gefühl“ scheiden wollen. Ich glaube nicht, daß man mit diesen beiden Bezeichnungen verschiedene Arten von Erlebnissen trifft, sondern nur die verschiedenen „Richtungen“ desselben Erlebnisses.

Das Fühlen ist das Erlebnis, insofern es uns ein Objekt bzw. etwas am Objekt gibt. Das Gefühl [ist] derselbe Akt, insofern er als aus dem Ich herkommend oder eine Schicht des Ich enthüllend auftritt. Dabei bedarf es noch einer besonderen Blickwendung, um die Gefühle, ihr Hervorbrechen aus dem Ich und dieses Ich selbst im prägnanten Sinne zum Objekt zu machen. Ein Hinwenden, das von der Reflexion spezifisch verschieden ist, weil es mir nicht etwas vor Augen führt, was vorher gar nicht für mich da war. Andrerseits spezifisch verschieden von dem Übergang aus einem „Hintergrunderlebnis“, einem Akt, in dem mir ein Objekt gegenübersteht, aber nicht das bevorzugte Objekt meiner Zuwendung ist, zum spezifischen *cogito*, dem Akt, in dem ich in eigentlichem Sinne auf das Objekt gerichtet bin: denn die Hinwendung auf das Gefühl usw. ist nicht Übergang von einer Objektgegebenheit zu einer anderen, sondern Objektivierung eines Subjektiven.[113]

In den Gefühlen erleben wir ferner uns nicht nur als vorhanden, sondern als so und so beschaffen, sie bekunden uns personale Eigenschaften. Wir sprachen schon früher von beharrlichen Eigenschaften der Seele, die sich in den Erlebnissen bekunden. Wir führten Beispiele solcher beharrlichen Eigenschaften an, u.a. das Gedächtnis, das sich in unseren Erinnerungen, und die Leidenschaftlichkeit, die sich in unseren Gefühlen bekundet. Eine nähere Betrachtung erweist diese Zusammenstellung als höchst oberfläch- 111
lich, da es sich keineswegs um gleichstehende Eigenschaften – sowohl ontologisch (ihrer Stellung in der Wesensstruktur der Seele nach), als phänome-

[113] Derselben Wendung bedarf es übrigens auch, um das Korrelat eines fühlenden Aktes zu „objektivieren“. (Vgl. [Edmund] Husserl *Ideen* [I]S. 66.) [Hua. III, 81 ff.] Sie vollzieht sich z.B. beim Übergang vom Wertnehmen, dem originären Fühlen eines Werts, zum Werturteil.

nologisch (ihrer bewußtseinsmäßigen Konstitution nach) – handelt. In der Erinnerung lebend und dem erinnerten Objekt zugewendet würden wir niemals zu so etwas wie „Gedächtnis" kommen.

Erst in der inneren Wahrnehmung, in neuen Akten, in denen die zuvor nicht für uns vorhandene Erinnerung „gegeben" ist, gibt sie sich auch als Bekundung der Seele und ihrer Eigenschaft (oder „Fähigkeit"). In der „überwallenden Freude", dem „aufwühlenden Schmerz", werde ich in ihrem Vollzug selbst, ohne daß sie in neuen Akten „gegeben" wären, meiner Leidenschaftlichkeit inne und der Stelle, die sie im Ich einnimmt. Ich nehme sie nicht wahr, sondern ich erlebe sie.

Dagegen ist eine Objektivation dieser erlebten Eigenschaften ebenso wie der Gefühle möglich, und sie ist z.B. unbedingt erforderlich, wenn von ihnen etwas ausgesagt werden soll. Diese objektivierenden Akte sind wiederum gebende (wahrnehmende oder bloß hinweisende, meinende) und in ihnen tritt überschiebende Deckung des erlebten und des wahrgenommenen Ich ein. Wir müßten alle Erlebnisgattungen durchgehen, um zu einem vollständigen Bild zu gelangen. Das kann hier nur andeutungsweise geschehen.

Die Empfindungen ergeben für das erlebte Ich nichts: der Druck, die Wärme, der Lichtreiz, die ich empfinde, sind nichts, worin ich mich erlebe, entquellen in keiner Weise meinem Ich. Dagegen „bekunden" sie mir, zum Objekt gemacht, die „Empfindlichkeit" als beharrlich seelische Eigenschaft.[cf)]

Die sogenannten „Gefühlsempfindungen" oder „sinnlichen Gefühle", die Lust an einem taktilen Eindruck, der sinnliche Schmerz, reichen bereits in die Sphäre des Ich hinein, ich erlebe die Lust und den Schmerz an der Oberfläche meines Ich, ich erlebe darin zugleich meine „sinnliche Empfänglichkeit" als oberste oder äußerste Schicht meines Ich.[114]

112 Es gibt sodann eine Art von Gefühlen, die in einem besonderen Sinne „Sich-erleben" sind: die Gemeingefühle und die Stimmungen. Ich scheide die Gemeingefühle von den Stimmungen um ihrer „Leibgebundenheit" willen, die aber hier nicht hineingezogen werden soll, Gemeingefühle und

---

cf) Dagegen – Eigenschaft. *lin. ad marg.* A02–17.

---

114 Ich kann [Moritz] Geiger nicht ganz zustimmen, wenn er den sinnlichen Gefühlen alle „Ichbeteiligung" abspricht ([Moritz Geiger,] *Phänomenologie des ästhetischen Genusses* [, in: JPPF I-II (1913) 567–684.] S. 613f.). Scheidet man (wie man es tun muß) die Empfindung, ihre Annehmlichkeit und die Lust, die sie mir bereitet, so sehe ich nicht, wie man aus dieser Lust das Ichmoment streichen kann. Freilich entfällt mir damit auch der Unterschied zwischen Lust und Genuß, den Geiger macht, soweit er sich auf die Ichbeteiligung stützt. Ich kann auch nicht anerkennen, daß es kein negatives Gegenstück zum Genießen wie Unlust zur Lust, Mißfallen zum Gefallen gibt: es scheint mir, als müßte eine nähere Analyse das Leiden als negatives Gegenbild des Genießens herausstellen können.

Stimmungen nehmen eine besondere Stellung im Reiche des Bewußtseins ein, denn sie sind keine gebenden Akte, sondern nur als „Färbungen“ an gebenden Akten sichtbar. Zugleich sind sie dadurch ausgezeichnet, daß sie keinen bestimmten Ort im Ich haben, nicht an der Oberfläche oder in der Tiefe des Ich erlebt werden und keine Schichten des Ich enthüllen, sondern es ganz durchfluten und erfüllen und alle Schichten durchdringen oder doch durchdringen können. Sie haben etwas von der Allgegenwart des Lichts, und auch als erlebte Eigenschaft ist z. B. die Heiterkeit des Charakters nicht irgendwie im Ich lokalisiert, sondern wie ein heller Schimmer ganz darüber hingegossen. Und jedes aktuelle Erlebnis hat etwas von dieser „Gesamtbeleuchtung“ an sich, ist darin getaucht.

Wir kommen jetzt zu den Gefühlen im prägnanten Sinne. Diese Gefühle – so sagten wir früher – sind immer Fühlen von etwas. In jedem Fühlen bin ich auf ein Objekt gerichtet, ist mir etwas am Objekt gegeben, konstituiert sich mir eine Schicht des Objekts. Damit sich aber diese Schicht des Objekts konstituieren kann, muß ich es zuvor haben, es muß mir gegeben sein, und das geschieht in theoretischen Akten: alles Fühlen bedarf also zu seinem Aufbau theoretischer Akte. So steht mir in der Freude an einer guten Tat die Güte dieser Tat, ihr positiver Wert, gegenüber; um mich an dieser Tat zu freuen, muß ich aber zunächst darum wissen, das Wissen ist fundierend für die Freude.

Dieses Wissen das dem Wertfühlen zugrunde liegt und das auch durch ein wahrnehmendes oder vorstellendes anschauliches Erfassen ersetzt sein kann, gehört ins Gebiet der nur reflektierend erfaßbaren Akte und hat keinerlei Ichtiefe.

Dagegen greift das darauf gebaute Fühlen, auch bei völliger Versenkung in
den gefühlten Wert, stets hinein in den Bestand des Ich und wird als aus ihm 113
herkommend erlebt. Der Ärger über den Verlust eines Schmuckstückes greift weniger tief ein oder kommt aus einer oberflächlicheren Schicht als der Schmerz über den Verlust desselben Gegenstands als Andenken an eine geliebte Person oder weiterhin als der Schmerz über den Verlust dieser Person selbst.

Es eröffnen sich hier Wesenszusammenhänge zwischen der Rangordnung der Werte[115], der Tiefenordnung der Wertgefühle und der sich darin enthüllenden Schichtenordnung der Person. Somit ist jeder Vorstoß ins Reich der Werte zugleich ein Eroberungszug ins Reich der eigenen Persönlichkeit.[cg] Diese Korrelation ermöglicht eine Vernunftgesetzlichkeit der Gefühle und

---

[cg] Somit – Persönlichkeit. *lin. ad marg.* A02–17.

[115] Zur Rangordnung der Werte vgl. [Max] Scheler *Der Formalismus in der Ethik [und die materiale Wertethik]*. S. 488 ff. [SGW II, 104 ff.].

ihrer Verankerung im Ich und eine Entscheidung über „richtig“ und „falsch“ in diesem Gebiet. Wen der Verlust seines Vermögens „überwältigt“, d.h. im Kernpunkt seines Ich trifft, der fühlt „unvernünftig“, er verkehrt die Rangordnung der Werte oder es fehlt ihm überhaupt die fühlende Einsicht in die höheren Werte und es fehlen ihm die korrelativen personalen Schichten. Zu den fühlenden Akten, in denen die personalen Schichten sich enthüllen, gehören auch die Gesinnungen der Liebe und des Hasses, der Dankbarkeit, der Rachsucht, des Grolls usw., Gefühle, die andere Personen zu ihrem Objekt haben. Auch diese Gefühle sind verankert in verschiedenen Schichten des Ich (die Liebe z.B. in einer tieferen als die Zuneigung). Sie haben andrerseits personale Werte zu ihrem Korrelat.

Sind diese Werte nicht abgeleitete Werte – die der Person als andere Werte realisierender oder erfassender zukommen – sondern Eigenwerte, kommen sie in Akten zur Gegebenheit, die in anderer Tiefe wurzeln als das Fühlen der nicht-personalen Werte, entschleiern sie somit Schichten, die auf keine Weise erlebt werden können, dann ist das Erfassen fremder Personen konstitutiv für die eigene Person. Nun haben wir im Akt der Liebe ein Eingreifen bzw. Intendieren des personalen Wertes, das kein Werten um eines anderen willen ist; wir lieben eine Person nicht, weil sie Gutes tut, ihr Wert besteht nicht
114 darin, daß sie Gutes tut (wenn er auch vielleicht daran zutage tritt), sondern sie selbst ist wertvoll und „um ihrer selbst willen“ lieben wir sie. Und die Liebesfähigkeit, die sich in unserer Liebe äußert, wurzelt in einer anderen Tiefe als die Fähigkeit moralischen Wertens, die im Werten der Tat erlebt wird.

Zwischen dem Wertfühlen und dem Fühlen des Werts seiner Realität (denn Realität eines Wertes ist selbst ein Wert) und ihrer Ichtiefe bestehen Wesenszusammenhänge. Die Tiefe eines Wertgefühls bestimmt die Tiefe eines Fühlens, das sich auf das Erfassen der Existenz dieses Wertes aufbaut, die aber nicht die gleiche Tiefe hat. Der Schmerz um den Verlust einer geliebten Person ist nicht so tief wie die Liebe zu dieser Person, wenn der Verlust Aufhören der Existenz dieser Person bedeutet; wie der personale Wert seine Existenz und die Liebe die Freude an der Existenz des Geliebten überdauert, so ist der personale Wert auch höher als der Wert seiner Realität und das betreffende Wertfühlen wurzelt tiefer.[116] Bedeutet „Verlust der Person“ aber Aufhebung der Person und des personalen Wertes (ev. bei Fortexistenz der betreffenden empirischen Person – in dem Falle, daß „man sich in einem Menschen getäuscht hat“ –), so ist der Schmerz über den Verlust gleichbedeutend mit Aufhebung der Liebe und wurzelt in derselben Tiefe. –

Das Erfassen von Werten ist selbst ein positiver Wert. Um dieses Wertes

---

[116] Über das Verhältnis von Höhe und Dauer der Werte vgl. [Max] Scheler a.a.O. S. 492ff. [SGW II, 107ff.].

inne zu werden, bedarf es aber eines Richtens auf dies Erfassen. Das Wertfühlen ist in der Hinwendung zum Wert zwar da, aber nicht Objekt, und muß erst zum Objekt gemacht werden, damit sein Wert gefühlt werden kann. In solchem Wertfühlen des Wertfühlens (Freude an meiner Freude) werde ich mein selbst in doppelter Weise – als Subjekt und Objekt – inne. Das ursprüngliche und das reflektierte Wertfühlen werden wiederum in verschiedener Tiefe angreifen. So kann ich ein Kunstwerk und zugleich mein Genießen des Kunstwerks genießen; „vernünftigerweise" wird der Genuß des Kunstwerks der tiefere sein. Die „Umkehrung" dieses Verhältnisses gilt uns als „Perversion". Damit ist nicht gesagt, daß in jedem Falle das unreflektierte Fühlen das tiefere sein muß. Ich kann am Mißgeschick eines anderen eine leichte Schadenfreude fühlen und an dieser leichten Schadenfreude tief 115
leiden – und das mit Recht.

Die Tiefenordnung hängt nicht direkt von dem Gegensatz: reflektiert – nicht-reflektiert ab, sondern wieder von der Rangordnung der gefühlten Werte: das positive Werten eines positiven Wertes ist geringerwertig als der positive Wert selbst. Das positive Werten eines negativen Wertes ist geringerwertig als der negative Wert selbst. Die Bevorzugung des positiven Wertens vor dem positiven Wert ist also eine axiologisch unvernünftige, die Hintansetzung des (unberechtigten) positiven hinter dem negativen Wert axiologisch vernünftig.

Der Wert der eigenen Person scheint sich nach dem Gesagten nur reflexiv, nicht in der unmittelbaren Erlebnisrichtung zu konstituieren. Das zu entscheiden bedarf es aber noch anderer Untersuchungen. Nicht nur das Erfassen, sondern auch das Realisieren eines Wertes ist ein Wert.

Dieses Realisieren wollen wir uns etwas näher betrachten, und zwar nicht nach seiner Wollens- und Handelnsseite hin, sondern nur auf seine Gefühlskomponenten hin. Im Realisieren eines Wertes steht mir dieser zu realisierende Wert vor Augen, und dies Wertfühlen hat für die Konstitution der Persönlichkeit die bereits angegebene Rolle. Zugleich aber mit diesem Wertfühlen ist eine ganz naive und unreflektierte Freude am „Schaffen" da, in der dies Schaffen als Wert gefühlt ist. Zugleich erlebe ich in diesem Schaffen meine Schaffenskraft und mich selbst als den mit dieser Kraft Ausgestatteten und erlebe sie als in sich wert. Die Kraft, die ich im Schaffen, und die Macht, die ich ineins damit oder auch für sich im Schaffenkönnen erlebe, sind selbständige personale Werte und zunächst ganz unabhängig von dem zu realisierenden Wert. Das naive „Selbstwertgefühl" dieser Schaffenskraft zeigt sich auch noch im Realisieren und im Erlebnis des Realisierenkönnens eines negativen Wertes. Es tritt dann allerdings Konkurrenz der Werte ein und der positive Eigenwert der Kraft kann durch den ihr anhaftenden negativen Mittelwert aufgesogen werden. Jedenfalls haben wir hier ein Beispiel unreflektierter „Selbstgefühle", in denen sich die Person als werte erlebt.

Bevor wir aber auf das Gebiet der Willenserlebnisse übergehen, dessen Schwelle wir bereits betreten haben, müssen wir die Gefühle in ihrer Bedeu-
116 tung für die Konstitution der Persönlichkeit noch nach einer anderen „Dimension" hin verfolgen. Sie haben nicht nur die Eigentümlichkeit, in einer gewissen Tiefe des Ich zu wurzeln, sondern auch es in weiterem oder geringerem Grade auszufüllen. Was damit gemeint ist, haben wir bereits bei den Stimmungen kennen gelernt. Wir können sagen, daß jedem Gefühle eine gewisse Stimmungskomponente innewohne, kraft deren es sich von seiner Ursprungsstelle aus durch das Ich verbreitet und es erfüllt.

Ein leichter Groll kann von einer peripheren Schicht ausgehend mich „ganz und gar" erfüllen, kann aber auch auf eine tiefe Freude treffen, die ihm ein weiteres Vordringen zum Zentrum verwehrt und nun ihrerseits vom Zentrum nach der Peripherie siegreich fortschreitend, alle übergelagerten Schichten erfüllt.

Die Gefühle erscheinen – um in dem alten Bilde zu bleiben – als verschiedene Lichtquellen, von deren Stellung und Leuchtkraft die resultierende Beleuchtung abhängt. Das Bild von Licht und Farbe kann uns das Verhältnis von Gefühl und Stimmung noch nach einer anderen Seite hin veranschaulichen.

Die Stimmungskomponenten können den Gefühlen wesentlich und okkasionell innewohnen, so wie den Farben außer ihren höheren oder niederen Helligkeitsgraden eine spezifische Helligkeit zukommt. So gibt es eine ernste und eine heitere Freude; aber abgesehen davon ist der Freude ein „lichter" Charakter spezifisch.

Aus diesen Beziehungen zwischen Stimmung und Gefühl läßt sich andrerseits noch ein weiterer Aufschluß über das Wesen der Stimmungen gewinnen. Ich kann nicht nur eine Stimmung und mich in ihr erleben, sondern auch ihr Eindringen in mich, ich kann sie z. B. als herkommend von einem bestimmten Erlebnis erleben: ich erlebe, wie mich „etwas" verstimmt – dies „Etwas" ist immer Korrelat eines fühlenden Aktes, das Ausbleiben einer Nachricht, über das ich mich ärgere, der kratzende Geigenton, der mir mißfällt, die schlechte Handlung, über die ich mich entrüste. Von der Ichtiefe des fühlenden Aktes – korrelativ von der Höhe des gefühlten Wertes – hängt dann die „Reichweite" der erregten Stimmung ab. Die Schicht, bis zu der ich sie „vernünftigerweise" eindringen lassen darf, ist vorgezeichnet. –

Zur Tiefe und Reichweite der Gefühle tritt als eine dritte Dimension ihre
117 Dauer; sie erfüllen das Ich nicht nur in seiner Tiefe und Weite, sondern auch seiner „Länge" nach, in seiner erlebten Zeit, indem sie in ihm verharren. Und auch hier gibt es so etwas wie eine von der Tiefe abhängige spezifische Gefühlsdauer. Auch wie lange ein Gefühl (bzw. eine Stimmung) in mir „verharren", mich ausfüllen oder beherrschen „darf", unterliegt Vernunftgesetzen.

Diese nun schon mehrfach aufgezeigte Abhängigkeit der personalen Struktur von Vernunftgesetzen ergibt eine deutliche Scheidung von der Seele, die nicht Vernunft, sondern Naturgesetzen untersteht. Von der Tiefe, der Reichweite und der Dauer der Gefühle ist ihre Intensität zu scheiden. Eine leichte Verstimmung kann lange Zeit anhalten und kann mich mehr oder weniger ausfüllen. Ich kann ferner einen hohen Wert weniger intensiv fühlen als einen niederen und dadurch verleitet werden, den niederen statt den höheren zu realisieren. „Verleitet" – darin liegt, daß hier die Vernunftgesetzlichkeit verletzt wird.

Eigentlich kommt dem größten Wert auch das stärkere Gefühl zu, das dann auch den Willen in Bewegung setzt. Faktisch ist es aber nicht immer so. Der kleinste Unfall in unserer Umgebung pflegt uns z. B. – wie schon oft bemerkt worden ist – weit heftiger zu erregen als eine Katastrophe in einem anderen Erdteil, ohne daß wir verkennen, welchem Ereignis die größere Bedeutung zukommt. Liegt es daran, daß wir im einen Fall die Anschauungsgrundlagen für ein originäres Wertnehmen nicht haben oder ist im andern Gefühlsansteckung wirksam? Jedenfalls scheint es sich hier um eine Wirkung der psychophysischen Organisation zu handeln.

Einsichtig ist es, daß jedem Gefühl eine bestimmte Intensität zukommt, und es ist auch noch zu verstehen, daß das stärkere Gefühl den Willen lenkt. Die faktische Stärke des Gefühls aber kann man nicht mehr verstehen, sondern bloß noch kausal erklären.

Es ließe sich vielleicht zeigen, daß jedem Individuum ein Gesamtmaß psychischer Kraft zukommt und daß sich danach die Intensität bestimmt, die jedes einzelne Erlebnis in Anspruch nehmen darf. So kann die Dauer, die einem Gefühl vernunftgesetzlich zukommt, die „psychischen Kräfte" eines Individuums übersteigen, es wird dann entweder vor der Zeit erlöschen oder einen „psychischen Kollaps" herbeiführen. (Man wird im ersten Fall von
einer „normalen", im zweiten Fall von einer „anormalen" oder pathologi- 118
schen Veranlagung sprechen. Die „Norm", von der hier die Rede ist, ist die des biologischen Nutzens, keine vernunftgesetzliche. Nicht das Gefühl, sondern das Erliegen unter ihm ist pathologisch.) Indessen, hier ist nicht der Ort, auf diese Frage näher einzugehen.

Es bleibt uns noch die Analyse der Willenserlebnisse zu erledigen. Auch die ihnen verwandten Strebungen müssen wir auf ihre etwaige Bedeutung für die Konstitution der Persönlichkeit untersuchen.

Nach Pfänder ⟨53⟩ scheint ihnen eine solche Bedeutung zuzukommen.

⟨53⟩ Alexander Pfänder (geb. 7. Februar 1870 in Iserlohn, † 18. März 1941 in München) wollte zunächst Ingenieur werden und studierte an der Technischen Hochschule in Hannover und in München. Bis 1892 blieb er an der Technischen Hochschule in München und studierte danach an der Universität Mathematik, Physik und Philosophie. Er hörte Vorlesungen von Carl Stumpf und lernte Theodor Lipps kennen, dessen Lieblingsschüler er schnell wurde. 1887 promovierte er bei ihm mit einer Arbeit über *Willen und Willensgefühl*. Als Mitglied des Münchner Phänomenologenkreises war er ein Anhänger der realistischen

„Die im Ich entstehenden Strebungen und Widerstrebungen – so führt er aus[117] – haben in diesem Ich doch nicht die gleiche Lage. Dieses Ich besitzt nämlich eine eigenartige Struktur: das eigentliche Ichzentrum oder der Ichkern ist umgeben von dem Ichleib. Und die Strebungen können nun zwar im Ich, aber außerhalb des Ichzentrums im Ichleib entstehen, also in diesem Sinne als exzentrische Strebungen erlebt werden." Die Scheidung von Ichkern und Ichleib scheint unserer Scheidung von zentralen und peripheren personalen Schichten zu entsprechen. Zentrale und exzentrische Strebungen würden demnach aus verschiedenen Schichten hervorbrechen, verschiedene Ichtiefe haben.

Diese Beschreibung scheint mir jedoch nicht richtig, der wahre Sinn der berechtigten Unterscheidung von zentralen und exzentrischen Strebungen ein ganz anderer zu sein. Soviel ich sehe, sind es verschiedene Vollzugsmodalitäten des Strebensaktes. Das zentrale Streben ist ein Streben in der Form des *cogito*; die exzentrischen Strebungen sind die entsprechenden „Hintergrunderlebnisse". Es ist damit noch nicht gezeigt, daß dem Streben überhaupt keine Ichtiefe zukommt. Wenn ein gehörtes Geräusch in mir das Streben weckt, mich ihm zuzuwenden, so finde ich in der Tat nicht, daß ich unreflektiert etwas anderes als das reine Ich, auf das der „Zug" ausgeübt wird, in diesem Streben erlebe oder daß es aus irgendeiner Tiefe emporsteigt. Dagegen gibt es mitunter erlebte „Quellen" des Strebens, aus denen es hervorgeht[118]: ein Unbehagen, eine Unzufriedenheit oder dergleichen,
119 und kraft seines Ursprungs aus dieser Quelle kommen dem Streben sekundär Tiefe und konstitutive Bedeutung für die Persönlichkeit (wenn nämlich im Streben erst seine Quelle sichtig wird) zu. Weiterhin erweist sich dann auch die Heftigkeit und die Hartnäckigkeit eines Strebens als abhängig von der Ichtiefe seiner Quelle und somit einer Vernunftgesetzlichkeit zugänglich, während das pure nicht erlebnismäßig aus einem Gefühl entquellende Streben weder vernünftig noch unvernünftig ist. –

Im Gegensatz zum Streben ist das W o l l e n nach Pfänder stets ichzentriert.[119] Wir stimmen dem zu, indem wir es in unsere Auffassung übersetzen: Der Willensentschluß vollzieht sich immer in der Form des *cogito*.

Phänomenologie. Er habilitierte sich 1889 bei Theodor Lipps mit der preisgekrönten Arbeit *Phänomenologie des Wollens* und war seit 1901 als Dozent für Philosophie an der Universität in München tätig. Von 1930 an bis zu seiner Emeritierung 1935 war er Ordinarius für Philosophie. Alexander Pfänder vertrat den Standpunkt einer Wechselwirkung zwischen Psychologie und Physiologie. Das Bewußtsein des Willens sei ein Spezialfall des Bewußtseins des Strebens. Das Willensgefühl sei etwas Ursprüngliches. Das Wollen sei das siegreiche Streben, welches das Ich zu dem Seinigen gemacht habe.

---

117 [Alexander Pfänder,] *Motiv[e] und Motivation* [, in: MPhA (1911) 163–195,] S. 169.
118 [Alexander] Pfänder a. a. O. S. 168. [ebd., 168].
119 [Alexander] Pfänder a. a. O. S. 174.[ebd., 174].

Damit ist, wie wir schon wissen, noch nichts über den Willen als „Sich-erleben“ gesagt. „Soll er ein echter Willensakt sein, so muß – nach Pfänder – das eigene Ich nicht bloß gedacht, sondern unmittelbar selbst erfaßt und zum Subjektgegenstand der praktischen Vorsetzungen gemacht werden. Zum Wollen, nicht aber zum Streben, gehört also das unmittelbare Selbstbewußtsein. Der Willensakt ist also ein mit einer bestimmten Willensmeinung erfüllter praktischer Vorsetzungsakt, der vom Ichzentrum ausgeht und, bis zum Ich selbst vordringend, dieses selbst zu einem bestimmten künftigen Verhalten bestimmt. Es ist ein Selbstbestimmungsakt, in dem Sinne, daß das Ich sowohl das Subjekt als das Objekt des Aktes ist“.[120]

Auch mit dieser Analyse können wir uns nicht völlig einverstanden erklären. Objekt des Willensaktes ist das Gewollte oder Willensvermeinte. Eine Selbstbestimmung zu künftigem Verhalten liegt (erlebnismäßig) nur im Wollen eines künftigen Handelns, nicht im schlichten Wollen eines zu realisierenden Verhalts. Das Ich ist also im schlichten Wollen nicht Objekt, dagegen ist es stets auf Subjektsseite erlebt: „Ich“ werde dem Nichtseienden Sein schenken. Dies ist zunächst nur das reine Ich. Indem aber jedes Wollen auf ein Fühlen sich aufbaut, indem ferner mit jedem Wollen jenes Gefühl des „Realisierenkönnens“ verbunden ist – in jedem freien, unzweifelhaften „ich will“ liegt ein „ich kann“; mit einem „ich kann nicht“ verträgt sich nur ein schüchternes „ich möchte schon“; „ich will, aber ich kann nicht“, ist ein 120
nonsense – greift jedes Wollen in doppelter Weise in die personale Struktur ein und enthüllt ihre Tiefen. –

Die Stellung der theoretischen Akte bedarf noch einer näheren Prüfung. Sie schienen uns zunächst ganz irrelevant für den Aufbau der Persönlichkeit, gar nicht in ihr verwurzelt, doch sind wir ihnen nun schon mehrfach begegnet und können vermuten, daß sie auf mannigfache Weise hineingezogen werden müssen. Jeder fühlende Akt (und natürlich auch jeder wollende) baut sich auf auf einen theoretischen, ein rein fühlendes Subjekt ist also eine Unmöglichkeit; indessen erscheinen von dieser Seite die theoretischen Akte nur als Bedingungen, nicht als Konstituenzien der Persönlichkeit, und ich glaube auch nicht, daß z. B. den schlichten Wahrnehmungsakten eine höhere Bedeutung zukommt.

Anders steht es mit den spezifischen Erkenntnisakten. Erkennen ist selbst ein Wert, und zwar ein je nach seinem Objekt abgestufter Wert. Der reflektierende Akt, in dem das Erkennen zur Gegebenheit kommt, kann also immer Unterlage eines Wertnehmens werden, und das Erkennen sowie jeder gefühlte Wert wird somit relevant für den Aufbau der Persönlichkeit. Doch nicht nur dem reflektierenden Blick erschließt sich dieser Wertbereich. Nicht nur die gewonnene, sondern (vielleicht noch in weiterem Umfange) die

---

[120] Vgl. ebd. 175f.

noch nicht realisierte Erkenntnis ist als Wert gefühlt, und dieses Wertfühlen ist die Quelle alles Erkenntnisstrebens, die „Triebfeder" alles Erkenntniswollens. Ein Objekt bietet sich mir dar, dunkel, verhüllt, unklar. Es steht da als ein zu Enthüllendes, Klärung heischendes. Dies Klären, Enthüllen und sein Resultat, die klare und deutliche Erkenntnis, steht als eindringlich gefühlter Wert vor mir und reißt mich unwiderstehlich in sich hinein. Es ist ein eigener Wertbereich, der sich hier erschließt, und eine eigene Schicht der Persönlichkeit, die ihm entspricht. Eine sehr tiefe Schicht, die vielfach für die Kernschicht überhaupt gilt, und für einen bestimmten personalen Typ, die spezifisch „wissenschaftlichen Naturen", in der Tat ihr Wesenskern.

Aus der Analyse des Erkennens ist aber noch mehr herauszuholen: wir sprachen von Erkenntnisstreben und Erkenntniswollen, der Erkenntnisprozeß selbst ist Handlung, ist Tat. Ich fühle nicht nur den Wert der zu realisie-
121 renden Erkenntnis und Freude an der realisierten, sondern ich fühle auch im Realisieren jene Kraft und Macht, wie wir es bei anderm Wollen und Handeln fanden.

So haben wir die Konstitution der Persönlichkeit in Umrissen skizziert. Wir finden in ihr eine ganz und gar im Erleben sich aufbauende Sinneinheit, die sich ferner dadurch auszeichnet, daß sie den Vernunftgesetzen untersteht. Wir fanden eine durchgängige Korrelation von Person und Welt, genauer gesprochen Wertewelt. Es genügt für unsere Zwecke, diese Korrelation aufgewiesen zu haben. Es geht daraus hervor, daß eine durchgeführte Lehre von der Person (auf die wir hier natürlich keinen Anspruch erheben) nicht ohne eine vorliegende Wertlehre möglich ist, und daß sie von einer solchen Wertlehre aus gewonnen werden kann. Dem vollen stufenreich der Werte würde die alle Werte ihrer Rangordnung gemäß und adäquat fühlende Idealperson entsprechen. Der Fortfall gewisser Wertbereiche oder Abänderungen der Rangordnung der Werte, ferner die Unterschiede in der Intensität des Werterlebens und in der Bevorzugung einer der möglichen Formen des Ausdrucks (leiblicher Ausdruck, Wollen und Handeln usw.) würden andere personale Typen ergeben. Eine ausgeführte Typenlehre wäre vielleicht jenes ontologische Fundament der Geisteswissenschaften, dem Diltheys Bemühungen galten.

§ 4. Die Gegebenheit der fremden Person

Wir haben jetzt noch festzustellen, wie sich die Konstitution der fremden von der der eigenen Person abhebt, und außerdem, wie sich die Person von dem psychophysischen Individuum unterscheidet, mit dessen Konstitution wir uns früher beschäftigten.

Die erste Aufgabe scheint nach allen vorangegangenen Untersuchungen

keine großen Schwierigkeiten mehr zu bereiten. Wie in den eigenen geistigen Akten die eigene, so konstituiert sich in den einfühlend erlebten Akten die fremde Person. Jede Handlung eines andern erlebe ich als hervorgehend aus einem Wollen und dies Wiederum aus einem Fühlen; damit ist mir zugleich eine Schicht seiner Person und ein Bereich prinzipiell für ihn erfahrbarer Werte gegeben, der wiederum die Erwartung künftiger möglicher Willensakte und Handlungen sinnvoll motiviert. Eine einzige Handlung und ebenso ein einziger leiblicher Ausdruck – ein Blick oder ein Lächeln – kann 122
mir somit einen Einblick in den Kern der Person gewähren. Weitere sich erhebende Fragen werden sich beantworten lassen, wenn wir das Verhältnis von „Seele" und „Person" erörtert haben.

§ 5. Seele und Person

Beharrliche Eigenschaften sind uns an beiden entgegengetreten, aber die seelischen Qualitäten konstituieren sich für die innere Wahrnehmung und für die Einfühlung, insofern sie die Erlebnisse zum Objekt machen, die personalen enthüllen sich im ursprünglichen Erleben bzw. im einfühlenden Hineinversetzen, wenn es auch – wie bei den betreffenden Erlebnissen selbst – noch einer besonderen Blickwendung bedarf, um aus dem „Innewerden" ein Erfassen zu machen. Es gibt Beschaffenheiten (oder „Dispositionen"), die prinzipiell nur wahrnehmbar, nicht erlebbar sind: so das Gedächtnis, das sich für den erfassenden Blick in meinen Erinnerungen bekundet. Diese sind also in spezifischem Sinne seelische. Natürlich werden auch die personalen Eigenschaften – die Güte, die Opferwilligkeit, die Tatkraft, die ich in meinen Handlungen erlebe – zu seelischen, wenn sie an einem psychophysischen Individuum wahrgenommen werden. Aber sie sind auch als Eigenschaften eines rein geistigen Subjekts denkbar und behalten ihr Eigenwesen auch im Zusammenhang der psychophysischen Organisation bei. Ihre Sonderstellung offenbart sich darin, daß sie außerhalb des Kausalzusammenhangs stehen.

Wir fanden die Seele, ihre Erlebnisse und alle ihre Beschaffenheiten abhängig von allerhand Umständen, beeinflußbar durcheinander sowie durch die Zustände und die Beschaffenheit des Leibes, schließlich eingegliedert in den ganzen Zusammenhang der physischen und psychischen Wirklichkeit. Unter der ständigen Einwirkung solcher Einflüsse entwickelt sich das Individuum mit allen seinen Beschaffenheiten.

Dieser Mensch ist so beschaffen, weil er den und den Einflüssen ausgesetzt war; unter anderen Umständen hätte er sich anders entwickelt, seine „Natur" hat etwas empirisch Zufälliges, man kann sie sich mannigfach abgewandelt denken. Aber diese Variabilität ist keine unbegrenzte, wir stoßen

123 dabei auf Schranken. Nicht nur, daß die kategoriale Struktur der Seele als Seele erhalten bleiben muß, auch innerhalb ihrer individuellen Gestalt treffen wir auf einen unwandelbaren Kern: die personale Struktur. Ich kann mir Caesar statt in Rom in einem Dorf und kann ihn mir ins zwanzigste Jahrhundert versetzt denken; sicherlich würde seine historisch feststehende Individualität dann manche Änderungen erfahren, aber ebenso sicher wird er Caesar bleiben.

Die personale Struktur grenzt einen Bereich von Variationsmöglichkeiten ab, innerhalb dessen sich ihre reale Ausprägung „je nach den Umständen" entwickeln kann. Fähigkeiten der Seele – so sagten wir früher – können durch den Gebrauch ausgebildet und andrerseits abgestumpft werden. Ich kann durch Übung dazu „erzogen" werden, Kunstwerke zu genießen, und andrerseits kann mir der Genuß durch häufige Wiederholung verleidet werden. Aber nur kraft meiner psychophysischen Organisation unterliege ich der „Macht der Gewohnheit". Ein reingeistiges Subjekt fühlt einen Wert und erlebt darin die korrelative Schicht seines Wesens. Dies Gefühl kann weder tiefer noch weniger tief werden. Ein Wert, der ihr verschlossen ist, bleibt es auch, ein Wert, den sie fühlt, geht ihr nicht verloren. Und auch ein psychophysisches Individuum kann nie durch Gewöhnung zu einem Wert geführt werden, für den ihm die korrelative personale Schicht fehlt. Die Schichten der Person können sich nicht „entwickeln" oder „zurückbilden", sondern nur im Laufe der psychischen Entwicklung zur Enthüllung kommen oder nicht.[ch] Das gilt für „intersubjektive" wie für „intrasubjektive" Kausalität. Die Person als solche unterliegt nicht der Gefühlsansteckung, diese dient vielmehr dazu, den wahren Persönlichkeitsgehalt zu verschleiern. Die Lebensverhältnisse, in denen ein Individuum aufwächst, können in ihm einen Abscheu gegen gewisse Handlungen erzeugen (autoritative moralische Erziehung!), der keiner ursprünglichen personalen Eigenschaft entspricht und durch andere „Einflüsse" beseitigt werden kann. Der in „moralischen Grundsätzen" Erzogene und nach ihnen Handelnde wird, wenn er seine Blicke „in sich" kehrt, mit Wohlgefallen einen „tugendhaften" Menschen wahrnehmen. Bis er eines Tages in einer tief aus seinem Innern hervorbre-
124 chenden Handlung sich als einen ganz anders Gearteten erlebt, als er bisher zu sein glaubte. Von einer Entwicklung der Person unter dem Einfluß der Lebensverhältnisse (von einer „Bedeutung des Milieus für den Charakter", wie sie auch Dilthey annimmt[121]) kann man nur insofern sprechen, als die reale Umwelt Objekt ihres Werterlebens ist und bestimmt, welche

[ch] Die – nicht. *lin. ad marg.* A02–17.

[121] [Wilhelm Dilthey,] *Beiträge zum Studium der Individualität*, in: Sitzungsberichte der Königlich Preußischen Akademie der Wissenschaften zu Berlin. Sitzung der philosophisch-historischen Classe vom 5. März 1896, 295–335.] S. 327ff. [ders., *Die geistige Welt. Einlei-*

Schichten zur Enthüllung kommen und welche möglichen Handlungen wirklich werden. So kann die psychophysische empirische Person eine mehr oder weniger vollkommene Realisation der geistigen sein. Es ist denkbar, daß das Leben eines Menschen ein vollkommener Entfaltungsprozeß seiner Persönlichkeit ist; es ist aber auch möglich, daß die psychophysische Entwicklung eine volle Entfaltung nicht zuläßt, und zwar auf verschiedene Weise: wer im Kindesalter stirbt oder einer Paralyse verfällt, der kann „sich" nicht voll entfalten, eine empirische Zufälligkeit – die Schwäche des Organismus – macht den Sinn des Lebens (wenn wir ihn in jener Entfaltung der Person sehen) zunichte, andrerseits ein kräftiger Organismus das Leben weiter erhält, wenn sich sein Sinn bereits erfüllt, die Person sich voll entfaltet hat.

Die Unvollständigkeit gleicht hier dem fragmentarischen Charakter eines Kunstwerks, von dem ein Teil fertig ausgearbeitet, von dem übrigen nur das Rohmaterial erhalten ist; doch auch bei dauerhaftem Organismus ist eine mangelhafte Entfaltung möglich; wer niemals einer liebens- oder hassenswerten Person begegnet, der mag die Tiefen, in denen Liebe und Haß wurzelt, nie erleben. Wer nie ein Kunstwerk gesehen, wer nie aus den Mauern der Großstadt herausgekommen ist, dem bleiben Natur und Kunstgenuß und seine Empfänglichkeit dafür vielleicht für immer verschlossen.

Die solchermaßen „unvollendete" Person gleicht einer unausgeführten Skizze.

Schließlich ist es auch denkbar, daß es zu gar keiner Entfaltung der Persönlichkeit kommt. Wer nicht selbst Werte fühlt, sondern alle Gefühle nur durch Ansteckung von anderen erwirbt, der kann „sich" nicht erleben, keine Persönlichkeit, sondern höchstens ein Trugbild einer solchen werden. Nur im letzten Fall können wir sagen, es sei keine geistige Person vorhanden. In allen anderen Fällen dürfen wir die Nicht-Entfaltung der Person nicht mit 125
Nicht-Existenz gleich setzen; die geistige Person existiert vielmehr, auch wenn sie nicht entfaltet ist. Wir können das psychophysische Individuum als Realisation der geistigen Person „empirische Person" nennen. Als „Natur" untersteht sie Kausal-, als „Geist" Sinngesetzen. Auch jener sinnvolle Zusammenhang der seelischen Eigenschaften, von denen wir früher sprachen, vermöge dessen das Erfassen der einen den Fortgang zur anderen vernünftig motiviert, kommt ihnen nur als personalen zu. Feinste Empfänglichkeit für ethische Werte und ein Wille, der sie völlig unberücksichtigt läßt und sich nur von sinnlichen Triebfedern leiten läßt, stimmen nicht zusammen in der Einheit eines Sinnes, sind unverständlich. Und so heißt auch eine Handlung verstehen, nicht bloß sie als einzelnes Erlebnis einfüh-

---

tung in die Philosophie des Lebens. 1. Hälfte. Abhandlungen zur Grundlegung der Geisteswissenschaften. Beiträge zur Studium der Individualität, 4. Aufl. 1964, GS V, 241–316. 294 ff.]

lend vollziehen, sondern sie als aus der Gesamtstruktur der Person sinnvoll hervorgehend erleben.[122]

§ 6. Die Existenz des Geistes

Simmel⟨54⟩ hat gesagt, daß die Verständlichkeit der Charaktere ihre Objektivität verbürge, daß sie die „historische Wahrheit" ausmache. Diese Wahrheit unterschiede sich freilich nicht von der poetischen. Auch ein Geschöpf der freien Einbildungskraft kann eine verständliche Person sein. Die historischen Objekte müssen außerdem Realität haben. Irgendein Anhaltspunkt muß da, ein Zug des historischen Charakters mir gegeben sein, um den Sinnzusammenhang, den er mir erschließt, als historisches Faktum zu erweisen. Bin ich aber, auf welche Weise immer, seiner habhaft geworden, so habe ich ein Existierendes, kein bloßes Phantasieprodukt. Im einfühlenden Verstehen des fremden geistigen Individuums habe ich auch die Möglichkeit, mir sein Verhalten unter gewissen Umständen, das nicht bezeugt ist, zur Gegebenheit zu bringen. Solches Handeln ist durch die Struktur seiner Person, deren ich gewiß bin, gefordert. Wenn er tatsächlich anders handelte, so haben störende Einflüsse der psychophysischen Organisation ein freies Aus-
126 leben seiner Person gehindert. Daß aber solche störende Einflüsse möglich sind, nimmt jener Feststellung den Charakter einer Aussage über empirisches Dasein, und als Tatsachenfeststellung darf ich sie nicht ausgeben. Aber die bloße Tatsachenfeststellung allein ist noch viel weniger „historisch wahr". Die genaueste Feststellung alles dessen, was Friedrich der Große vom Tage seiner Geburt bis zu seinem letzten Atemzuge getan hat, gibt uns nicht einen Funken von dem Geist, der in die Geschicke Europas umgestaltend eingriff,

⟨54⟩ Georg Simmel (geb. 1. März 1858 in Berlin, † 28. September 1918 in Straßburg) entstammte einer zum Christentum konvertierten jüdischen Kaufmannsfamilie, studierte nach dem Abitur in Berlin Geschichte, Völkerpsychologie, Philosophie, Kunstgeschichte und Altitalienisch. Ab 1885 war er Privatdozent für Philosophie an der Universität zu Berlin. Doch erst 1914 erhielt der bedeutende Philosoph und Soziologe in Straßburg eine ordentliche Professur. Georg Simmel wird der Lebensphilosophie neukantianischer Prägung zugerechnet und leistete wichtige Beiträge zur Kulturphilosophie. Er gilt als Begründer der formalen Soziologie und der Konfliktsoziologie. Vgl. Georg Simmel, *Die Probleme der Geschichtsphilosophie*, 2. völlig veränderte Aufl., Leipzig 1905, 71.

122 Auf die „Notwendigkeit", die dem Nacherleben zukomme, macht auch [Theodor Alexander] Meyer (*Stilgesetz der Poetik* [Der Originaltitel lautet: *Das Stilgesetz der Poesie*, Leipzig 1901, unveränderter reprographischer Nachdruck Stuttgart 1968,] S. 29 ff. [neueste Edition, Stuttgart 1990]) aufmerksam, ohne aber Sinn- und Kausalgesetzlichkeit auseinander zu halten. [Theodor Alexander Meyer (geb. 21. Februar 1859, † 1936)] war Professor für Ethik und ab 1927 Rektor der Technischen Hochschule in Stuttgart.]

während der verstehende Blick sich seiner in einer hingeworfenen Bemerkung, in einem kurzen Brief bemächtigt. Die bloße Aneinanderreihung der Tatsachen macht aus sinnvollem Geschehen ein blindes kausal geregeltes, vernachlässigt die Welt des Geistes, die nicht minder real und nicht minder erkennbar ist als die natürliche Welt. Weil der Mensch beiden Reichen angehört, muß die Geschichte der Menschheit beides berücksichtigen. Sie soll die Gestaltungen des Geistes und das geistige Leben verstehen und feststellen, was davon Realität geworden ist. Und sie kann die Naturwissenschaft zu Hilfe rufen, um zu erklären, was nicht und was anders geworden ist, als die Gesetze des Geistes verlangten.[123]

§ 7. Auseinandersetzung mit Dilthey

a) Sein und Wert der Person

Wir haben schon früher betont, wie nahe unsere Auffassung der Diltheys steht, obwohl er die prinzipielle Scheidung von Natur und Geist nicht vollzogen hat. Auch er erkennt die Vernunftgesetzlichkeit des geistigen Lebens. Er drückt es so aus, daß in den Geisteswissenschaften Sein und Sollen, Tatsache und Norm untrennbar verknüpft seien[124], die Lebenszusammenhänge seien Werteinheiten, die den Maßstab ihrer Beurteilung in sich führen.

Zwischen Vernunftgesetzlichkeit und Wert ist aber noch zu scheiden. Die geistigen Akte verbinden sich erlebnismäßig in Zusammenhängen von be- 127
stimmter allgemeiner Form. Diese Formen kann man sich in reflektiver Einstellung zur Gegebenheit bringen und in theoretischen Sätzen aussprechen, die sich auch in äquivalente Sollensätze umwenden lassen. Dank dieser for-

---

[123] Ähnlich wie wir es hier zu zeigen suchten, hat E. v. Hartmann in seiner Ästhetik das Verhältnis von psychophysischem und geistigem Individuum charakterisiert ([Eduard von Hartmann, *Ästhetik*] *II*, [Berlin 1887,] S. 190ff., 200ff.). Jedes Individuum ist ihm eine empirische Realisation einer „Individualidee". [Karl Robert Eduard von Hartmann (geb. 23. Februar 1842 in Berlin, † 5. Juni 1906 in Berlin) war bis 1865 Offizier, promovierte 1867 in Rostock und wirkte als Philosoph und Schriftsteller. Ihm gelang mit seinem Erstlingswerk *Die Philosophie des Unbewußten* (1869) eine Synthese von Friedrich Wilhelm Josef Schelling, Arthur Schopenhauer und Georg Wilhelm Friedrich Hegel. Seiner Ansicht nach ist Metaphysik als hypothetische Wissenschaft möglich. Er gilt als induktiver Metaphysiker, da er idealistische Vorstellungen durch Ergebnisse der modernen Wissenschaft stützen wollte und legte mit seinen Studien die Grundlagen für den kritischen Realismus. Die Außen- und die Innenwelt seien Erscheinungen eines Dinges an sich, dessen Existenzweisen die objektiven Grundlagen unserer Anschauungs- und Denkformen bilden.]

[124] [Wilhelm Dilthey,] *Beiträge zum Studium der Individualität*, [in: Sitzungsberichte der Königlich Preußischen Akademie der Wissenschaften zu Berlin. Sitzung der philosophisch-historischen Classe vom 5. März 1896, 295–335,] S. 300. [GS V, 267 f.].

malen Gesetzlichkeit unterstehen die geistigen Akte der Beurteilung als „richtig“ und „falsch“. Die erlebte Einheit einer Handlung besteht z. B. darin, daß ein Wertnehmen einen Willensakt motiviert, der sich – sobald die Realisierungsmöglichkeit gegeben ist – in die Praxis umsetzt.

In einem theoretischen Satz formuliert, ergibt das das allgemeine Vernunftgesetz: wer einen Wert fühlt und ihn realisieren kann, der tut es.

Normativ gewendet: fühlst du einen Wert, und kannst du ihn realisieren, so tue es.[125] Jede Handlung, die diesem Gesetz entspricht, ist vernünftig oder richtig. Damit ist aber über den materialen Wert der Handlung noch nichts festgestellt. Es sind nur die formalen Bedingungen einer wertvollen Handlung erfüllt. Welcher materiale Wert ihr zukommt, darüber besagen die Vernunftgesetze nichts. So sind auch die verständlichen Erlebnisstrukturen Objekte einer möglichen Bewertung, aber nicht im einfühlenden Erfassen schon als Wertobjekte konstituiert (abgesehen von jener besonderen Klasse unreflektierter Eigenwerterlebnisse, auf die wir aufmerksam machten).[126]

b) Die personalen Typen und die Bedingungen der Möglichkeit der Einfühlung in Personen

Dilthey sieht ferner, wie wir sahen, in den Persönlichkeiten Erlebnisstrukturen von typischer Beschaffenheit.[⟨55⟩] Auch darin stimmen wir mit ihm überein.

Dank der Korrelation von Werten, Werterleben und Schichten der Person lassen sich von einer universellen Werterkenntnis aus alle möglichen Typen von Personen a priori konstruieren, als deren Realisationen die empirischen Personen erscheinen.

Andrerseits bedeutet jedes einfühlende Erfassen einer Persönlichkeit Ge-
128 winnung eines solchen Typs.[127]

Nun sind wir bei Dilthey und andern der Auffassung begegnet, daß das Verständnis fremder Individualität gebunden sei an die eigne, daß unsere Erlebnisstruktur den Bereich des für uns Verständlichen abgrenze. Es ist

---

⟨55⟩ Vgl. Wilhelm Dilthey, *Beiträge zum Studium der Individualität*, in: Sitzungsberichte der Königlich Preußischen Akademie der Wissenschaften zu Berlin. Sitzung der philosophisch-historischen Classe vom 5. März 1896, 296 ff. GS V, 262 ff.

---

125 Auf die entsprechende optische Gesetzlichkeit, der die Korrelate jener Akte, die Wert- und Sollensverhalte unterliegen (was wert ist, das soll sein), brauchen wir hier nicht einzugehen.

126 S. oben S. 115 f. [121 f.].

127 Mit der Typenhaftigkeit der personalen Struktur steht nicht im Widerspruch, daß jedes Individuum und jedes seiner konkreten Erlebnisse ein schlechthin Einmaliges ist, weil der Gehalt mehrerer Bewußtseinsströme prinzipiell nicht gleich sein kann.

auf höherer Stufe die Wiederholung dessen, was wir bei der Konstitution des psychophysischen Individuums als mögliche Einfühlungstäuschung, aber nicht zum Wesen der Einfühlung gehörig aufgewiesen haben: daß die individuelle Beschaffenheit zur Grundlage der Erfahrung anderer Individuen gemacht werde. Dort konnten wir nun allerdings geltend machen, daß anstatt der individuellen die typische Beschaffenheit Grundlage des „Analogisierens" sei.

Wie helfen wir uns hier, wo jede einzelne Person selbst schon Typus ist? Nun, es gibt im Reiche des Geistes wie in dem der Natur Typen von verschiedener Allgemeinheitsstufe. Dort grenzte der allgemeinste Typ „lebender Organismus" den Bereich der Einfühlungsmöglichkeiten ab; je tiefer wir hinabstiegen, desto größer wurde die Zahl der typisch gemeinsamen Phänomene. Nicht viel anders steht es hier; die individuelle Erlebnisstruktur ist „eidetische Singularität", niederste Differenz übergeordneter allgemeiner Typen: Lebensalter, Geschlecht, Beruf, Stand, Volk, Zeitalter sind derartige allgemeine Erlebnisstrukturen, denen sich die individuelle unterordnet. So repräsentiert uns der Gretchentypus⟨56⟩ u.a. den Typ des deutschen Bürgermädchens aus dem 16. Jahrhundert, d.h. der individuelle Typ ist konstituiert durch seine „Teilhabe" an allgemeineren. Und der oberste Typ, durch den der Bereich des Verständlichen abgegrenzt wird, ist der der geistigen Person oder des werterlebenden Subjekts überhaupt.

Jedes Subjekt, an dem ich einfühlend ein Wertnehmen erfasse, betrachte ich als eine Person, deren Erlebnisse sich zu einem verständlichen Sinnganzen zusammenschließen. Wieviel ich mir von seiner Erlebnisstruktur zu erfüllender Anschauung bringen kann, das hängt von meiner eignen ab. Prinzipiell erfüllbar ist alles fremde Erleben, das sich aus meiner eignen Personalstruktur herleiten ließe, auch soweit sie noch nicht zur realen Entfal- 129
tung gelangt ist. Einfühlend kann ich Werte erleben und korrelative Schichten meiner Person entdecken, für deren Enthüllung mein originäres Erleben noch keine Gelegenheit geboten hat. Wer selbst nie einer Gefahr ins Auge geblickt hat, kann sich doch in einfühlender Vergegenwärtigung der Situation eines andern als tapfer oder feige erleben. Was dagegen meiner eignen Erlebnisstruktur widerstreitet, das kann ich mir nicht zur Erfüllung bringen, ich kann es aber noch in der Weise der Leervorstellung gegeben haben. Ich kann selbst ungläubig sein und doch verstehen, daß ein anderer alles, was er an irdischen Gütern besitzt, seinem Glauben opfert. Ich sehe, daß er so handelt und fühle ihm als Motiv seines Handelns ein Wertnehmen ein, dessen Korrelat mir nicht zugänglich ist, und schreibe ihm eine personale Schicht zu, die ich selbst nicht besitze. So gewinne ich einfühlend den Typ des *homo religiosus*, der mir wesensfremd ist, und ich verstehe ihn, obwohl

⟨56⟩ Gretchentypus – Anspielung auf Margarita in Goethes Faust.

das, was mir dort neu entgegentritt, immer unerfüllt bleiben wird. Wenn andre wiederum ihr Leben ganz auf den Erwerb materieller Güter einstellen, die ich gering achte, und alles andre dahinter zurücktreten lassen, so sehe ich, daß ihnen höhere Wertbereiche verschlossen sind, in die ich Einblicke habe, und ich verstehe auch sie, obwohl sie einem andern Typ angehören.

Wir sehen jetzt, mit welchem Recht Dilthey sagen kann: „das auffassende Vermögen, welches in den Geisteswissenschaften wirkt, ist der ganze Mensch⟨57⟩": nur wer sich selbst als Person, als sinnvolles Ganzes erlebt, kann andre Personen verstehen. Und wir verstehen ebensogut, warum Ranke⟨58⟩ sein Selbst „auslöschen" möchte, um die Dinge zu sehen, „wie sie gewesen sind". Das „Selbst" ist die individuelle Erlebnisstruktur; in ihr erkennt der große Meister des Verstehens die Täuschungsquelle, von der uns Gefahr droht. Wenn wir sie als Maßstab nehmen, dann sperren wir uns ein ins Gefängnis unserer Eigenart; die andern werden uns zu Rätseln oder, was noch schlimmer ist, wir modeln sie um nach unserem Bilde und fälschen
130 so die historische Wahrheit.[128]

§ 8. Bedeutung der Einfühlung für die Konstitution der eigenen Person

Aus dem Gesagten geht auch hervor, welche Bedeutung die Erkenntnis der fremden Persönlichkeit für unsre „Selbsterkenntnis" hat. Sie lehrt uns nicht nur, wie wir früher sahen, uns selbst zum Objekt zu machen, sondern bringt als Einfühlung in „verwandte Naturen", d. h. Personen unsres Typs, zur Entfaltung, was in uns „schlummert", und klärt uns als Einfühlung in anders geartete Personalstrukturen über das auf, was wir nicht, was wir mehr oder weniger sind als andre. Damit ist neben der Selbst*erkenntnis* zugleich ein wichtiges Hilfsmittel der Selbst*bewertung* gegeben. Da das Werterleben

⟨57⟩ Vgl. Wilhelm Dilthey, GS I, 38.

⟨58⟩ Leopold von Ranke vgl. Anm. ⟨48⟩. Edith Stein übernimmt den Verweis auf Leopold von Rankes Aussage über die Selbstauslöschung wahrscheinlich von Georg Simmel, *Die Probleme der Geschichtsphilosophie*, 2. völlig veränderte Aufl., Leipzig 1905, 77.

[128] Freilich konzipiert [Wilhelm] Dilthey auch den Begriff des Typs zunächst nicht als geistigen, sondern als psychischen. Das tritt sehr deutlich hervor in seiner Schilderung des dichterischen Typs, der zum großen Teil in einer bestimmten Eigenart der psychophysischen Organisation besteht: Schärfe und Lebhaftigkeit der Wahrnehmungen und Erinnerungen, Intensität des Erlebens u. dgl. ([Wilhelm Dilthey,] *Die Einbildungskraft des Dichters* [*Bausteine für eine Poetik*, X, 305–482,] S. 344 ff. [ders., *Die geistige Welt. Einleitung in die Philosophie des Lebens. Zweite Hälfte. Abhandlungen zur Poetik, Ethik und Pädagogik*, Stuttgart/Göttingen ^{4}1962, GS VI, 109–241, 133 f.]). Andere Züge dagegen, die er hervorhebt, zeigen die Eigentümlichkeit einer typischen *personalen* Struktur: so der Ausdruck des Erlebens im schöpferischen Tun der Phantasie (*Über die Einbildungskraft des Dichters* S. 66 f. [Edith Stein zitiert hier falsch. Es muß heißen: S. 346 f. GS VI, 135 f.]).

fundierend für den Eigenwert ist, so eröffnet sich mit den in Einfühlung gewonnenen neuen Werten zugleich der Blick auf unbekannte Werte der eigenen Person. Indem wir einfühlend auf uns verschlossene Wertbereiche stoßen, werden wir uns eines eigenen Mangels oder Unwerts bewußt. Jedes Erfassen andersartiger Personen kann zum Fundament eines Wertvergleichs werden. Und da im Akt des Vorziehens oder Nachsetzens oft Werte zur Gegebenheit kommen, die für sich unbemerkt bleiben, lernen wir uns selbst mitunter dadurch richtig einschätzen, daß wir uns als höher- oder geringerwertig im Vergleich zu andern erleben.

§ 9 Die Frage der Fundierung von Geist auf Körper

Wir haben noch eine wichtige Frage zu erörtern. Wir kamen zur geistigen Person durch das psychophysische Individuum, bei seiner Konstitution stießen wir auf den Geist. Im Zusammenhang des geistigen Lebens bewegten
wir uns frei, ohne Rekurs auf die Leiblichkeit; einmal eingedrungen in dies 131
Labyrinth, fanden wir uns durch den Leitfaden des „Sinnes" zurecht, aber wir haben bisher keinen andern Zugang kennen gelernt als den von uns benützten, den sinnlich wahrnehmbaren Ausdruck in Mienen u. dgl. oder Handlungen.

Sollte es eine Wesensnotwendigkeit sein, daß Geist mit Geist nur in Wechselverkehr treten kann durch das Medium der Leiblichkeit? Ich als psychophysisches Individuum erlange vom geistigen Leben andrer Individuen tatsächlich auf keinem andern Wege Kunde. Freilich weiß ich von vielen, Lebenden und Toten, die ich nie gesehen habe. Aber ich weiß es von andern, die ich sehe, oder durch Vermittlung ihrer Werke, die ich sinnlich wahrnehme und die sie vermöge ihrer psychophysischen Organisation hervorgebracht haben. In mannigfacher Gestalt tritt uns der Geist der Vergangenheit entgegen, aber immer an einen physischen Körper gebunden: geschriebenes oder gedrucktes oder in Stein gehauenes Wort, Stein oder Metall gewordene Raumgestaltung. Aber eint mich nicht lebendige Gemeinschaft mit den Geistern der Gegenwart, Tradition mit denen der Vergangenheit unmittelbar, ohne leibliche Vermittlung? Gewiß fühle ich mich eins mit andern und lasse ihre Gefühle zu Motiven meines Wollens werden, aber das gibt mir nicht die andern, sondern hat ihre Gegebenheit schon zur Voraussetzung. (Und was von andern in mich eindringt – von Lebenden oder Toten –, ohne daß ich davon weiß, das betrachte ich als mein Eigen, und es begründet keinen Verkehr der Geister.)

Wie steht es nun aber mit rein geistigen Personen, deren Vorstellung ja keinen Widerspruch in sich schließt? Ist keinerlei Verkehr zwischen ihnen denkbar? Es hat Menschen gegeben, die in einem plötzlichen Wandel ihrer

Person das Einwirken göttlicher Gnade zu erfahren meinten, andere, die sich in ihrem Handeln von einem Schutzgeist geleitet fühlten (man braucht nicht gerade an Sokrates'[59] δαιμόνιον[60] zu denken, das ja wohl nicht so wörtlich zu verstehen ist). Ob hier echte Erfahrung vorliegt, ob jene Unklarheit über die eignen Motive, die wir bei der Betrachtung der *Idole der Selbsterkenntnis*[61] fanden, wer will es entscheiden? Aber ist nicht mit den Trugbildern solcher Erfahrung auch schon die Wesensmöglichkeit echter Erfah-
132 rung auf diesem Gebiete gegeben? Jedenfalls scheint mir das Studium des religiösen Bewußtseins als geeignetstes Mittel zur Beantwortung unserer Frage, wie andrerseits ihre Beantwortung von höchstem Interesse für das religiöse Gebiet ist. Indessen überlasse ich die Beantwortung der aufgeworfenen Frage weiteren Forschungen und bescheide mich hier mit einem *non liquet*[62].

---

[59] Sokrates (geb. um 469 v. Chr. in Athen im Demos Alopeke, † 399 v. Chr. durch Giftbecher hingerichtet) hat keine schriftlichen Werke hinterlassen. Seine wichtigsten biographischen Daten und seine Gedanken werden in den Werken seines Schülers Platon und von Xenophon überliefert. Sokrates war mit Xanthippe verheiratet und hatte drei Kinder. Sein Gedankengut spiegelt die Auseinandersetzung mit Parmenides, Heraklit und Anaxagoras wieder. Neben seinem politischen Einsatz als Soldat und als Ratsherr der Stadt Athen bestand seine Hauptbeschäftigung in der Lehre, aus der eine eigene philosophische Schule hervorging. Wegen Atheismus und der Verblendung der Jugend angeklagt, wurde er zum Tod durch den Giftbecher verurteilt. Er weigerte sich, sein Leben durch Flucht zu retten. Zur Lehre des sokratischen Daimonion vgl. Platon, *Apologie* 31 D. Ders., *Alkibiades*, 103 A, 124 C. Vgl. Xenophon, *Memorabilia* I, 1, 6.

[60] Daimonion (griech.) – göttliches Wesen, warnende göttliche Stimme des Gewissens.

[61] Vgl. Max Scheler, *Idole* 3–168, SGW III, 213–292.

[62] lat. – das ist nicht eindeutig.

Lebenslauf

Am 12. Oktober 1891 wurde ich, Edith Stein, Tochter des verstorbenen Kaufmanns Siegfried Stein⟨63⟩ und seiner Frau Auguste geb. Courant, in Breslau geboren. Ich bin preußische Staatsangehörige und Jüdin. Von Oktober 1897 bis Ostern 1906 besuchte ich die Viktoriaschule (städtisches Lyzeum) in Breslau und von Ostern 1908 bis Ostern 1911 die ihr angegliederte Studienanstalt realgymnasialer Richtung, an der ich sodann die Reifeprüfung bestand. Oktober 1915 erwarb ich mir durch Ablegung einer Ergänzungsprüfung im Griechischen am St. Johannesgymnasium in Breslau das Reifezeugnis eines humanistischen Gymnasiums. Von Ostern 1911 bis Ostern 1913 studierte ich an der Universität Breslau, dann weitere vier Semester an der Universität Göttingen Philosophie, Psychologie, Geschichte und Germanistik. Im Januar 1915 bestand ich in Göttingen das Staatsexamen *pro facultate docendi* in Philosophischer Propädeutik, Geschichte und Deutsch. Am Ende dieses Semesters unterbrach ich meine Studien und war einige Zeit im Dienste des Roten Kreuzes tätig. Vom Februar bis zum Oktober 1916 vertrat ich einen erkrankten Oberlehrer an der oben genannten Studienanstalt in Breslau. Dann siedelte ich nach Freiburg i. Br. über, um als Herrn Professor Husserls Assistentin zu arbeiten.

An dieser Stelle möchte ich all denen, die mir während meiner Studienzeit Anregung und Förderung zuteil werden ließen, meinen herzlichen Dank aussprechen, vor allem aber denjenigen meiner Lehrer und Studiengefährten, durch die mir der Zugang zur phänomenologischen Philosophie erschlossen wurde: Herrn Professor H u s s e r l, Herrn Dr. R e i n a c h⟨64⟩ und der Göttinger Philosophischen Gesellschaft.

⟨63⟩ Siegfried Stein (geb. 11. September 1844 in Langendorf, † 10 Juli 1893) starb auf einer Geschäftsreise an einem Hitzschlag. Edith Stein war bei seinem Tod noch keine zwei Jahre alt. Nach seinem frühen Tod führte seine Frau, Auguste Stein, das Holzhandelgeschäft weiter und erwies sich als eine geschickte Geschäftsfrau. Vgl. LJF, 15–18.

⟨64⟩ Adolf Reinach (geb. 23. Dezember 1883 in Mainz, † 16. November 1917 bei Diksmuide/Belgien) hatte bereits als Schüler Interesse an Platons Schriften. 1901 begann er das Studium der Psychologie und Philosophie in München bei Theodor Lipps und studierte ab 1903 die Werke von Edmund Husserl. 1904 promovierte er bei Theodor Lipps mit einer Arbeit *Über den Ursachenbegriff im geltenden Strafrecht.* Von 1906–07 wirkte er in Tübingen und habilitierte sich 1909 in Göttingen mit Hilfe von Edmund Husserl. 1912 gründete er zusammen mit Edmund Husserl, Moritz Geiger und Alexander Pfänder das JPPF. Adolf

Reinach war einer der ersten Schüler von Edmund Husserl. Als er im 1. Weltkrieg fiel, arbeitete Edith Stein an der posthumen Herausgabe seiner Werke (Adolf Reinach, Gesammelte Schriften, hg. v. seinen Schülern, Halle 1921). Sein Tod bedeutete für sie einen schweren Verlust und eine Herausforderung, wie sie selbst in ihren Briefen bekundet. Vgl. SBB III, 25 ff.

Anhang

Edmund Husserl: „Einfühlung (Lipps). Darstellung nach Edith Stein" – Notizen zur Staatsexamensarbeit Edith Steins[1]

Situierung:

Umfang der Staatsexamensarbeit Edith Stein: mindestens 34 Seiten.
Datierung: Dezember 1914 oder Januar 1915
Es handelt sich um das früheste Zeugnis phänomenologischen Arbeitens allerdings durch Edmund Husserls selektive Rezeption gefiltert.

Das Thema der Einfühlung wird in Auseinandersetzung mit den phänomenologischen Schulen um Theodor Lipps, Max Scheler, Antonin Prandtl und Moritz Geiger behandelt. Der Schwerpunkt der Bearbeitung liegt bei Theodor Lipps. Edmund Husserls leitendes Interesse bei der Lektüre galt nicht der Problematik der Einfühlung, sondern der Frage des stillen Denkens, des fingierten Wortlautes in seinem Verhältnis zur Wortbedeutung und der Vorstellung einer Aussage.

Das Manuskript mit dem Exzerpt aus Edith Steins Staatsexamensarbeit befindet sich im Husserl-Archiv Löwen mit der Signatur E I 3 I, Blatt 83–87 (Numerierung von 2–6). Das Anfangsblatt fehlt. In welchem Umfang Edmund Husserl die Arbeit exzerpiert hat, ist unbekannt, da das Original nicht erhalten geblieben ist und dieser nur einmal auf eine Seitenangabe Bezug nimmt.

In geschwungene Klammern {} gesetzte Abschnitte enthalten Reflexionen, die Edmund Husserl selbst dem Exzerpt hinzugefügt hat.

[1] Vgl. Textuitgave. Husserls Exzerpt aus der Staatsexamensarbeit von Edith Stein, erstmals ed. v. Karl Schuhmann, in: TFil Nr. 4/ 53 (1991) 686–699.

Text:

Einfühlung: In den (sc. fremden) Lebensäußerungen finde ich *als dazu Gehöriges, darin Liegendes*, in und mit der wahrgenommenen Gebärde Gegebenes, den Affekt der Trauer, das Erlebnis. Wie kommt das? Durch den Instinkt der Einfühlung. Die wahrgenommene Gebärde weckt in mir den Trieb der Nachahmung.[2] Mit jedem meiner Erlebnisse ist ferner der Trieb verbunden, es zu äußern. Eins weckt das andere. Die wahrgenommene fremde Gebärde weckt also den Trieb, die entsprechende ähnliche Gebärde hervorzubringen, und zugleich die Tendenz, die zugehörige innere Tätigkeit zu erleben (cf. *Ethische Grundfragen, 10*).[3] Und sie kommt dann auch zustande, wenn meine gegenwärtige psychische Verfassung sich dem nicht widersetzt. Ich erlebe es aber nicht als *aus mir kommend*, sondern als durch die fremde Gebärde bewirkt, ich erlebe es in der fremden Gebärde, in dem fremden Individuum.

Solange ich ganz in der Einfühlung lebe, ganz aufgehe in der Betrachtung des Objekts und sich nichts gegen das „aufgenötigte" Erlebnis regt, ist keine Scheidung zwischen eigenem und fremdem Ich vorhanden, beide sind eins. Ich bin eins mit dem Akrobaten, dessen Bewegung ich betrachtend innerlich mitmache. Erst wenn ich aus der vollen Einfühlung heraustrete und auf mein reales Ich reflektiere, tritt die Scheidung ein: die nicht aus mir kommenden Erlebnisse sind „dem anderen" zugehörig, in seinen Bewegungen liegend.[4]

In der ersten Auflage der *Ethischen Grundfragen* (1899): Die Lebensäußerungen seien Zeichen, die gedeutet würden, indem sie in uns die Erinnerung an eigene Erlebnisse wachrufen. In den späteren Schriften wird die Auffassung der Lebensäußerungen als Zeichen energisch abgelehnt. Mittelstellung: *Einheiten und Relationen*, 1902, S. 64 ff.[5] Später wird geschieden Zeichen und Ausdruck oder Symbol.

---

[2] Vgl. PE, 34 f.

[3] Theodor Lipps, *Die ethischen Grundfragen. Zehn Vorträge. Teilweise gehalten im Volkshochschulverein zu München*, Hamburg/Leipzig 1899.

[4] Vgl. Theodor Lipps, *Ästhetik I*, 124: „Diese findet … statt, wenn ich dem Eindruck der gesehenen Bewegungen unmittelbar und rückhaltlos hingegeben bin, bei der Einfühlung in die Bewegungen des Akrobaten also, wenn meine Aufmerksamkeit durchaus auf diese Bewegungen gerichtet ist. Gesetzt aber nun, ich trete aus dieser vollen Einfühlung heraus, achte auch auf mich, den real da unten Stehenden, auf die von den Bewegungen des Akrobaten unabhängigen Bewegungen, die ich da vollbringe. Ich reflektiere und fühle mich als den Reflektierenden. Dann bestehen für mich zwei Iche, jenes Ich dort oben, und dieses Ich da unten; das Ich in dem Akrobaten, und das von ihm verschiedene reale eigene Ich." Vgl. PE, 26 f.

[5] Vgl. Theodor Lipps, *Einheiten und Relationen. Eine psychologische Skizze*, Leipzig 1902,

Ausdruck, Symbol: *In* einem Wahrgenommenen liegt ein anderes, ein Seelisches wird darin erfaßt, „miterlebt". Ferner: An Gang und Haltung eines Menschen kann man sehen, daß er traurig ist. Die Trauer gehört nicht so zu solchen Bewegungen wie zur traurigen Miene, sondern nur in der Form des Wenn-So. Die Affektlaute aber stehen auf derselben Stufe wie die sichtbaren Ausdrucksbewegungen.[6] Durch das rollenden Geräusch [ist] angezeigt der fremde Wagen. Aber *im* Angstschrei die Angst, *im* Klang der Stimme Heiterkeit und Betrübnis, Ruhe und Erregung, Freundlichkeit, Abweisung etc. „symbolisiert". Aber das *Wort* selbst in diesem Sinne als Symbol bezeichnen, wie Lipps meinte, also sagen, daß in dem einen Akt des Auffassens oder im Aussagesatz der Urteilsakt des Redenden „liege" (wie die Trauer in der Trauermiene), ist verkehrt (*Ästhetik II*, 2;[7] *Psychologische Untersuchungen* II, 448[8]).

Worte und Zeichen. Verstehen. Zeichen nicht Anzeichen: nicht selbst Thema, sondern Durchgangspunkte zum Thema (Scheidung vom Anzeichen, das selbst zum Thema gehört). Zeichen nicht „Symbole" im Lippsschen Sinn. Das Bezeichnete [ist] nicht mitwahrgenommen. {Im Bild nicht mit abgebildet etc.}.

Ferner: Das Signal hat ein Moment des Sollens, der Zumutung an sich, das seine Erfüllung findet in der Zuwendung zum Bezeichneten. Jedes Signal ist konventionell: von jemand für jemand bestimmt. Dagegen nicht das „Symbol". Die traurige Miene *soll* nicht Trauer bezeichnen. Das Symbol kann zugleich zum Signal werden: absichtliches Stirnrunzeln: es soll Mißbilligung ausdrücken (kundgeben). Das ganze Phänomen ist aber geändert.

Das *Wort*, sprachlicher Ausdruck. Das mitgeteilte (als Mitteilung auch verstandene) Wort. Aber Worte brauchen nicht mitteilende Worte sein. Daß jemand die Worte spricht, gehört freilich mit zur Gegebenheit, aber die redende Person wird nicht in den Worten erfaßt. {Die Stein sagt: sondern mit ihnen zugleich erfaßt. Was überflüssig ist: Wenn ich im stillen Denken,

---

64. Insbesondere das Kapitel *Über assoziativ bedingte Beziehungen* thematisiert symbolische Beziehungen.

[6] Theodor Lipps, *Ästhetik II,* 106: „Ersten Stoff und Anlaß aber zum Aufbau der fremden Persönlichkeit bieten uns … die Ausdrucksbewegungen. Da es sich hier um die Schönheit der sichtbaren Form des menschlichen Äußeren handelt, so kommen für uns zunächst diese Ausdrucksbewegungen in Betracht. Doch erwähne ich hier zunächst kurz die Laute, speziell diejenigen, in welchen sich in ursprünglicher und unmittelbarster Weise ein Inneres kundgibt. Ich meine die Affektlaute."

[7] Vgl. ebd., 2.

[8] Vgl. Theodor Lipps, *Die Einfühlung*, in: *Psychologische Untersuchungen II,* hg. v. dems., Leipzig 1913, 448: „Daß etwa das Wort Tisch den Tisch meine, sagt, daß in meinem Aussprechen des Wortes Tisch enthalten sei ein auf den Tisch, diesen Gegenstand, zielender Akt der Auffassung. Natürlich ist dies mein Akt. Und es heißt, daß auch in dem Aussprechen des Wortes durch Andere ein gleichartiger Auffassungsakt eingeschlossen liege."

ohne mich an jemanden zu wenden, spreche: muß ich mir selbst als Sprechender erscheinen? Man könnte zwar meinen, daß ich nur nicht darauf achte bzw. auf mich als erscheinenden Sprechenden. Aber wenn ich ein mathematisches oder naturwissenschaftliches Buch lese, ganz den Sachen hingegeben: erscheint da noch so dunkel der Autor? Und doch, spricht aus dem Buch nicht „jemand" zu mir, erhalte ich nicht Mitteilungen, obschon es lächerlich wäre, sich in bestimmter Weise jemand dabei vorzustellen? Ist das redende Subjekt wirklich ablösbar? Das ist hier die Frage. Wenn ich denkend schreibe, brauche ich mich nicht als psychophysisches Ich bewußt zu haben und brauche kein Gegenüber zu haben, aber ich bin dabei mir doch bewußt als Subjekt der Rede, nur daß ich mir nicht selbst zugewendet bin. Also etwas ist daran.}

Was unterscheidet Wort und Signal?

Signal: Signalkörper – „Soll" – signalisierte Sachlage. Der Signalkörper [ist] ein Körper, ein Ding. Wort„leib" – das braucht kein wirkliches Ding zu sein, es kann Fiktion sein. Dazu hätte die Verfasserin sagen müssen: Selbst wenn es Realität ist, kommt es als Realität nicht in die Wortfunktion hinein. Das gelesene Wort ist nicht das dinglich Reale auf dem Papier, das ich als das erfassen und setzen müßte. Und dazu die verschiedenen sich „deckenden" Wortleiber: visuell, akustisch, Motorisches etc. Ist das Signal fingiert, so auch das Signalisierte. { Aber wenn meine Wortlaute fingiert sind, so ist darum meine Meinung nicht fingiert und das mit den Worten Gemeinte als solches (die Bedeutung). Freilich, wenn ich ein Märchen lese, so ist Meinung und Gemeintes als solches fingiert. Die Bedeutung, sage ich aber, ist nicht fingiert. Ich fasse das aktuell Gemeinte und quasi Gemeinte in eins zusammen. Der Sinn ist derselbe, ob [ich] ein Pferd sehe oder mir fingiere. Das Positionale und Neutrale hat denselben Sinn. Aber wie steht es mit meiner Lehre von Noema und Gegennoema?[9] Da heißt es vorsichtig sein!}

Wortleib und Wortseele bilden eine lebendige Einheit, können sich relativ selbständig entwickeln. Das Signal hat nicht eine logische Bedeutung (so sage ich, ich reproduziere nicht mehr). Das Signal weist auf eine Sachlage einfach hin, der Satz aber drückt die logisch-kategoriale Formung aus (obschon natürlich Worte als Signale und Signale als Worte fungieren können). Es sei das Bezeichnete bzw. das Signalisierte ein Psychisches, z. B. eine Trauer.

---

[9] Vgl. Edmund Husserl, *Ideen*, Hua III–V, hier insbesondere Hua III/2, 510f. und die dazugehörigen Beilagen 57 und 58, 611. Mit dem § 113 über die Positionalität und Neutralität der Akte und den entsprechenden noematischen Modifikationen hat sich Husserl vor allem 1914 beschäftigt. Daher läßt sich das Exzerpt ebenso wie die Beilagen und Randbemerkungen in die gleiche Zeit datieren.

Eine Trauer, die Gegenstand meiner Aussage ist, gehört nicht zur Aussage als beseelendes (komponierendes) Moment, so wenig als ein Tisch, den ich nenne, zum Nennen als eine Komponente gehört. Wortlaut ist beseelt und einheitlich mit Bedeutunggebendem: das ist nicht der Gegenstand. Die betrübte Miene ist eins mit der Betrübnis: im Dasein eins. Einfühlung soll angeblich nur auf Gemütssphäre sich beziehen?!

(Edith 33 f. ganz unklar. Aber die Sachen sind sehr schwierig.)

Das Akrobatenbeispiel: das innere Nachahmen.[10] {Wenn ich mir lebhaft eine Figur vorstelle, so durchlaufe ich sie im Geiste, bewege aber wirklich die Augen. Wenn ich mir lebhaft eine Rauhigkeit vorstelle, werde ich evtl. auch Fingerbewegungen des Betastens machen, mindestens „Ansätze" dazu etc. Wie steht das zum „Nachahmen"?}

Ich sehe Stirnrunzeln – Tendenz in mir, das Gleiche zu tun? „Jederzeit", sagt ... [11] Warum nicht. Ebenso evtl. Tendenz zur Mißmut? Aber Edith fragt: Wenn sich der Schüler über den Ärger des Lehrers freut? In den Mienen des andern lebe ich also nicht Ärger mit.

Ein anderes Beispiel: Angestecktsein von Begeisterung im Theater. Da lebe ich mit. Nach Lipps wäre der Fall nicht von dem andern verschieden. Ich sehe die Handbewegungen des Klatschens. Tendenzen zur Nachahmung. Damit bei mir verflochten Begeisterung, die also geweckt wird. Ich erlebe sie aber in den Bewegungen der andern, und erst in der nachträglichen Betrachtung tritt dann die Scheidung zwischen ihnen und mir hervor, und damit weiß ich erst von ihnen.

Nein, sagt sie. Was ich von vornherein wahrnehme, sind nicht die bloßen sinnlichen Erscheinungen, sondern schon die bestimmten „Symbole", und die Begeisterung ergreift mich nun unmittelbar. (Eine andere Frage ist die der Verstärkung von Erlebnis und Äußerung.) Hier finde ich die Nachahmung und „Übertragung" vor, wenn ich darauf reflektiere. Voraus geht schon das Wir. Und das Gefühl wird dann als „unser" Gefühl erlebt. Ich kann auch fühlen, wie das Gefühl der andern auf mich eindringt, in mich einströmt. Ich kann mich dem eröffnen oder mich dem verschließen.

Scheler, S. 6 *Sympathiegefühle* sagt richtig: Eine Gebärde muß schon Ausdruck der Freude oder Furcht sein, um nachgeahmt werden zu können.[12] (Das ist etwas zuviel.) S. 6: „Durch das Mitmachen der Ausdrucksbewegun-

---

[10] Vgl. Theodor Lipps, *Ästhetik I,* 124 f.

[11] An dieser Stelle ist ein Wort nicht lesbar, sinngemäß müßte man „Lipps" ergänzen.

[12] Vgl. Max Scheler, *Sympathiegefühle*, 6 [SGW VII, 21]: „Die Nachahmung auch als bloße ‚Tendenz' setzte irgendein Haben des fremden Erlebnisses voraus und kann schon darum nicht erklären, was sie hier erklären sollte. Ahmen wir z. B. (unwillkürlich) eine Gebärde der Furcht oder der Freude nach, so wird die Nachahmung *nie bloß* durch das optische Bild

gen".[13] (Das wird wohl nicht unbedingt nötig sein.) S. 11: setzt ein Wissen um die fremden Erlebnisse nicht voraus.[14]

Wie ist es, fragt Edith, möglich, daß, was ich fühle, sich von mir losreißt und mir in der Außenwelt gegenübertritt? Angenommen: Tritt ein Gefühl als Fremdling in mir auf, völlig unmotiviert, meiner gegenwärtigen Stimmung widersprechend – so kann ich doch nur die Ursache des Gefühls und nicht das Gefühl selbst außer mir finden. Die Trauer soll erlebt sein als herkommend von jener sinnlichen Erscheinung [der] Gebärde (des andern) – gewiß, aber daß sich die Trauer eines andern darin äußere, wie soll das herauskommen? Eine Nadel hat mich gestochen, der Schmerz kommt von der Nadel her etc.

Einfühlung und Assoziation (Prandtl, *Die Einfühlung*, 1910).[15]

Was ist die Voraussetzung, daß Assoziationsvorkommnisse die Einfühlung sollen erklären können? Ein Zugehören von Ausdruckserlebnis und Gefühl (psychischem Zustand) ist schon vorausgesetzt. Was für eines?

Assoziationstheorie: Das optische Bild der fremden Gebärde soll das optische der eigenen Gebärde reproduzieren, dieses das kinästhetische und dieses wiederum das Gefühl, mit dem es verknüpft gewesen sei.[16] Nicht alle Glieder dieser Kette seien immer bewußt. Aber angenommen, das sei wahr, so endeten wir schließlich nur beim eigenen Gefühl – warum soll dieses der fremden Gebärde zugehören? Eines Fremden Gefühl sein?[17]

Lipps: in der vollen Einfühlung bestehe keine Trennung zwischen meinem und fremdem Ich. Ich bin eins mit ihm, lebe in seinem Körper, mache seine Erlebnisse und Gesten mit. Erst in der Reflexion tritt Trennung ein. Das kommt etwas vor z.B. beim ästhetischen Erleben.[18] Aber es setzt schon das Wissen von anderen Subjekten voraus.

---

dieser Gebärde ausgelöst; sondern immer erst dann, *wenn* wir sie bereits *als Ausdruck* der Freude oder der Furcht erfaßt haben."

13 An dieser Stelle handelt es sich nicht um das angegebene Zitat aus Max Scheler, *Sympathiegefühle*, 6.

14 Vgl. Max Scheler, *Sympathiegefühle*, 11 [SGW VII, 26]: Für die ansteckende Wirkung von Gefühlen ist charakteristisch, „daß sie lediglich zwischen Gefühlszuständen stattfindet; und daß sie ein Wissen um die fremde Freude überhaupt nicht voraussetzt".

15 Vgl. Antonin Prandtl, *Die Einfühlung*, Leipzig 1910.

16 Vgl. PE, 36f.

17 Vgl. ebd., 37f.

18 Vgl. Theodor Lipps, *Ästhetik I*, 125: „Die vollkommene Einfühlung ist eben ein vollkommenes Aufgehen meiner in dem optisch Wahrgenommenen und dem, was ich darin erlebe. – Solche *vollkommene* Einfühlung nun ist die *ästhetische* Einfühlung.

Was liegt in einer genetischen Theorie?

Psychologische Frage: Wie kommt in mir, dem realen Individuum, das Wissen von anderen Subjekten zustande?[19] Erkenntnistheoretische Frage: Wie entstehen (konstitutiv) für mich, das Subjekt, diese besondere Art von Objekten, die da fremde Iche und ihre Erlebnisse heißen? Wie ist eine Erkenntnis solcher Objekte möglich und wie weist sie sich als gültig aus?

Einfühlung soll, wie Lipps selbst sagt, eine Erkenntnisquelle sein (*Psychologie*³, 222,[20] 234;[21] *Psychologische Untersuchungen I*, 709)[22] neben äußerer und innerer Wahrnehmung.

Phänomenale Ausschaltung erfordert meine Existenz, irgendwelche reale Existenz, die bewußtseinsmäßig vermeinten Gegenstände als solche und das Bewußtsein von ihnen.

Die fremden Erlebnisse, von denen ich weiß, verlangen adäquat erlebt zu werden, und das sei nur möglich im vollen Miterleben. Lipps' Vergleich mit Bewußtsein von vergangenen und künftigen eigenen Erlebnissen (*AGPs IV*, 513)[23]. Auch da könne sich volles Erleben des betreffenden Zustands anschließen.

Eine kluge Frage: Wie ist nach der Nachahmungstheorie ein Nacherleben möglich, wo die entsprechenden Erlebnisse mir noch nie gegeben gewesen waren? Wie könnte ich also ein *anderes* Individuum im Nacherleben konstruieren?

Lipps: Das eigene Individuum (das „reale Ich") konstruiere sich erst im Gegensatz zu anderen Individuen. Geiger, *Bericht Kongreß 1911* über Wesen und Bedeutung der Einfühlung.[24]

Durch eine fremde Lebensäußerung in mir gewecktes eigenes Gefühl: „Al-

---

[19] Vgl. PE, 32f.

[20] Theodor Lipps, *Leitfaden der Psychologie*, dritte, teilweise umgearbeitete Aufl., Leipzig 1909, 222 (= Kapitel XIII *Erkenntnisquellen, Einfühlung*): „Es gibt drei Erkenntnisgebiete. Ich weiß von Dingen, von mir selbst, und von anderen Ichen. Jene erste Erkenntnis hat zur Quelle die sinnliche Wahrnehmung. Die zweite die innere Wahrnehmung. ... Die Quelle der dritten Erkenntnisart endlich ist die *Einfühlung*."

[21] Vgl. ebd., Untertitel *Einfühlung als Erkenntnisquelle* der 3. Aufl.

[22] Theodor Lipps, *Die Erscheinungen*, in: *Psychologische Untersuchungen I*, hg. v. dems., 4. Heft, Leipzig 1907, 709: „Die Frage lautet: Wie entsteht für mich, der ich zunächst nur von mir weiß, das was ich ‚den andern' nenne? ... Die Antwort lautet: Es ist nun einmal so; d.h. ich muß hier auf einen Instinkt rekurrieren." An dieser Textstelle, auf die sich Stein am Schluß von Husserls Exzerpt bezieht, ist von Einfühlung als Erkenntnisquelle nicht die Rede.

[23] Theodor Lipps, *Weiteres zur ‚Einfühlung*, in: AGPs 4 (1905) 36: „Und ebenso wie das vergangene Ich, so kann ich auch ein zukünftiges Ich oder eine Tätigkeit des zukünftigen Ich, von der ich weiß, in mich restlos aufnehmen ... Und mit diesen beiden Möglichkeiten ist endlich völlig gleichartig die dritte: Das Betrachten des *fremden* Ich oder des an ein sinnlich Wahrgenommenes außer mir gebundenen Psychischen."

[24] Moritz Geiger, *Über das Wesen und die Bedeutung der Einfühlung*, in: Bericht über den

les Bewußtsein, daß es ein Psychisches außer mir gebe, mein Bewußtsein etwa, daß ein Gefühl der Freude in einem andern tatsächlich sich finde, ist seinem Ursprunge nach Einfühlung oder ist objektiv ein durch eine fremde Lebensäußerung in mir geweckles eigenes Gefühl." (*Archiv für gesamte Psychologie IV, 515*).[25]

Edith sagt: Das Erlebnis, das in einer Ausdrucksbewegung mit erfaßt ist, ist nicht *erlebt.* Es hat aber auch keinen Sinn zu sagen, es sei *vorgestellt:* so wenig es Sinn hat zu sagen, daß die abgewandten Seiten eines gesehenen Dinges vorgestellt seien.[26]

Gegen Scheler. Schelers Kritik der Lippsschen Problemstellung. Sie ist fremd: „Jedem ist zunächst nur sein Ich und dessen Erlebnisse gegeben und unter ihnen ist nur ein Teil von Erlebnissen, die sich auf andere beziehen." [27] Wie ist diese Beziehung zu verstehen? Scheler: Natürlich sei das nicht wahr. Er versteht unter Ich das *reale Ich* und seine realen Erlebnisse. Edith: Verwechselt wird diese Problemstellung mit einer anderen. Statt reales Ich reines Ich und die rein immanenten Erlebnisse.[28]

Schelers eigene Theorie: Fremde wie eigene Erlebnisse sind gegeben in innerer Anschauung (= Wahrnehmung von Psychischem).

Edith: Es bleibt aber dabei, daß Ich – Anderer, eigenes Ich – das andere Erlebnis prinzipiell verschiedene Phänomene sind. Sie sagt: Kann man denn auch auf Erlebnisse anderer reflektieren? Nach Scheler soll zunächst ein indifferenter Strom von Erlebnissen gegeben sein, die erst allmählich dem fremden Ich zugeteilt werden. Wie kommt er zu dieser indifferenten Gegebenheit? Von folgenden Beispielen: Der Gedanke eines andern kann mir als sein Gedanke gegeben sein, er kann mir aber auch als mein Gedanke erschei-

IV. Kongreß für experimentelle Psychologie in Innsbruck vom 19. bis 22. April 1910, hg. v. F. Schuhmann, Leipzig 1911, 29–73.

[25] Theodor Lipps, *Weiteres zur ‚Einfühlung,* in: AGPs 4 (1905) 515. Der Schluß des Satzes lautet bei Lipps: „... oder ist Objektivierung durch eine fremde Lebensäußerung in mir geweckten eigenen Gefühles".

[26] Vgl. PE, III § 4 d) 68–72.

[27] Vgl. Max Scheler, *Zur Phänomenologie und Theorie der Sympathiegefühle und von Liebe und Haß: mit einem Anhang über den Grund zur Annahme der Existenz des fremden Ich*, Halle 1913, 118 [SGW VII, 232]: „Die Schwierigkeiten dieses Problems sind meist dadurch erst selbst gemacht worden, daß man annahm, es sei Jedem ‚zunächst' nur das eigene Ich und dessen Erlebnisses ‚gegeben', und unter ihnen sei es nur ein *Teil* von Erlebnissen, Bildern usw., die sich auf andere Individuen beziehen."

[28] Vgl. PE, 43 f.

nen, ich kann schließlich auch im Zweifel sein, ob es mein oder des anderen Gedanke ist.[29]

Aber hier ist die Frage, wessen *geistiges Eigentum* der Gedanke ist, nicht aber steht hier in Frage das Erleben. Der Gedanke ist hier vielmehr objektives Korrelat des Erlebens. Geistiges Eigentum: in welcher Person sich der Gedanke ursprünglich konstituiert hat.

Gültigkeit von Einfühlungsakten. Die Haltung eines Menschen nötigt mich angeblich, sie innerlich mitzumachen und den Stolz, den ich dabei fühle, in ihr wahrzunehmen. Aber auch der Anblick einer Säule übt die gleiche Wirkung aus, sie erscheint als sich stolz aufrichtend. (*Leitfaden*, 224;[30] *Ästhetik I*, 299[31]). Auch Einfühlung in die Natur etc.[32] Lipps antwortet: In dem einen Fall wissen wir, daß Erlebnisse solcher Art nur in Personen vorkommen. Im anderen Fall sei es anders. Zirkel Versagen gegenüber der Rechtsfrage. Sonst bezeichnet Lipps die Einfühlungsfrage als einen Instinkt – das gibt keine Erkenntnis. Vgl. *Tagesansicht* von Fechner, 222.[33]

---

29 Edith Stein hat in PE, 42f. folgende Passagen aus Max Scheler, *Sympathiegefühle* fast wörtlich zitiert: 124: Psychisches ist nur zu erfassen „in der Richtung der ‚inneren' Anschauung oder Wahrnehmung"; 125: Wir können „sowohl unsere Gedanken als die Gedanken *Anderer* denken"; 126: Ein Erlebnis kann gegeben sein, „ohne noch, sei es als eigenes oder fremdes gegeben zu sein; wie es z. B. immer da zunächst ist, wo wir zweifeln, ob das Eine oder das Andere der Fall ist"; 127: „Ein *indifferenter* Strom der Erlebnisse fließt ‚zunächst' dahin, ... und in diesem Strome bilden sich erst *allmählich* fester gestaltete Wirbel, die ... in diesem Prozeß verschiedenen Individuen zugeordnet werden". Vgl. SGW VII, 238f.

30 Theodor Lipps, *Leitfaden der Psychologie*, dritte, teilweise umgearbeitete Aufl., Leipzig 1909, 224: „Das einheitliche Objekt *‚fordert'* zunächst die Einheitsapperzeption. Aber das Erleben dieser Forderung wird in mir zugleich zu einer *Nötigung*."

31 Diese Angabe ist höchst wahrscheinlich fehlerhaft, da der inhaltliche Bezug nicht paßt. Vgl. Theodor Lipps, *Ästhetik I*, 267: „Die in der Säule *herrschende* Funktion ist die des *Sichaufrichtens*."

32 Vgl. ebd. Zweiter Abschnitt.

33 Vgl. Gustav Theodor Fechner, *Die Tagesansicht gegenüber der Nachtansicht*, Leipzig 1879, 222.

Personenregister

Sachregister

F

G